6 Augustusbrücke
Flucht der Täter über
abgesperrte Baustelle

4 Polizei Dresden
700 Meter zum Schloss

3 Sicherheitszentrale
Zwei Mitarbeiter beobachten
die Tat und alarmieren nach
51 Sekunden die Polizei

7 Fahrtweg Polizei
Erste Streife verpasst
Täter um 100 Sekunden

Thomas Heise • Claas Meyer-Heuer

Der Jahrhundertcoup

Thomas Heise • Claas Meyer-Heuer

Der Jahrhundertcoup

Ein Clan auf Beutezug und die Jagd nach
den Juwelen aus dem Grünen Gewölbe

Deutsche Verlags-Anstalt

Penguin Random House Verlagsgruppe FSC® N001967

1. Auflage
Copyright © 2023 by Deutsche Verlags-Anstalt, München
in der Penguin Random House Verlagsgruppe GmbH,
Neumarkter Straße 28, 81673 München,
und SPIEGEL-Verlag Rudolf Augstein GmbH & Co. KG, Ericusspitze 1, 20457 Hamburg
Lektorat: Christoph Scheuring
Karten: Thomas Gleichmann, DerHerrGleichmann Medienproduktion, Leipzig
Fotos: SPIEGEL TV GmbH Hamburg; Polizei Berlin; Polizei Dresden; Getty Images
(S. 1 o., 6 o., 7 u.); Grünes Gewölbe, Staatliche Kunstsammlungen Dresden: Jürgen Karpinski
(S. 2) und David Brandt (S. 1 u.); AFP Jens Schlueter (S. 8 o.)
Bildbearbeitung: Mohn Media Mohndruck GmbH, Gütersloh
Umschlaggestaltung: Büro Jorge Schmidt, München
Umschlagabbildungen: © picture alliance/AP Photo/Jürgen Karpinski (Schmuck);
© Polizei Sachsen (Videoaufnahme)
Satz: TypoGraphik Anette Bernbeck, Gelnhausen
Druck und Bindung: GGP Media GmbH, Pößneck
Printed in Germany
ISBN 978-3-421-07006-7
www.dva.de

Inhalt

Kapitel 1

Der Jahrhundertraub

1.40 Uhr – 3.45 Uhr

Eigentlich gehören diese Stunden in Dresden zu den ruhigsten des ganzen Jahres. Eine Nacht zum Montag im November, irgendwann morgens zwischen zwei und vier Uhr. Wir schreiben den 25. November 2019. Die wenigen Touristen, die Dresden in dieser Jahreszeit noch besuchen, sind in ihren Hotels verschwunden. Das Partyvolk vom Wochenende schläft dem Arbeitsbeginn der nächsten Woche entgegen. Auch die Frühschicht ist noch nicht unterwegs. Normalerweise treibt sich jetzt niemand mehr herum zwischen Zwinger, Semperoper und Residenzschloss, unweit der Elbe, weder zu Fuß noch mit dem Auto. Nur ein paar verlassene Reisebusse parken noch in ihren Buchten. Normalerweise haben die beiden Männer hier um diese Zeit die Straßen und Plätze für sich allein.

Der eine ist Marco Schmadtke*, ein 29 Jahre alter, kräftiger Kerl mit Glatze, Vollbart und schwarzen Plättchen in den Ohrläppchen. Der andere ist Dimitri Makarenko*, 49, dessen Families aus Russland an die Elbe gekommen ist. Der Job der beiden ist die »Außenüberwachung« des Dresdner Zwingers.

Dieses riesige barocke Gebäudeensemble beherbergt heute die »Gemäldegalerie Alte Meister«, die »Porzellansammlung« und »den Mathematisch-Physikalischen Salon« mit seinen wertvollen technischen Exponaten. Im 18. Jahrhundert diente der Komplex dem sächsischen Kurfürsten August dem Starken als Kulisse für seine Orangenbäume. Jeder Herrscher, der auf sich hielt, besaß damals eine Sammlung solcher Bäume. Heute ist der Zwinger der meistbesuchte Ort in Dresden, zusammen mit dem Residenzschloss auf der gegenüberliegenden Seite der Straße. Dort befinden sich die Rüstkammer, das Münzkabinett und das »Grüne

---

* Name geändert. Dies gilt im Übrigen auch für alle weiteren Namen im Verlauf des Textes, die mit einem Stern versehen sind.

Gewölbe«, die historische Schatzkammer Sachsens. In ganz Deutschland gibt es keinen Ort, an dem auf so engem Raum so viele wertvolle Exponate ausgestellt sind.

Das ist einer der Gründe, warum die Wachleute auf ihrer nächtlichen Runde einen Hund mit sich führen. Und warum beide eine Pistole an ihrem Gürtel tragen. Das letzte Mal haben sie die Waffe bei einem Schießtraining benutzt. Das ist eine ganze Weile her. Seit der Neueröffnung des Grünen Gewölbes vor 13 Jahren hat es noch keine Situation gegeben, in der sie von ihrer Pistole hätten Gebrauch machen müssen.

Auch heute Nacht sieht es nicht nach großer Gefährdung aus. Eher sind die beiden Wachleute genervt, weil mal wieder zwei Jugendliche gegen 1.40 Uhr lärmend durch die Sophienstraße ziehen und Schilder umzuwerfen versuchen. Wie immer in solchen Fällen informieren die Wachleute die Polizei, und die kommt mit einem Streifenwagen und nimmt die beiden Randalierer mit auf die Wache.

Auf der nächsten großen Runde, mittlerweile ist es halb vier, findet Makarenko eine Laptoptasche in einem Mülleimer. Ganz in der Nähe steht ein »Scania«-Bus mit einer offenen Vordertür. Das riecht nach Einbruch und Diebstahl. Aber keine Spur von den Dieben. Wieder telefonieren die Wachleute mit der Polizei, wieder müssen die beiden anschließend eine Zeugenaussage machen.

Etwa zur selben Zeit brettert ein Wagen mit Berliner Kennzeichen die Bundesautobahn 4 herunter und nimmt die Ausfahrt in Richtung Dresden Zentrum. Es ist ein silberner Audi A6 Avant. Um genau 3.40 Uhr kommt der Wagen auf der Leipzigerstraße am Brauhaus Watzke vorbei. Er biegt links ab in die Kötzschenbroder Straße. Zwischen den Hausnummern 6 und 8 befindet sich die Einfahrt in eine Tiefgarage. Sie liegt strategisch günstig in unmittelbarer Nähe zur Ausfallstraße. Von hier dauert es um diese Zeit nicht länger als drei bis vier Minuten zurück auf die Autobahn.

Wenig später parkt ein Mercedes-Taxi mit Dresdner Nummer in unmittelbarer Nähe. Die Insassen des Mercedes steigen um, dann fährt der Audi wieder los. Es ist 3.43 Uhr, als die Überwachungskamera am Brauhaus Watzke den Wagen erneut erfasst. Diesmal steuert er Richtung Innenstadt. Über die Leipziger Straße geht es links in die Konkordienstraße. Vor der Hausnummer 60 wird neben einem VW Golf kurz Halt gemacht. Die Männer montieren von dem Golf die Dresdner Nummernschilder ab und klemmen sie an den Audi, wie sich später herausstellt. In Zeiten, in denen Kennzeichen nicht mehr angeschraubt, sondern nur noch angeclipt werden, dauert das ungefähr eine Minute.

Das weiß keine Stadt besser als Dresden. Früher war Dresden so etwas wie die Autodiebstahl-Hochburg der Republik. Das lag an seiner geografisch günstigen Lage unweit der polnischen und der tschechischen Grenze. Geklaut wurden damals mit Vorliebe Luxus-Autos, aber auch Lkw, Bagger, Baustellenfahrzeuge, Kabel und Rohre aus Kupfer und Stahl. Besonders beliebt waren die Katalysatoren. Mittlerweile hat die Polizei das Problem aber im Griff. Das liegt auch an einer Besonderheit bei der Erfassung der Tatverdächtigen in Sachsen. Unter dem Kürzel MITA werden hier im Unterschied zu anderen Bundesländern »Mehrfach-/intensiv tatverdächtige Zuwanderer« extra gelistet. Sie sind überproportional in der Kriminalstatistik vertreten. Fast jede zweite der durch Zuwanderer begangenen Straftaten wird von den MITA begangen, obwohl sie nur 2 Prozent aller Zuwanderer ausmachen. Jung, männlich, kriminell und Zuwanderer.

Insgesamt ist die Kriminalitätsstatistik in diesem Jahr auf den tiefsten Stand seit Langem gesunken. Waren es 2013 noch mehr als 28 000 Fälle, sind es 2019 nur noch knapp über 20 000. Auch das subjektive Sicherheitsgefühl sowohl in der Stadt als auch auf dem Land hat sich deutlich verbessert. Selbst jetzt im November, wenn es früh dunkel wird und die Diebe aktiver sind als in anderen Monaten und jede Schwachstelle nutzen. Deshalb ist die Polizei zurzeit vor allem präventiv unterwegs. Gerne gibt sie in Senioreneinrichtungen Informationsveranstaltungen zum Thema Einbruchschutz. Schwerpunkt der Aufklärung ist: Wie kann man Fenster und Türen sicherer machen? Dass diese Fragestellung auch für den Staatsschatz von Belang sein könnte, liegt außerhalb ihrer Vorstellungskraft.

3.45 Uhr – 4.30 Uhr

Mittlerweile hat der Audi A6 mit den falschen Kennzeichen die Elbe überquert, fährt über den Theaterplatz die Sophienstraße hinunter am Residenzschloss mit dem Grünen Gewölbe vorbei. Am Ende der Straße wendet der Audi und hält für eine gute Minute in einer Parkbucht. Dann geht's wieder zurück, vorbei am Gewölbe zum Theaterplatz. In dem Audi sitzen sechs junge Männer. Zwei von ihnen steigen aus und machen sich mit einer Tasche auf den Weg zum sogenannten Pegelhaus direkt neben der Augustusbrücke am Ende der Brühlschen Terrassen. Keinem Touristen würden die grauen Stahltüren mit den großen Eisenbeschlägen und der Aufschrift »Straßen- und Tiefbauamt Brückenmeisterei« auffallen. Nirgendwo ist ersichtlich, dass dahinter die Schaltschränke des Dresdner Stromversorgers Drewag stehen. Gegen 4.15 Uhr verschaffen sich die beiden Männer Zutritt zum Pegelhaus. Sie haben zwei Aluminiumtöpfe dabei. Und Benzin.

Im Obergeschoss schieben sie den ersten Topf unter die beiden großen Elektroschaltschränke neben der Stahltreppe. Hier laufen die Stromleitungen für die nahe Straßenbeleuchtung zusammen. Dann reißen sie hinten links in der Ecke einen Kabelkanal so weit von der Wand, dass sie den zweiten Topf darauf kippsicher abstellen können. Über den Topf legen sie ein auf dem Kanal liegendes schmales Kabel mit den Telefonhörersymbolen. Das Benzin lassen sie stehen. Sie müssen zurück zu den anderen.

Der Audi bleibt erst mal auf dem Parkplatz am Theaterplatz.

Von dort läuft eine einzelne Gestalt bis zur Mauer und dem Zaun vor dem Residenzschloss. Offenbar sondiert sie die Lage. Hinter der Mauer befinden sich die Fenster des Grünen Gewölbes. Später läuft die Gestalt wieder zurück, dann kommen drei Männer aus derselben Richtung, einer trägt eine schwere Tasche. Er stellt sie hinter ein großes Werbeschild vor der Mauer und legt Werkzeuge auf den Sims. Kurz darauf tauchen noch einmal drei Männer auf. Für einen Moment sind sie zu sechst, dann klettern vier von ihnen über die Mauer und verschwinden im Dunkel der Nacht. Die anderen beiden wechseln die Straßenseite. Da ist es 4.25 Uhr.

Es ist das eine, in ein Objekt hineinzukommen. Wesentlich schwieriger, das lehrt schon die Logik, ist die Flucht. Hier passieren die meisten Fehler. Vor einem Einbruch hat man unbegrenzt Zeit. Für die Flucht bleiben meist nur Sekunden oder Minuten.

Darüber haben sich die Wachleute Makarenko und Schmadtke allerdings noch nie ihren Kopf zerbrochen. Sie sitzen gegenüber, im Keller der Direktion Alte Meister im Zwinger, und machen gerade Pause. Als sie Geräusche hören, laufen sie trotzdem die Stufen hoch auf die Sophienstraße. Den Hund nehmen sie nicht mit. Schon wieder stehen Personen vor den umgekippten Schildern neben der Schinkelwache. Es sind zwei sportliche, junge Männer. Die Kapuzen haben sie über die Köpfe gezogen, einer hat seine Hose in die Socken gesteckt. Irgendwie sehen sie seltsam deplatziert aus. Also steuern die Sicherheitsleute auf die Gestalten zu, um Präsenz zu demonstrieren. Auffällig-unauffällig schauen die Kapuzenträger sich um, bewegen sich Richtung Theaterplatz. Makarenko hört, wie sie laut miteinander reden. Könnte Arabisch sein, auch wenn er kein Wort dieser Sprache versteht.

Kontrollieren wollen Makarenko und Schmadtke die beiden Männer nicht. Warum auch? Jedermann hat das Recht, sich nachts herumzutreiben auf Dresdens Straßen. Außerdem gehört die andere Seite der Sophienstraße streng genommen nicht mehr zu ihrem Einsatzgebiet. Makarenko und Schmadtke wenden sich wieder ihrer eigentlichen Aufgabe zu. Richtung Zwinger. Außenbereich überprüfen.

Gefilmt wird die Szene von der Überwachungskamera 335. Es ist die Kamera, die Bilder in HD-Qualität liefert. Sie ist auf dem Zwinger montiert und erfasst fast die komplette Westfassade des Grünen Gewölbes sowie einen Teil der Sophienstraße. Auch das beleuchtete große Werbeschild und das, was dahinter passiert. Jedenfalls solange ausreichend Licht da ist. Außerdem überwacht ein unsichtbarer Laserscanner wie ein Vorhang die Außenfassade des Residenzschlosses. Wenigstens theoretisch.

Praktisch hat dieser Vorhang ein paar entscheidende Löcher. Auf irgendeine Weise müssen die Männer, die dort im Dunkeln kauern, Wind bekommen haben von diesem Fakt.

4.30 Uhr – 4.56 Uhr

Zur selben Zeit beginnt auch für Jens Bannschke* die neue Woche. Es ist kalt, das Thermometer zeigt exakt 4 Grad, als er um 4.35 Uhr in seinen Renault Megane steigt und zur Arbeit fährt. Es ist ein guter Job: Als Pförtner im Residenzschloss hat er es warm und trocken. Zu seinen Aufgaben gehört es, jeden zu kontrollieren, der das Gebäude betritt. Er überprüft die Identität, vergleicht den Dienstausweis mit dem Gesicht und entscheidet, wer eintreten darf und wer nicht.

Während Bannschke unterwegs ist, sind zwei Männer zurück im Pegelhaus. Sie kippen einen Teil des Benzins in die Töpfe und verteilen den Rest auf dem Boden. Beim Rausgehen zünden sie die Flüssigkeit an. Zuerst fängt es nur leicht an zu brennen, bis das Feuer einen Topf erreicht und eine Stichflamme zündet. Funken schlagen, es blitzt, langsam schmoren die elektrischen Schaltschränke weg. Danach die Plastikummantelung der Kabel. Zum Schluss fallen die beiden Niederspannungs-Stromverteiler im Obergeschoß aus. Auch das zentrale Telefonkabel wird ein Opfer der Flammen.

Die Globalisierung bringt es mit sich, dass der Alarm im fernen Rumänien ausgelöst wird. In dem südosteuropäischen Land sitzt die Fernwartung für den Telefonanbieter Vodafone.

Es ist 4.56 Uhr, als Pförtner Bannschke gerade die Sophienstraße überqueren will, um 100 Meter weiter durch einen Toreingang an seinen Arbeitsplatz zu gelangen. Da kommt der Audi A6 mit hohem Tempo aus Richtung Norden, aus Richtung Theaterplatz. Der Wagen wendet vor ihm, bleibt am rechten Fahrbahnrand stehen. Keiner steigt aus. Der Motor läuft, das Licht bleibt an. Bannschke geht weiter Richtung Personaleingang. Er hört noch metallische Geräusche, die er nicht zuordnen kann. Dann fallen plötzlich alle Straßenlaternen aus. Auch die Brückenbeleuchtung für die Schifffahrt erlischt. Der letzte gemessene Pegelstand wird um 4.56 Uhr gesendet. Die ganze Konstruktion mit den Töpfen hat perfekt funktioniert. Eine Art pyrotechnische Zeitschaltuhr. Die Überwachungskamera 335 fokussiert jetzt auf ein Spinnengewebe. Nur das große Werbeschild am Zaun leuchtet noch. Von Norden weht leichter Brandgeruch zum Residenzschloss herüber.

In diesem Moment beginnen die vier Männer hinter der Mauer im Schutze der Dunkelheit mit ihrer Arbeit. Alles läuft wie geplant. Bereits Tage zuvor haben sie nachts acht Streben des massiven Eisengitters vor dem linken Fenster durchtrennt und es danach mit Klebestreifen wieder in Position geklebt. Jetzt müssen sie das Teil nur noch herunternehmen und sich durch die entstandene Lücke schlängeln. Angst entdeckt zu werden haben sie nicht. Offenbar wissen sie, dass der Laserscanner die Fassade erst ab einer Höhe von 2,50 Meter erfasst. Und vom Einstiegsfenster auch nur den rechten oberen Rand. Die linke untere Hälfte liegt für den Scanner im toten Winkel. Die Überwachungskameras müssen sie auch nicht fürchten. Das Fenster, durch das sie einsteigen wollen, liegt im Schatten des Außenturms, kein Licht fällt in die Ecke, nur Wärmekameras würden etwas abbilden können. Die existieren nicht im Sicherheitskonzept des Schlosses. So sehen die Kameras nichts anderes als eine schwarze Fläche.

Einer der Männer löst jetzt das Gitter ab. Auch das bekommt keiner mit. Nun muss nur noch das Fenster geöffnet werden, was nicht so einfach ist, weil das ganze Fenster keine Klinke und keinen inneren Riegel hat, sondern nur aus Sicherheitsglas und einem feststehenden Rahmen besteht. Dafür ist es aber auch nicht durch eine Alarmvorrichtung gesichert. Weder Signaldrähte noch Infrarot- oder Magnetmelder. Nichts.

Für dieses Fenster haben die Männer einen hydraulischen Rettungszylinder mitgebracht. Der kann einen Druck von 14 Tonnen aufbauen und ist ein echtes Profigerät. Selbst ohne Akku wiegt er circa 17 Kilogramm. Hersteller ist die bayerische Firma Lukas mit Sitz in Erlangen. Sie hat das Gerät entwickelt, um nach einem Unfall eingeklemmte Menschen aus einem zusammengeschobenen Wagen befreien zu können. In kriminellen Kreisen wird das Teil auch gerne für die gepanzerte Tür eines Geldtransporters benutzt. Im Prinzip funktioniert es wie ein Wagenheber mit einem hydraulischen Stempel.

Hier haben die Männer noch ein Rohr an das sogenannte Widerlager am Fuß geschweißt, um den »Rettungszylinder« in die Innenseite des historischen Gitters einhängen zu können. So verteilt sich die Kraft auf eine größere Fläche. Mit dem Lukas-Rettungszylinder drücken sie jetzt das Fenster samt Rahmen aus der Verankerung. Ein kurzes Warten. Alles ist still. Kein Alarm. Auch nicht in der Sicherheitsleitstelle des Schlosses.

Die genaue Lage der Leitzentrale ist eines der am strengsten gehüteten Geheimnisse des Sicherheitskonzepts. Wie im Krieg der Befehlsstand der Generäle. Sollte von außen ein Angriff auf die unfassbaren Werte im Schloss erfolgen, so die Überlegung, muss die Leitzentrale im 2. Obergeschoss des Südflügels autonom agieren können. Ohne dass die Sicherheitsmitarbeiter Gefahr laufen, ausgeschaltet zu werden.

An der Überwachungswand in diesem Raum hängen vier große Monitore. Auf jedem Monitor sind vier Kameras aufgeschaltet. Dazu kommen auf den Tischen drei Arbeitsplätze mit je drei Monitoren. Am mittleren Arbeitsplatz befindet sich der sogenannte »Überfallmelder«. Wird er gedrückt, läuft bei der Polizei direkt eine Meldung auf. Dass das System funktioniert, wissen die Sicherheitsleute, seit die Nichte einer Mitarbeiterin einmal aus Versehen den Knopf gedrückt hat. Fünf Minuten später war das ganze Residenzschloss umstellt. Lustig fand das die Polizei damals nicht. Einen Ernstfall gab es dagegen noch nie seit der Neueröffnung des Grünen Gewölbes. Einer der Monitore ist nur dafür da, Alarmmeldungen anzuzeigen. Tagsüber kommt das ständig vor. Ein roter Stern leuchtet immer dann auf, wenn zum Beispiel die empfindlichen Vitrinen berührt werden. Oder wenn sich jemand einem der freistehenden Exponate nähert. Oder wenn sich eine Gardine in der aufsteigenden Luft der Heizung bewegt. Kein Scherz. Das kommt häufiger vor. Jeder Alarm wird überprüft und anschließend durch die Zentrale zurückgestellt. Alles Routine.

4.56 Uhr – 5.20 Uhr

Um 4.56 Uhr ist in diesem Raum noch alles wie immer. Niemand hat den Stromausfall auf der Straße bemerkt. Auch der Brandgeruch im Pegelhaus ist nicht bis zu den Menschen hier vorgedrungen. Der Schichtwechsel ist in vollem Gange. Kollegen kommen und gehen. Sandra Kaiser* ist unter denen, die Feierabend haben. Sie verlässt Raum und Schloss und geht Richtung Zwinger. Dort trifft sie die beiden Sicherheitsleute beim Zigarettenschmauchen. Anschließend bringt Makarenko seinen Partner mit der kalten Schnauze zurück ins Büro. Ein kräftiger Wind bläst. Nach anderthalb Stunden Streifendienst muss auch ein Deutscher Schäferhund mal wieder ins Warme. Jetzt ist niemand mehr auf der Straße zwischen Zwinger und Schloss zu sehen. Die zwei Männer, die unter dem Fenster lauern, bemerkt Sandra Kaiser nicht.

Die anderen beiden Einbrecher schieben sich durch das aufgedrückte Fenster und stehen dann direkt im Pretiosensaal. Das ist der zentrale Raum des Grünen Gewölbes. Ein großer, rundum verspiegelter Saal mit Marmorboden, einem weißen Stuckgewölbe und goldenen Konsolen vor den Spiegeln, auf denen die Kostbarkeiten des Raums ohne Vitrinen oder Gitter ausgestellt sind. Goldverzierte Trinkgefäße aus Nautilus-Schneckenhäusern oder Straußeneiern, Schalen aus Bergkristall, Japsis oder Achat, besetzt mit Emaille oder Edelsteinen. Die meisten Teile stammen aus dem 17. Jahrhundert. Jedes für sich ist ein Vermögen wert. Trotzdem steht kein Exponat hinter Glas oder Gitter. Gesichert nur mit Sensoren und Scannern. Die beiden Männer würdigen die Kostbarkeiten mit keinem Blick.

Sie laufen quer durch den Raum zur Tür, die ins »Wappenzimmer« führt, der nächste Saal dahinter ist das »Juwelenzimmer« des Grünen Gewölbes. Hier lagern die kostbarsten Schätze der ganzen Sammlung. Hinter Glas. Das Juwelenzimmer ist der einzige Raum mit fest installierten Vitrinen aus Borosilikat-Sicherheitsglas. Besonders resistent gegen Angriffe mit Kälte und Säure. Die Männer haben in ihren Taschen Äxte dabei.

In der Sicherheitsleitzentrale ist der Schichtwechsel jetzt vorüber. Der diensthabende Wachmann ist Markus Hahne*, 32 Jahre, Katzenliebhaber, wie jeden Morgen ist er mit dem Fahrrad zur Arbeit gefahren. Gerade steht er mit dem Rücken zu den Monitoren, als plötzlich der zweite Mann im Raum ruft:»Was ist hier los?«

Hahne dreht sich um. Was er sieht, raubt ihm den Atem: Auf dem Alarm-Bildschirm blinkt eine ganze Reihe roter Sterne auf. Dazu ein Signalton. Über den Monitoren hängt eine digitale Anzeige.»25 NOV 04:57:38« wird angezeigt.

Der erste Alarm kommt vom Bodenscanner unter dem Fenster im Pretiosensaal. Der zweite läuft aus dem Wappenzimmer ein. Die Überwachungskamera im Juwelenzimmer zeigt zuerst nur den Schein einer Taschenlampe. Dann tauchen zwei Typen auf dem Monitor auf. Einer der beiden Eindringlinge läuft erst zu weit, bremst ab, dreht sich um und drischt dann mit seiner Axt auf zwei verschiedene Vitrinen ein. Die Schaukästen melden den nächsten Alarm. In exakt 29 Sekunden schlägt der Einbrecher 26-mal zu. Dann ist das Loch so groß, dass eine zweite Axt in die Lücke passt. Mit ihr reißt der zweite Mann Stücke aus der Scheibe heraus. Er ist deutlich erkennbar Linkshänder. Als eine Hand durch den Spalt passt, greifen sie sich die Beute.

Eigentlich müssten die Wachleute jetzt den »Überfallmelder« auf dem mittleren Arbeitsplatz drücken, der direkt die Polizei alarmiert. Stattdessen wählt einer von den beiden mit dem Telefon exakt 51 Sekunden nach Beginn des Einbruchs die Notrufnummer der Polizei 110. Zuerst läuft nur eine Ansage vom Band:»Sie haben den Notruf der Polizei gewählt. Sie werden verbunden.« Nach weiteren 13 Sekunden meldet sich ein Beamter.

Er sitzt im Polizeipräsidium in der Schießgasse 7. Zu Fuß sind es von dort nur 700 Meter bis zum Grünen Gewölbe. Das Präsidium gleicht einer Festung mit zwei runden Haupttürmen. Ende des 19. Jahrhunderts als »Königlich Sächsisches Polizeipräsidium« erbaut, ein typisches Beispiel der Neorenaissance und des Neobarocks in Dresden. Im Inneren des alten Gemäuers befinden sich auch die Leitzentrale und das Polizeirevier Mitte. In einem der drei Innenhöfe warten die Streifenwagen. Immer bereit für den Einsatz.

»Polizeinotruf PD Dresden, recht schönen guten Tag!«, sagt der Beamte am Notruf.

Anrufer aus dem Grünen Gewölbe: »Nu, Leitzentrale im Residenzschloss. Und zwar haben wir bei uns einen Einbrecher gerade in den Kameras gesehen. Und zwar im historischen Grünen Gewölbe. Zwei Personen. Wir bräuchten polizeiliche Unterstützung.«

Beamter: »Ja, den haben Sie jetzt auf der Kamera gesehen, im Gebäude?«

Anrufer: »Im Gebäude drin, ja.«

Beamter: »Und wie sollen die Kollegen da anfahren? Direkt zu vorm Residenzschloss?«

Anrufer: »Ja. Oder am besten ...«

Beamter: »Okay, ich schick die Kollegen sofort los!«

Anrufer: »Alles klar.«

Nach 45 Sekunden ist das Telefonat beendet. Es sind jetzt also genau 96 Sekunden vergangen, bis die Polizei Einsatzkräfte losschickt.

4.59 Uhr

Im Einsatzprotokoll wird jetzt als »polizeiliche Erstmitteilung« vermerkt: »2 Täter im Grünen Gewölbe, Wachdienst vom Residenzschloss sieht diese auf Kamera im Ereignisort.«

Die Einbrecher stopfen in der Zwischenzeit die Juwelen in ihre Taschen. Nicht nur Kleinteile, auch einen mit Brillanten besetzten Degen nehmen sie mit. Ganz offensichtlich haben sie einen genauen Plan. Gezielt greifen sie nach Stücken der »Brillantgarnitur«. Sie ist die weitaus kostbarste Juwelengarnitur des Grünen Gewölbes. Solche Garnituren bestehen in der Regel aus Orden, Broschen, Gürtelschnallen, Manschetten, Westenknöpfen und einem Paradedegen. Die prachtvollsten Teile sind der damaligen Mode folgend die »Hutagraffe« und das Achselband oder die »Epaulette«. Dort wurden die größten und schönsten Steine verbaut. Herzstück der Epaulette der Brillantgarnitur ist ein Brillant mit dem Namen »Sächsischer Weißer«. Fast 50 Karat schwer; als August der Starke ihn 1728 vom Hamburger Juwelier Moses Abraham kaufte, zahlte er 200 000 Taler für ihn. Zum Vergleich: Der Bau seines gesamten Sommerschlosses in Pillnitz kostete ihn nur ein Fünftel der Summe.

Der heutige Versicherungswert der Beute beläuft sich auf 116,8 Millionen Euro. Insgesamt greifen sich die Täter 21 Schmuckstücke, die insgesamt mit mehr als 4300 Brillanten und Diamanten besetzt sind. Während der eine Täter die letzten Teile in einen Beutel stopft, läuft der andere wieder zum Einstiegsfenster und kommt mit einem Feuerlöscher zurück. Den Inhalt versprüht er im ganzen Raum, um die Spuren zu vernichten. Dann ist der Feuerlöscher leer.

So planvoll, wie die Einbrecher vorgehen, so ratlos sind die Sicherheitsleute in der Leitzentrale. Wie sollen sie reagieren? Laut Sicherheitskonzept müssten sie das Licht in den von den Einbrechern angegriffenen Räumen anmachen. Sie tun es nicht. Runterrennen und die Einbrecher stellen, ist zu gefährlich. Laut Alarminstruktionen ist nicht vorgesehen, dass sie bei einem Überfall ihren Raum verlassen. Immerhin geben sie den Kollegen vom Sicherheitsdienst im gegenüberliegen Zwinger Bescheid.

Als das Telefon schrillt, ist Marco Hanke*, 31, gerade dabei, die Übergabe zu machen. Er geht sofort raus auf die Straße. Alles ist

dunkel wegen der ausgefallenen Straßenbeleuchtung, nur die Laterne, unter der er gerade steht, brennt seltsamerweise noch. Hanke will nicht entdeckt werden und bewegt sich aus ihrem Kegel.
Auf Höhe der Schinkelwache vor dem Zaun am Grünen Gewölbe,
gleich neben dem großen Werbeschild, sieht er mehrere Gestalten
an einem Auto. Die Kofferraumklappe ist auf. »Los, komm, mach
schnell«, hört Hanke jemanden in gebrochenem Deutsch sagen.
Hanke ist ein kräftiger Kerl. Die Haare zwei Finger breit über den
Ohren ausrasiert, Viertagebart, im Gürtel trägt er eine Pistole. Er
könnte die Waffe ziehen und schießen. Genau wie sein Kollege.
Auch der ist bewaffnet. Zur Eigensicherung.

Makarenko steht etwas entfernt, zum Fluchtauto sind es von
ihm ungefähr zwanzig Meter. Den Hund hatte er so schnell nicht
mehr mitnehmen können. Makarenko gibt alles über Funk durch.
Dann hört er, wie einer in gebrochenem Deutsch ruft: »Raschid,
schmeiß rein!« Es klirrt wie Glas, als ein großer Beutel in den Kofferraum fliegt. Makarenko erkennt an den Rückleuchten, dass es
ein Audi A6 Kombi ist. So einen wollte er auch schon immer mal
haben. Er funkt in die Zentrale: »Die steigen ein und fahren los!«

Beide Sicherheitsleute denken nicht daran zu schießen. Das
gibt die Lage einfach nicht her. Niemand wird bedroht, kein Men-
schenleben ist akut gefährdet. Das Ganze ist, so bizarr es klingt,
nur ein Blitzeinbruch, bei dem sich der Gebrauch einer Waffe ver-
bietet.

Statt zu schießen, zückt Hanke sein Handy und filmt, wie der Audi
um 5.02 Uhr davonrast. Richtung Theaterplatz. Seit dem ersten
Alarm sind genau 4 Minuten und 18 Sekunden vergangen. Der
Sicherheitsmann glaubt zu sehen, wie der Wagen links abbiegt
runter zur Elbe. Die Augustusbrücke ist wegen Bauarbeiten ja sowieso gesperrt.

Im Präsidium dauert es jetzt eine gefühlte Ewigkeit, bis sich das
elektrische Tor vom Hof der Polizeidirektion endlich öffnet. Mit

zwei Streifenwagen macht sich die Polizei auf den Weg zum Schloss. Blaulicht und Sirene sind aus. Noch heißt es ja, die Täter seien »im« Grünen Gewölbe. Da will man niemanden aufschrecken. Außerdem sind die Straßen um diese Zeit sowieso menschenleer. Es geht links raus aus der Einfahrt in die Rampische Straße, dann über den Neumarkt, die Augustusstraße lang, dann links in die Chiaverigasse zum Theaterplatz. Dann wieder links. Nach 900 Metern trifft der erste der beiden Streifenwagen von Norden kommend am Tatort ein. Das Fluchtfahrzeug haben sie um exakt 100 Sekunden verpasst. Genau 96 Sekunden dauerte das Alarmieren der Polizei über den Notruf. Hätten die Sicherheitsleute den Alarmbutton gedrückt, wäre die Flucht der Einbrecher wohl gescheitert, weil die Streifenwagenbesatzung die Rücklichter des Audi noch gesehen hätte.

In einem der Streifenwagen, die als erste eintreffen, sitzt Polizeikommissarin Kristina Katte. 31 Jahre, die Haare streng nach hinten gebunden, stressfest und durchtrainiert, eine passionierte Joggerin. Im Urlaub wandert sie gerne durchs Hochgebirge.

Makarenko und Hanke warten auf der Straße vor dem Zaun am Grünen Gewölbe. Es sind jetzt rund sechs Minuten vergangen, seit in der Leitzentrale des Residenzschlosses der Alarm ausgelöst wurde. Hanke erzählt der Kommissarin sofort von dem Fluchtweg, den er beobachtet haben will und zeigt sein Video mit dem Tatfahrzeug. Viel zu sehen ist darauf nicht. Die Qualität ist derart lausig, dass man weder Fahrzeugtyp noch Kennzeichen erkennen kann. Katte gibt wenigstens den vermuteten Fluchtweg an ihre Kollegen weiter.

Auf der nur 200 Meter entfernten Augustusbrücke, ist zu dieser Zeit eine junge Frau mit dem Fahrrad unterwegs. Sie will weiter zum Hauptbahnhof. Offiziell ist die Brücke für den Fahrzeugverkehr gesperrt. Überall Bauarbeiten, die Fahrbahn ist teilweise aufgerissen, Gehwegplatten liegen herum. Fußgänger können die Brücke allerdings noch benutzen. Ab und an fährt auch ein Auto entlang. Vorzugsweise ortsunkundige Touristen, die blind auf die Karte oder das Navi starren. Vor der Frau liegt der unfassbar schöne Blick auf die andere Seite der Elbe. Die barocke Gebäudesilhouette erhebt sich über den breiten und geschwungenen Fluss. So schön, so ruhig. Es ist der berühmte Canaletto-Blick: Das Panorama der Altstadt, vom rechten Elbufer gesehen, unterhalb der Augustusbrücke. 1748 hat der Maler Bernardo Bellotto, genannt Canaletto, diese Perspektive gemalt und Dresden damit in ganz Europa bekannt gemacht. Auch heute besuchen die meisten Menschen die sächsische Metropole wegen genau dieser Ansicht.

Auf der Mitte der Brücke bemerkt die Frau, dass am Ufer Rauch aufsteigt. Sie hört ein Rumpeln. Dann brettert ein Fahrzeug trotz der Baustellensperrung hochtourig an ihr vorüber. Kurz überlegt sie, die Polizei per Notruf zu alarmieren, weil sie Jugendliche vermutet, die mal wieder ein illegales Autorennen fahren. Dann sieht sie das Blaulicht eines Streifenwagens und denkt, dass die Polizei bereits informiert ist.

Stattdessen ruft sie die Feuerwehr. Es ist 5.5.13 Uhr, als es dort klingelt.

Feuerwehr: »Notruf Rettungsdienst und Feuerwehr, schönen Tag.
Anruferin: Hallo, ich bin hier in der Altstadt, da an der Brücke, und da brennt's. An der Hofkirche. Ist das schon irgendwie gemeldet worden?«
Feuerwehr: »Nee, noch nicht. Wo ist das, in welcher Straße? An der katholischen Hofkirche am Schlossplatz?«
Anruferin: »Genau, da.«
Feuerwehr: »Und wo brennt es dort?«
Anruferin: »Ähm, an der Baustelle eigentlich, ähm im Gemäuer, unten drin. Und das klappert ganz schön laut. Ich weiß auch nicht, was das ist.«
Feuerwehr: »Hm, Terrassenufer quasi?«

Anruferin: »Ähm, ich weiß es nicht. Irgend ... es steigt nur wahnsinnig viel Rauch auf und es klappert unten im Gemäuer drin ganz schön laut. Ich weiß auch nicht, was das ist.«

Feuerwehr: »Hm, hab' ich so verstanden. Ich lass Ihnen mal Hilfe zukommen.«

Anruferin: »Okay, alles klar, ... also ich wusste jetzt nicht, ob es gemeldet wurde, weil, es ist schon ganz schön viel Rauch.«

Feuerwehr: »Nee, okay, ich schick Hilfe zu. Ist noch nicht gemeldet. Danke für die Information.«

Nach dem Telefonat verlässt die Frau erst einmal nicht das Geschehen. Vielleicht braucht jemand ihre Aussage, denkt sie. Noch bevor die Feuerwehr eintrifft, wird sie von zwei Wachleuten befragt: Ob sie etwas gesehen hat? Irgendetwas Auffälliges? Das um diese Zeit nicht hierhergehört?

Die Frau ist so sehr auf den Rauch und das Rumpeln im Gemäuer fokussiert, dass sie den Audi in der Hektik komplett vergisst. Nach der falschen Aussage des Security-Mannes Hanke ist das der zweite Grund, warum die Polizei die Täter in dem Audi unten auf der Uferstraße vermutet.

Also rast einer der ersten Streifenwagen links an der Elbe entlang, am Landtag vorbei bis zur Autobahnauffahrt Altstadt. Hier entscheiden sich die Beamten wieder links zu fahren, Richtung Autobahn 17. Die führt durch das Erzgebirge auf dem kürzesten Weg nach Tschechien.

Insgesamt machen um 5.09 Uhr 16 Streifenwagen Jagd auf die Täter. Darunter auch die Streifenwagen mit den internen Bezeichnungen »01« und »03« vom Polizeirevier Mitte. Sie sollen den Flüchtenden den Weg abschneiden. Wagen 01 bezieht den Posten am Restaurant »Radeberger Bierausschank« in der Nähe des Schlosses.

Da parkt der silberne Audi allerdings schon in der Tiefgarage in der Kötzschenbroder Straße. Es ist Punkt 5.07 Uhr, als eine Mieterin der Wohnanlage mit ihrem Wagen dort in der Tiefgarage vor das Rolltor fährt und an dem Strick zieht, der den Rollmechanismus betätigt. Noch bevor sich das Tor komplett geöffnet hat, quetscht sich der Audi an ihr vorbei in den hinteren Teil der Garage.

Fünf Minuten später beobachtet ein Kurierfahrer, wie zwei Männer auf Höhe der Hausnummer 8 eilig in ein Mercedes-Benz-Taxi steigen, das dann Richtung Autobahn fährt. Nur zwei Kilometer sind es von hier bis zur Auffahrt »Elbepark, Dresden Neustadt«. Auch hier fällt das Taxi Dresdner Pendlern auf. Zwei Spuren führen an der letzten Ampel vor der Auffahrt geradeaus, nach 200 Metern verengt sich die Straße auf eine Spur, die dann auf die Autobahn Richtung Norden führt. An diesem Morgen haben sich alle Autos rechts einsortiert, als links ein Taxi herangeschossen kommt. Ganz knapp vor einem Lkw zieht es rüber nach rechts, brettert die Auffahrt hoch, wechselt direkt auf die Mittelspur, von dort auf die linke Überholspur. Ruckzuck hat die E-Klasse mit dem Taxi-Schild auf dem Dach auf knapp 200 km/h beschleunigt.

Kurz darauf erreichen auch die Polizisten im Streifenwagen 01 die Autobahn. Sie postieren sich am nahen Autobahnkreuz. Rechts geht es gen Osten nach Bautzen und Polen. Links führt die A13 Richtung Berlin. Hier scannen die Polizisten den morgendlichen Berufsverkehr. Sie suchen nach drei Männern in einem hellen Audi A6. Da brennt der Wagen bereits – allerdings noch unbemerkt – in der Garage.

Es ist 5.12 Uhr, als eine Mieterin zu ihrem Wagen auf Stellplatz 66 läuft und einen stechenden Gummigeruch bemerkt. Auch das Garagenlicht funktioniert nicht mehr. Dann geht an einem anderen Wagen die Warnblinkanlage los. Sie denkt an einen Einbrecher, als die automatische Brandmeldeanlage schrillt. Der Alarm läuft gleichzeitig bei der Feuerwehr auf. Dann explodiert etwas im hinteren Teil des Gebäudes. Auf die erste Explosion folgt sofort eine zweite. Bumm. Bumm Bumm. »Nur raus hier«, denkt die Mieterin. Auf der Flucht trifft sie den Hausmeister. Der hat den Notruf bereits gewählt, mehrere Löschzüge rasen heran. Vier Fahrzeuge brennen schon lichterloh, auf einem nicht regulären Stellplatz, direkt vor der Brandschutztür auch der Audi A6. Die Rauch- und Rußentwicklung erschwert das Löschen beträchtlich.

Am Terrassenufer trifft etwa zur selben Zeit ebenfalls die Feuerwehr ein. Aber keiner weiß, wie man in die Räume des Pegelhauses kommt, um den Brandherd zu löschen. Dabei qualmt es aus allen Ritzen. Zuerst versuchen es die Brandbekämpfer durch die linke Tür. Keine Chance. Dahinter wäre es auch nicht weitergegangen. Die rechte Tür widersetzt sich ebenfalls. Oben existiert auch noch ein Zugang, aber das Resultat ist dasselbe. Schließlich wird die Stahltür unten am Terrassenufer »mit Schaden« geöffnet. Es riecht nach verbranntem Plastik und Isoliermaterial. Zwei Feuerwehrleute kämpfen sich innen die Treppe hoch und sehen, dass es sich um einen Kabelbrand handelt. Löschen nicht möglich. Also ziehen sich die Männer zurück und stellen einen Lüfter auf, der den Qualm herausblasen soll. Irgendwann geht das Feuer selbstständig aus.

5.20 Uhr – 6.30 Uhr

Im Grünen Gewölbe beginnen die Kriminalbeamten jetzt mit ihrer Ermittlungsarbeit. Wenn ein derartiger Einbruch passiert, heißt es für die Polizei erst einmal, sich einen Überblick zu verschaffen. Wichtig dabei sind drei Grundsätze: Schnelligkeit. Gründlichkeit. Und bloß keine Panik. Das oberste Gebot lautet: Ruhe bewahren. Die ersten Fragenkomplexe, die abgeklärt werden müssen, sind: Wer hat was gesehen? Wie ist die Spurenlage am Tatort?

In diesem Fall kommt sofort noch eine zusätzliche Überlegung hinzu: Die Ermittler fragen sich: Wie konnten die Einbrecher so schnell in das Gebäude eindringen? Schließlich sind vor den Fenstern Stahlgitter angebracht, die im Zweiten Weltkrieg sogar die Bombennacht und den Feuersturm überstanden haben. Und wieso konnten die Fenster einfach aufgedrückt werden, ohne dass ein Alarm losging? Was ist mit der Überwachung der Fassade? Gibt es da nicht einen Außenscanner für die Fassade? Und was ist mit den Überwachungskameras oben auf dem Zwinger? Wenn es offenbar überall Schwachstellen gab, wieso kannten die Täter diese? War es vielleicht ein sogenannter »Inside-Job«, weil jemand vom Sicherheitspersonal beteiligt war? Mit Rat? Oder mit Tat? Vieles ist bereits in diesen ersten Minuten denkbar.

Der erste Weg von Polizeikommissarin Katte und ihren Kollegen führt deshalb in die Sicherheitsleitzentrale des Residenzschlosses. Ihre Aufgabe ist das, was in der Polizeisprache »der erste Angriff« heißt. Was Katte auffällt: Sie muss ständig nachfragen, hat zeitweise den Eindruck, als würde sie ignoriert. Klassische Männer-Überheblichkeit? Oder Methode? »Kann ich jetzt mal eine Antwort bekommen?«, blafft sie die Sicherheitsleute an.

Dann geht sie zum Tatort, um sich selbst ein Bild vom Geschehen zu machen. Marco Hanke, der die Täter filmte, begleitet sie. Schon nach ein paar Metern erkennt sie das Ausmaß der Zerstörung. Außerdem bemerkt sie im Lichtschein der Taschenlampe die feinen Staubpartikel, die immer noch durch die Luft wirbeln und langsam als weiße Schicht auf den Fußboden sinken. Sie glaubt zuerst, das kommt von den eingeschlagenen Glasscheiben der Vitrinen.

Hier muss auf jeden Fall die KT, die Kriminaltechnik, her, entscheidet sie. Der Tatort wird »eingefroren«, wie es in der Polizeisprache heißt. Es ist eben nicht wie jeden Sonntag im ARD-Tatort, dass die Ermittler einfach rumlaufen und anfassen, was und wie es ihnen gefällt. Im wahren Polizeileben hat die Spurensicherung Vortritt: Keiner darf rein, alles bleibt, wie es ist.

Also kehrt Katte zurück in die Leitzentrale. Sie will die Videoaufzeichnungen von den Außenkameras ansehen und sichern. Das Führungs- und Lagezentrum der Polizei braucht dringend ein Update, um die Fahndung zu konkretisieren. Was nützt es, mit diversen Streifenwagen in der Stadt unterwegs zu sein, wenn man gar nicht weiß, wonach man eigentlich sucht?

Katte bekommt seltsamerweise nur die Überwachungsbilder aus dem Inneren des Gebäudes zu sehen: Den Kegel der Taschenlampe. Das Einschlagen der Vitrinen. Einer versucht, die Überwachungsvideos der Außenkameras aufzurufen. Es gelingt ihm nicht. Sind die Sicherheitsleute komplett überfordert? Oder sabotieren sie die Ermittlungen? Langsam verliert Katte die Geduld: »Wir müssen hier zusammenarbeiten«, sagt sie. »Nicht gegeneinander.«

Irgendwann meldet sich auch noch Pförtner Bannschke und berichtet, dass er ja ein Auto gesehen hat, als er zum Dienst wollte. Eben jenen Wagen, der angerast kam, vor ihm wendete und Licht und Motor anließ. Das sei ihm jetzt noch eingefallen, erklärt er. Da ist es bereits kurz vor sechs und der Überfall seit einer Stunde Geschichte.

Etwa zu dieser Zeit kommt in der Leitzentrale die Meldung an, dass der Stromverteiler unter der Augustusbrücke gebrannt hat. Da sich dort die Straßenbeleuchtung bündelt, ergibt sich für die Ermittler ein Zusammenhang mit dem Raub. Und ein nächster Ermittlungsansatz: Woher wussten die Täter von der Bedeutung des Ortes? Von außen ist jedenfalls nicht erkennbar, was sich hinter den Sandsteinmauern und Eisentüren verbirgt.

Noch seltsamer ist, dass bei der späteren Untersuchung keine Einbruchsspuren zu finden sind. Völlig unklar, wie die Täter in die Räume gekommen sind. Kein Feuerwehrmann kann sich an eine offene Tür erinnern.

Wenn aber keine Tür offenstand, dann müssen die Täter im Besitz eines Schlüssels gewesen sein. Und das zu einer Zeit, in der sich der Begriff »kritische Infrastruktur« schon ins kollektive Bewusstsein der Gesellschaft gegraben hat. Und Zugänge dazu sich nicht mehr am Kiosk besorgen lassen.

Dafür bringt die Untersuchung des zweiten Feuers eine erste Erkenntnis. Als das Feuer gelöscht ist, steht das Gemisch aus Wasser, Benzin und Löschschaum kniehoch in der Garage. Der Strom ist abgestellt. An dem Audi ist hinten das Dresdner Kennzeichen abgefallen. Offenbar war es nur notdürftig angebracht. Im Fußraum auf der Beifahrerseite liegt ein Revolver. Marke TAURUS, Modell 689, mit Patronenmunition im Kaliber .357 Magnum. Das ist eine Waffe, die Jäger gerne benutzen, um weidwunden Tieren den Fangschuss zu geben. Schnell ist klar, dass der Brand in der Tiefgarage unmittelbar im Zusammenhang steht mit dem Einbruch im Grünen Gewölbe.

Dort versucht sich die Polizei kurz nach 6.30 Uhr noch an einem weiteren »Angriff«. Ein Fährtenhund wird angefordert. Damit alles gerichtsfest ist, dokumentiert Polizeimeister Stubbe den Laufweg des Hundes. Angesetzt, wie es in der Fachsprache heißt, wird er am Fenstergitter, weil sich die Einbrecher dort aufgehalten haben und der Geruch nicht durch den Feuerlöscher kontaminiert ist. Weil das Gelände unter dem Fenster eingezäunt ist, geht der Hund außen herum. Zwei Sekunden schnuppert er, dann setzt er seinen Weg fort. Rüber über die Sophienstraße Richtung Schinkelwache. Genau zu der Stelle, an der die beiden jungen Männer standen, als die beiden Wachleute sie bemerkten. Dann folgt der Hund einer Spur 20 Meter Richtung Theaterplatz. Auch hier sind die beiden Gestalten gewesen. Dann läuft der Hund zurück an den Ausgangspunkt. Um 6.42 Uhr wird die »Absuche« ergebnislos eingestellt.

Allen Beteiligten bei der Polizei sind zu diesem Zeitpunkt drei Dinge klar. Erstens: Menschen, die so etwas durchziehen, müssen hartgesottene Kerle sein. Ich-stabil, erfahren und sturmfest. Das war definitiv nicht der erste Raub dieser Bande. Zweitens: In irgendeiner Form war die Tat ein Inside-Job. Also müssen die Ermittler jeden überprüfen im Schloss. Sie müssen Listen besorgen von den Mitarbeitern und sie müssen Querverbindungen finden ins kriminelle Milieu. Entweder verwandtschaftlicher Natur. Oder aber es half jemand aus Geldnot. Oder aus Gier.

Und der dritte Fakt ist: Der öffentliche und politische Druck wird enorm. Noch nie in der Geschichte Sachsens hat es eine Straftat gegeben von einem derartigen Interesse. Noch nie stand die Ermittlungsarbeit der Polizei so im Rampenlicht. Kritisch beäugt durch die Medien und durch die Politik. Bereits eineinhalb Stunden nach der Tat hat Innenminister Roland Wöller seinen Ministerpräsidenten Michael Kretschmer davon unterrichtet.

Kapitel 2

Das Historische
Grüne Gewölbe

Schwierige Zeiten

Der Diebstahl der Juwelen aus dem Historischen Grünen Gewölbe war nicht nur der Juwelenraub mit der wertvollsten jemals gestohlenen Beute. Wahrscheinlich sogar weltweit. Es war auch ein Angriff auf den Stolz und ein Stich ins Herz des ganzen Landes.

»Nicht nur die Staatlichen Kunstsammlungen wurden bestohlen«, ließ Ministerpräsident Michael Kretschmer am selben Tag schon wenige Stunden nach dem Einbruch verlauten. »Sondern wir Sachsen! Die Werte … im Grünen Gewölbe und im Residenzschloss … sind von den Menschen im Freistaat Sachsen über viele Jahrhunderte hart erarbeitet worden.«

Dies war einerseits richtig. Aber andererseits auch eine Beschönigung der Geschichte. Zwar waren es in der Mehrzahl sächsische Handwerker und Künstler, die die meisten Exponate im Grünen Gewölbe geschaffen hatten. Und natürlich verdankten die sächsischen Herrscher den Reichtum zuallererst ihren Untertanen. Aber wie überall im Absolutismus war dieser Reichtum auch ein Resultat von Ausbeutung, Leibeigenschaft und Fronarbeit. Während der bürgerlichen Revolutionen des 18. und 19. Jahrhunderts galten die Schatzkammern in Europa deshalb als Symbole des menschenverachtenden, absolutistischen Machtanspruchs und wurden von den Aufständischen als Erstes geplündert.

Nur die Sachsen plünderten nicht. Deshalb ist ihre heute die reichste Schatzkammer Europas. Und das, obwohl sie anderen Gefahren ausgesetzt war in ihrer langen Geschichte. Die heftigste Bedrohung waren der Zweite Weltkrieg und die Bombennächte im Februar 1945, als auch Teile des Residenzschlosses dem Feuer zum Opfer fielen. Drei Räume des Grünen Gewölbes stürzten damals ein, auch die restlichen fünf waren danach unbegehbar. Glücklicherweise hatten die Nationalsozialisten die kostbarsten Stücke schon vor dem Krieg in die Festung Königstein ausgelagert.

Nach dem Sieg der Alliierten kassierte die Sowjetunion 1945 den Staatsschatz ein, gab ihn aber 1958 in einem feierlichen Akt an die DDR zurück. Der allerdings fehlten die Mittel, die alten Räume angemessen zu restaurieren. Ein Teil der Schätze wurde im Albertinum ausgestellt, das im real existierenden Sozialismus in Dresden eine Art Universalmuseum für alles und jedes war. Das Grüne Gewölbe verfiel unterdessen; zur Wende war nicht viel mehr von ihm übrig als eine Ruine.

Trotzdem beginnen die Dresdner sofort nach der Wende mit dem Wiederaufbau des Grünen Gewölbes. Von Anfang an ist es das Ziel der Stadt, sich bei der Rekonstruktion und Renovierung des Museums so exakt wie möglich an der historischen Vorlage zu orientieren. Dreißig Betriebe arbeiten an der Rekonstruktion, es werden die alten Farben gemischt und die Spiegel nach einer alten, giftigen, gesetzlich verbotenen Methode mit Zinnamalgam und Quecksilber bedampft. Dafür wird sogar das Gesetz außer Kraft gesetzt. Nur um den ursprünglichen Glanz der Räume zu reanimieren.

Zum Schluss bekommt jedes Exponat seinen angestammten Platz. Der befindet sich in der Regel wie in den vergangenen 400 Jahren nicht in einer Vitrine. Sondern frei im Raum stehend auf einer Konsole. Nur die Juwelen werden hinter Glas ausgestellt. Auch das entspricht dem historischen Vorbild.

Das Sicherheitskonzept

Anfangs hat es noch Überlegungen gegeben, alle Schätze hinter einer raumhohen Verglasung zu präsentieren. Am Ende aber setzt sich die Idee eines barrierefreien Museums durch. Nicht die Exponate werden in Vitrinen verbannt. Sondern der ganze Raum wird selbst zu einer Vitrine.

Für die Überwachung der Ausstellungstücke bedeutet das einen immensen Mehraufwand. Das dafür nötige »Konzept für kriminelle Handlungen«, wie Michael John es nennt, wird Anfang der 2000er-Jahre entwickelt. Michael John ist der »Leiter im Bereich Bautechnik und Sicherheit der Staatlichen Kunstsammlungen« und damit verantwortlich für dieses Konzept. Mit am Tisch bei der Planung sitzen das LKA, das damalige Hochbauamt und die Staatlichen Kunstsammlungen Dresden. Zusammen schreiben sie einen Wettbewerb aus mit einem detaillierten Lastenheft unter Berücksichtigung der baulichen Vorgaben: Wie hoch ist die mechanische Sicherheit der Türen und Fenster, wie stabil sind die historischen Gitter, welche Kraftentwicklung muss das Glas aushalten können? Welche elektronischen Maßnahmen sind außen notwendig und welche innen?

Wie jedes Sicherheitskonzept steht auch das im Grünen Gewölbe auf drei verschiedenen Säulen: bauliche Voraussetzung, personelle Ausstattung, elektronische Maßnahmen. Entscheidend für den Erfolg ist ein abgestimmter, ineinandergreifender Mix.

An dem historischen Gebäude lässt sich nichts modifizieren, es ist so da, wie es ist. Unten im Erdgeschoss sichern Gitter die Fenster. Die haben bereits den Zweiten Weltkrieg überstanden und damit hohe Stabilität bewiesen. Sie dürfen bleiben. Bei den Fenstern entscheidet man sich für eine Festverglasung. Keine Flügel. Keine Öffnungen. Nichts, was man zusätzlich sichern muss. Auch Schächte für den Rauch- und Wärmeabzug existieren hier nicht.

Im Inneren sollen dann Dual-Bewegungsmelder mit Infrarotanteil und Laserscanner zum Einsatz kommen. Diese sichern einzelne Bereiche und manchmal auch nur einzelne Exponate ab und lösen einen Alarm in der Leitzentrale aus, sobald sich eine Hand in die Nähe eines Objektes schiebt. An den Vitrinen werden Magnetkontakte, Riegelkontakte und Erschütterungsmelder verbaut. Und alles lässt sich durch Blockschlösser mit kapazitivem System aus- oder scharfschalten, je nach Bedarf.

Ähnliche Systeme sind auch für den Außenbereich vorgesehen. Die ganze Fassade wird mittels lückenlos platzierter Laserscanner überwacht. Das System soll eine Art unsichtbarer Vorhang sein, der ursprünglich vom Dach bis zum Boden reicht. Weil auf den unteren Metern zu viele Fehlalarme ausgelöst werden, beginnt der Vorhang dann aber erst auf einer Höhe von zwei Meter fünfzig. Jedem dieser Scanner sind Kameras zugeordnet, die ihr Bild automatisch auf den sogenannten Alarmmonitor in der Leitzentrale aufblenden, wenn der Scanner irgendwo eine fremde Bewegung erkennt.

Kernstück des ganzen Sicherheitssystems ist wie überall die Sicherheitsleitzentrale. In manchen vergleichbaren Objekten liegt sie im Bereich des Diensteinganges. Im Dresdner Residenzschloss ist sie mitten im Gebäude untergebracht. Sicher vor einem Hochwasser der Elbe. Uneinnehmbar bei einem Angriff von oben. Und vor allem gibt es keinen direkten Zugang von der Straße aus. In der Zentrale selbst sollen nur speziell geschulte Mitarbeiter eingesetzt werden. Auch wenn sie 1,50 Euro mehr pro Stunde kosten.

Als das Grüne Gewölbe dann 2006 mit einer feierlichen Zeremonie eröffnet wird, sind die Fachleute begeistert von dem »revolutionären Sicherheitskonzept«. 45 Millionen Euro hat die Renovierung des Grünen Gewölbes gekostet. Ein großer Teil wurde für die Sicherheit verwendet.

Die Öffentlichkeit allerdings interessiert sich mehr für den gesellschaftlichen Aspekt der Feier: Alle, die sich mit Schätzen auskennen, sind gekommen, um bei der Eröffnung dabei zu sein: die Rothschilds, die Begum, Sotheby's, der britische Botschafter und die erste Riege des internationalen Adels. Die Zeitungen sprechen wahlweise vom »Grünen Wunder« oder dem »großen Spektakel«, und es gibt niemanden, der nicht wenigstens »zutiefst beeindruckt ist vom Wundertresor«. Oder »überwältigt von der märchenhaften Aura« der Räume.

Innerhalb kürzester Zeit wird das Grüne Gewölbe zum Pflichtprogramm für jeden Dresden-Besucher. Auch für die aus der Politik. Die Obamas. Angela Merkel. Alle geraten sie angesichts der

Pracht ins Schwärmen. Wie in früheren Jahren, als selbst so ein rationaler Misanthrop wie der Philosoph Arthur Schopenhauer von einem »Feen-Palast« fabulierte. Und Gerhart Hauptmann, deutscher Nobelpreisträger für Literatur, meinte vor 100 Jahren nach einem Besuch: »Wer das Staunen verlernt hat, hier lernt er es wieder.«

Die frühen Jahre

Genau das war schon immer der tiefere Sinn des »Grünen Gewölbes«. Als das Wort zum ersten Mal auftauchte, im Jahr 1572, beherbergte der Ort bereits alles, was staunenswert war und zur damaligen Zeit den Anschein von Wert besaß: Natternzungen, Korallenzinken, Hasengeweihe, Schildkrötenpanzer und Ziersäulen aus Elfenbein, die der Kurfürst von Sachsen selbst drechselte, wenn das Regieren ihm Zeit dafür ließ.

Damals war das Grüne Gewölbe allerdings nicht viel mehr als ein begehbarer Tresor im Residenzschloss zu Dresden. Eine »geheime Verwahrung«, mit fünf verschlossenen Schränken in einem Raum, der mit malachitgrüner Farbe gestrichen war. Daher der Name.

August der Starke

150 Jahre später war daraus bereits »eine der reichsten Schatzkammern Europas« geworden. Vielleicht sogar überhaupt die reichste. Vergleichbar nur mit der Tribuna in den Uffizien von Florenz, die damals die Macht der Medici illuminierte. Und mit der Schatzkammer des Sonnenkönigs, Ludwigs XIV., in Versailles. Beide Räumlichkeiten hatte August der Starke, Kurfürst von Sachsen, der angeblich mit bloßer Hand ein Hufeisen biegen konnte, auf seinen Reisen besucht. Und sie bei der Gestaltung des Grünen Gewölbes dann zum Vorbild genommen. Die erste Skizze für die Neugestal-

tung der Schatzkammer hat er eigenhändig gezeichnet. Das Dokument existiert noch immer im Grünen Gewölbe.

Geplant hatte er eine Neun-Raum-Schatzkammer, die – ganz im Sinne des barocken Gesamtkunstwerks – einer wohlüberlegten Dramaturgie gehorchte. Es war eine Art Steigerungslauf, beginnend mit dem warmen Glanz des Bernsteinzimmers und endend mit einem Feuerwerk aus Diamanten, Rubinen und Smaragden im letzten Raum.

Umgesetzt wurden die Ideen von 1723 bis 1729 durch seinen Hofarchitekten Daniel Pöppelmann.

August der Starke war im frühen 18. Jahrhundert in vielerlei Hinsicht einer der modernsten Herrscher seiner Epoche. Es war die Zeit des Barock, in Europa herrschte immer irgendwo Krieg, und die Könige und Fürsten sammelten vor allem Truppen um sich herum. August der Starke sammelte Pretiosen. Er war einer der ersten Potentaten, der verstand, dass man Länder auch anders erobern kann als mit einer Armee.

Polen zum Beispiel: Dieses Land war eine Republik von Adligen, die sich traditionell selbst ihren König wählten. August der Starke versprach, der geeignete Kandidat zu sein. Zum Einen, weil er wusste, wen er bestechen musste. Zum Zweiten, weil er rechtzeitig vor der Wahl zum katholischen Glauben konvertierte. Aber noch wichtiger war: Weil er reich genug schien, um bedeutend zu sein.

Dies war der eigentliche Zweck, den eine Schatzkammer damals hatte. Die meisten Fürstenhäuser, die auf sich hielten, sammelten Schatzkunst, um die eigene Macht und den eigenen Reichtum nach außen zu dokumentieren. Es war so etwas wie ein Wettbewerb unter den Herrschern, und jeder versuchte, die anderen Häuser zu blenden, aber keiner beherrschte dieses Spiel so virtuos wie der sächsische Kurfürst. Keiner inszenierte seine Kostbarkeiten gekonnter, keiner ging bei der Beschaffung konsequenter zu Werke und kaum einer war kreativer im Organisieren von Geldern und dann schleppender in seiner Zahlungsmoral.

Die wertvollsten Exponate

Deshalb hatte er am Ende auch die beeindruckendsten Exponate in seiner »geheimen Verwahrung«. Zum Beispiel den Tischaufsatz »Hofstaat zu Delhi«, den er bei seinem Hofgoldschmied Johann Melchior Dinglinger in Auftrag gegeben hatte. Das war eine Art königliche Puppenstube mit 137 Figürchen aus Gold und Silber, verziert mit 5223 Diamanten, 189 Rubinen, 175 Smaragden und einem Saphir. Das Kunstwerk kostete August den Starken 58 485 Reichstaler, was damals ungefähr dem Jahresgehalt von 1000 Beamten entsprach. Nach heutiger Rechnung wären das ungefähr 100 Millionen Euro. Auch das »Goldene Kaffeezeug« mit 5600 Diamanten war mit 50 000 Talern nur unwesentlich günstiger.

93 Goldschmiede lebten zu dieser Zeit in Dresden von den Aufträgen des Kurfürsten, und trotzdem streiften seine Einkäufer auch noch über die Messe in Leipzig, zu jener Zeit der größte Umschlagplatz für Waren in Mitteleuropa. Jeder Juwelier von Rang stellte in Leipzig seine Arbeiten aus. August ließ alles aufkaufen, was kostbar, virtuos verarbeitet und ohne jeden Gebrauchswert war.

Genau darum ging es in diesem Genre. Schatzkunst war eine Kunstform, die Gegenstände des Alltags mit höchster Handwerkskunst und wertvollsten Materialien jenseits jeder Funktionalität überhöhte: Schalen, Becher, Löffel, Spielzeug oder Vasen zum Beispiel, die kein Mensch benutzte und die keinen anderen Zweck hatten außer dem, wertvoll zu sein. Auch technische Gerätschaften gehörten dazu, bei denen nicht so sehr die Genauigkeit der Mechanik im Fokus stand, sondern die Dekoration des Gehäuses.

Für die Krönungsfeier zum polnischen König ließ August der Starke dann den »Hofstaat« und das »Goldene Kaffeezeug« nach Warschau karren, um auf diese Weise die Gunst der zaudernden polnischen Adligen zu gewinnen.

Solche Objekte waren allerdings nur ein Teil des Inventars. Der andere, mindestens genauso wichtige, waren die Kronjuwelen.

Kronjuwelen sind Kleiderschmuck. Jeder barocke Herrscher hatte mehrere Garnituren davon zu besitzen. Sie waren der Inbegriff des absolutistischen Machtanspruches. Ihre Ausgestaltung gab direkten Aufschluss über die Bedeutung des Trägers.

Diese Garnituren umfassten in der Regel Westen-, Manschetten- und Kleiderknöpfe, Gürtelschnallen, Schuhschnallen, Orden, Paradewaffen wie einen Degen oder einen Hirschfänger. Die beiden wichtigsten Accessoires waren die Agraffe, die am Hut getragen wurde, und die Epaulette, die an der Schulter befestigt war. Weil Kleiderschmuck der Mode unterworfen war, wurden die Stücke über die Jahre immer wieder umgearbeitet und verbessert. Neue Edelsteine kamen hinzu, weniger reine wurden durch schönere ersetzt, jeder größere Stein in einer heutigen Garnitur hat eine lange Historie in anderen Garnituren hinter sich.

Dadurch kulminiert der Wert solcher Garnituren im Laufe ihrer Geschichte, so dass ihnen nicht nur eine repräsentative Bedeutung zukam, sondern auch eine finanzielle. Gängige Praxis unter den Potentaten war es, dass Garnituren in Kriegs- oder Hungerzeiten verpfändet wurden, um die Staatskasse aufzufüllen. Die Brillantgarnitur der sächsischen Kurfürsten beispielsweise wurde 1806 für die damals unvorstellbare Summe von 1 400 000 Gulden (knapp 1 000 000 Taler) in Amsterdam verpfändet und dann 1817 wieder ausgelöst.

Wahrscheinlich rettete auch diese Praxis den sächsischen Kronjuwelen das Leben. Denn der Nachteil solcher Pretiosen in anderen Herrschaftshäusern war, dass sie gerne »vermünzt« wurden, wenn mal wieder Ebbe in der Staatskasse war. Sie ließen sich besser verkaufen als Ölbilder und leichter einschmelzen als Denkmäler. Das Einzige, was einen klammen Herrscher manchmal bremste, war die Schmach der »Öffentlichmachung« seiner angespannten Finanzen durch den Verkauf.

In Sachsen betraf dies eher die späteren Kurfürsten. August der Starke selbst kam zeit seines Lebens finanziell nicht in eine derart missliche Situation. Deshalb nutzte er den Schatz noch für andere Zwecke. Überliefert ist, dass er seine Reichtümer manchmal in die Privaträume schleppen ließ, um Dagobert-Duck-mäßig in ihnen zu »schwelgen«. Oder er geleitete die eine oder andere Dame seines Herzens in die Schatzkammer, in der Hoffnung, dass Wille und Widerstand schwach werden würden angesichts dieser Pracht.

Die Schatzkammer als Museum

Wenige Monate vor seinem Tod im Dezember 1732 verfügte August der Starke dann, dass »Fremden wie Einheimischen die im grünen Gewölbe befindlichen Juwelen und Kostbarkeiten gezeigt werden« dürften. Allerdings immer nur drei Personen gemeinsam, in Begleitung eines Inspektors, dem nach der Führung eine »Verehrung in Form eines Dukaten zu zahlen sei«.

Damit war August der Starke der erste Herrscher Europas, der aus seiner Schatzkammer ein Museum machte. Er war auch der Erste, der in ein Museum zwei Toiletten einbauen ließ und ein Vorgewölbe installierte, in dem »den Fremden die Schuhe genau abgekehret damit desto weniger Staub hineingetragen werde«, wie der Reiseschriftsteller Johann Georg Keyßler damals schrieb. Selbst damit war August der Starke noch ein Erneuerer. Nach ihm wurden Museen erst im 19. Jahrhundert wieder mit Toilette versehen.

Nach dem Tod August des Starken veränderte sich langsam die Architektur Europas, bis der Siebenjährige Krieg das Machtgefüge komplett neu sortierte. Wie eigentlich immer in der jüngeren Geschichte stand Sachsen dabei auf der Verliererseite. Eine der Folgen davon waren Jahre des Hungers, in denen der sächsische Kurfürst gezwungen war, aus dem Grünen Gewölbe fast das gesamte Silber und zwei Drittel des vergoldeten Silbers einschmelzen zu lassen, um daraus Münzen zu prägen.

Die Garnituren der Kronjuwelen im Grünen Gewölbe tastete er trotzdem nicht an. Im Einzelnen waren das damals die Achatgarnitur, die Saphirgarnitur, die Karneolgarnitur, die Smaragdgarnitur, die Rubingarnitur, die Schildpattgarnitur, die Diamantrosengarnitur, die Brillantgarnitur und der Brillantschmuck der Königinnen, der im strengen Sinn keine Garnitur war und früher auch nicht zum Staatsschatz zählte, weil dazu nur die Ausstattung der Potentaten gehörte.

Die wertvollsten Stücke waren die Diamantrosengarnitur, die Brillantgarnitur und der Brillantschmuck der Königinnen. Sie waren auch alle noch direkt von August dem Starken in Auftrag gegeben worden und damit die frühesten Exponate des Grünen Gewölbes. Ihr Platz im Juwelenzimmer war die südliche Stirnwand, neben dem Fenster zum Schlosshof, in drei ineinander übergehenden Vitrinen.

Die Beute

Diese Vitrinen sind dann auch das Ziel der Diebe am 25. November 2019, morgens um fünf. Andere Exponate, die frei zugänglich im Raum stehen und auch einen hohen Wert darstellen, beachten sie dagegen nicht. Das lässt erste Schlüsse zu auf die Identität und die Ziele der Täter.

Denn allen Exponaten im Grünen Gewölbe ist eines gemeinsam: Sie sind eigentlich nicht verkäuflich. Zu bekannt bei den Museen und in Sammlerkreisen, als dass man sie auf dem freien Markt gefahrlos anbieten könnte. Dass es die Täter ausschließlich auf Diamanten im Rosen- und im Brillantschliff abgesehen haben, könnte bedeuten, dass es ihnen nur um den Materialwert der Stücke geht. Und dass der historische Wert oder der Kunstwert keine Rolle spielt für sie. Auch wenn dieser um ein Vielfaches höher liegt.

Allerdings würden sich einzelne herausgebrochene Steine ebenfalls nicht so einfach veräußern lassen. Die meisten großen Steine in den Garnituren sind genauestens dokumentiert und würden sich von einem Fachmann leicht identifizieren lassen. Also würden die Täter die Beutesteine vermutlich in eine moderne Form umschleifen wollen. Dafür eignen sich Diamantrosen und Brillanten allerdings nicht in gleicher Weise.

Diamantrosen sind quasi halbierte Steine. Ihre Unterseite ist flach, darüber wölbt sich der Stein mit seinen geschliffenen Flächen. Von der Seite betrachtet hat die Form Ähnlichkeit mit einer aufgeblühten Rose.

Steine im modernen Brillantschliff sind dagegen nicht flach, sondern sowohl nach oben als auch nach unten ausgedehnt. Eine Diamantrose zu einem Brillanten umzuschleifen, würde den Glanz und die Strahlkraft des Steins zwar deutlich verbessern, aber seine Größe so weit reduzieren, dass er nahezu zerstört würde dadurch. Als Diamantrose würde er sich allerdings auch nicht verkaufen lassen, was einen Diebstahl dieser Stücke am Ende nicht wirklich sinnvoll erscheinen lässt. Es sei denn, man hätte bereits einen Käufer für die historischen Stücke.

Bei den Steinen der Brillantgarnitur und des Brillantschmucks der Königinnen sieht die Sache schon anders aus. Auch diese Steine unterscheiden sich von modernen Exemplaren, weil sich seit 1910 eine neue Form des Schliffs etabliert hat. Steine vor 1910 tragen seitdem einen »Altschliff«, und das Wort »Brillantschliff« ist für Steine nach 1910 reserviert.

Ein Umschleifen von Altschliff-Steinen ist allerdings ohne allzu große Verluste möglich. Dass die Diebe zwischen Diamantrosen und Brillanten keinen Unterscheid machen, lässt am Ende nur zwei Schlussfolgerungen zu:

Entweder sie handeln im Auftrag. Oder sie wissen zwar genau, was sie erbeuten wollen bei ihrem Coup. Aber haben am Ende doch keine Ahnung von der Materie.

Kapitel 3

Tag eins nach der Tat

Eine Soko entsteht

Als an diesem Morgen bei Horst Kretzschmar das Telefon klingelt, leuchtet auf dem Display der Name »Michael Kretschmer« auf. Die beiden Männer verbindet mehr als nur die Ähnlichkeit ihres Namens. Seit vielen Jahren kennen und schätzen sie sich durch ihre Arbeit. Horst Kretzschmar ist Sachsens Polizeipräsident. Und Michael Kretschmer ist der Ministerpräsident und damit der oberste Dienstherr. In den vielen Jahren ihrer Zusammenarbeit ist so etwas wie eine Freundschaft entstanden. Selbstverständlich, dass der Ministerpräsident auf dem Geburtstag seines Polizeipräsidenten erscheint. Heute ist dessen Feier zum Sechzigsten anberaumt.

Das Erste, was der Ministerpräsident am Telefon sagt, ist: »Sie wissen, was passiert ist.« Der Satz ist eher eine Feststellung als eine Frage.

»Äh, ja, natürlich«, antwortet der Polizeichef, auch wenn er überhaupt keine Ahnung hat, weil ihn das Telefon gerade eben erst aus dem Schlaf gerissen hat. Schnell scrollt er durch seine Mails und sieht: »Einbruch im Grünen Gewölbe.«

»Ich glaube, die Party heute fällt aus«, meint der Ministerpräsident. Dann verabreden sie sich für ein Treffen im Residenzschloss.

»Wegen jedem Mist rufen sie dich an«, sagt seine Frau, als der Ministerpräsident aufgelegt hat. »Aber wenn sowas Wichtiges passiert, dann lassen die dich außen vor.«

»Recht hat sie«, denkt Kretzschmar und beginnt sofort mit der Arbeit. Die wichtigste Aufgabe ist, die »Bearbeitungszuständigkeit« zu regeln, wie es im Polizeideutsch heißt. Wie sind die Ermittlungen organisiert, wo wird die Sonderkommission angesiedelt, welche Mittel stehen zur Verfügung, wie viel »Beinfreiheit« erlaubt der Polizeipräsident seinem Personal? Es gibt wenige Menschen bei der Polizei, die mehr Erfahrung haben mit solchen Fragen als er. Seit seinem 18. Lebensjahr arbeitet Kretzschmar bei der Polizei, nach der Wende hat er das sächsische SEK aufgebaut, war Leiter der Bereitschaftspolizei und dann Dresdner Polizeichef. 2019 wurde er oberster Polizist Sachsens. Ein Ur-Sachse, geboren 1959 in Crimmitschau, Diplom-Militärwissenschaftler, in seiner Jugend war er mal Ringer. Das sieht man heute noch. Kerniger Kopf, breite Nase, tiefer Schwerpunkt, kräftige Hände. Seinen Job interpretiert er gerne als »Kugelfang«, schützend vor den Kollegen, intern heißt er nur »Eisenhorst«.

Heute besteht sein Job vor allem aus Telefonieren. Als Erstes ruft er seinen Kripo-Chef Volker Lange an. Der ist bereits vor Ort am Grünen Gewölbe und erzählt, was er sieht: Das Loch im Gitter, das kaputte Fenster, die zerstörten Vitrinen. »Das ist der Fall des Jahrhunderts«, sagt er am Ende des Telefonats.

Als Nächster auf der Telefonliste steht Petric Kleine, Chef des Landeskriminalamtes, weil die Verantwortlichkeit für Fälle von solcher Tragweite eigentlich beim LKA liegt. Kleine ist an diesem Morgen kurz vor acht ins Büro gekommen und hat wie immer zuerst die sogenannten »WE-Meldungen« gelesen. WE steht für »wichtige Ereignisse«. In WE-Meldungen stehen nur Fakten. Keine Schlussfolgerungen, keine Vermutungen. Kleine ist ebenfalls ein altgedienter Polizist, der früher in Leipzig als Chef der Kripo ermittelt hat. Kleine meint: »Das sieht doch aus wie in Berlin. Mit der Goldmünze. Wir sollten abfragen, ob ähnliche Delikte bekannt sind. Bundesweit.«

Sein Vorgesetzter sagt: »Es ist vielleicht günstiger, wenn die Polizeidirektion Dresden übernimmt.« In Sachsen ist das durchaus so üblich, weil Einbrüche in die Zuständigkeit der Polizeidirektionen fallen. Vier solcher Direktionen gibt es im Bundesland.

Kleine ist einverstanden. Die Männer kennen sich lange und vertrauen einander. Gemeinsam entscheiden sie, dass es eine Sonderkommission geben soll, die in der Polizeidirektion Dresden angesiedelt ist. Sie bekommt den Namen »Epaulette« –nach dem wertvollsten Einzelstück in der Beute.

Solche Sonderkommissionen – Soko genannt – kennt in Deutschland jedes Kind. Seit vielen Jahren fluten sie das deutsche Fernsehen. Im Vorabendprogramm des ZDF wird von Leipzig über Köln, Stuttgart, München bis Wien und Potsdam in Sokos ermittelt. Mit echten Sokos haben sie wenig gemein.

Ein wesentlicher Unterschied ist: Reale Sokos sind zeitlich endlich. Sokos sind der Rahmen, in dem behördenübergreifende Zusammenarbeit organisiert wird. Im Gegensatz zur täglichen polizeilichen Arbeitspraxis werden bei der Soko unterschiedliche Kräfte aus unterschiedlichen Abteilungen auf einen Fall oder Fallkomplex konzentriert. Ziel ist eine zügigere Bewältigung von Ermittlungsverfahren und die Möglichkeit, notwendiges Erfahrungs- und Spezialwissen zeitlich und örtlich zusammenzufassen. Die Koordination von Maßnahmen über Regionen, Funktionen oder Deliktsbereiche hinweg wird durch den Einsatz von Sonderkommissionen erheblich erleichtert. Ihre Stärken können sie allerdings nur entfalten, wenn es ein ordentliches Projektmanagement gibt. Dann aber haben sie einen immensen Stellenwert bei der Bekämpfung von Kriminalität. Der Einsatz von »Sonderkommissionen ist ein höchst wirksames Instrument bei der Verbrechensbekämpfung«, heißt es deshalb im Leitfaden des Bundeskriminalamtes.

Für die alltägliche Polizeiarbeit haben Sokos aber durchaus auch Nachteile: Die Vorgesetzten müssen ihre besten Leute abgeben. Ermittlungen bleiben liegen, weil schlicht und einfach Personal fehlt. Was wiederum schlechte Laune bei denen macht, die die Mehrarbeit der wegdelegierten Polizisten übernehmen müssen.

In diesem Fall wird die »Soko Epaulette« mit den fähigsten und hartnäckigsten Polizisten und Polizistinnen bestückt, die in Dresden aufzutreiben sind. In den ersten Stunden sind es bereits zehn Personen. Beamte mit Erfahrung. Und mit Biss und Ausdauer. Überstunden werden in den nächsten Wochen und Monaten an der Tagesordnung sein.

An der Spitze einer Soko braucht es einen richtig guten »Bullen«, der über Leitungserfahrung verfügt. Olaf Richter ist so einer. 51 Jahre, höherer Dienst, Kriminalrat, in Dresden geboren. Er ist der Chef des Dezernates 2 in Dresden. Zuständig für so ziemlich alles, was an Verbrechen in Dresden passiert: Drogenhandel, Raub, Jugendkriminalität. Und Einbrüche. Äußerlich sieht Richter ein bisschen aus wie Kojak, der Lolli lutschende Bulle aus einer US-Krimiserie in den Siebzigern. Berliner Ermittler, die Richter kennen, beschreiben ihn als einen »uneitlen, gut strukturierten Polizisten, der weiß, was er will und rhetorisch beschlagen seine Ansichten rüberbringt«. Auch intern ist Richter gut gelitten. »Da brauchst du als Chef keinen Hektiker«, sagt einer aus der Soko.

An diesem Tatmorgen hat Olaf Richter kurz nach sieben Uhr das Polizeipräsidium betreten. Wie jeden Tag hat er zum Arbeitsbeginn einen Blick auf den sogenannten »Lagefilm« geworfen. Das ist eine Art Einsatzprotokoll. Aufgeführt sind besondere Vorkommnisse und der aktuelle Sachstand bei schwereren Delikten. Da geht es mal um Mord. Mal um Randale bei den Dynamo-Spielen. Mal um größere Kokaingeschäfte. An jenem Montagmorgen ist der Einbruch ins Grüne Gewölbe das einzige Thema. Olaf Richter schnappt sich sofort alle Ermittler des Einbruchskommissariats, die schon im Dienst sind, und fährt rüber zum Grünen Gewölbe. Da ist sein Vorgesetzter Volker Lange bereits vor Ort. Lange begrüßt mit leicht schwäbischem Akzent die Kriminaltechniker, die Spuren sichern. »Guten Morgen. Wo kann ich mich hinstellen, ohne dass ich hier was kaputt mache?«, fragt er. Die Techniker schieben ihn auf einen Platz neben dem Einstiegsfenster.

Währenddessen machen draußen erste Gerüchte die Runde. Wie häufig in einem solch frühen Stadium sind die meisten von ihnen falsch. Die Onlineausgabe der BILD-Zeitung schreibt von Tätern, die mit fünf bis sechs Axtschlägen die Glasscheiben der Vitrinen durchbrochen hätten. Auch von einem Tunnel ist die Rede, durch den die Einbrecher ins Schloss gelangt seien.

Kenntnisreicher äußert sich Sachsens Innenminister Roland Wöller. Er spricht auf Twitter von einem »Anschlag« auf die kulturelle Identität der Sachsen. Und dass es sich »bei den Kunsträubern um Profis gehandelt hat, die exakt wussten, was sie wollten und was sie tun.«

Die erste »Soko-Runde« kommt noch am 25. November in Raum A 3.312 der Polizeidirektion zusammen. Es ist das südliche Turmzimmer. Draußen klebt ein DIN-A4-Blatt mit der Aufschrift »Soko Epaulette« an der Tür. Normalerweise tagt hier die Mordkommission. In dem hell gestrichenen Raum mit den großen Fenstern und dem dunkelblauen Fußboden stehen ein gutes Dutzend Schreibtische. Am Whiteboard an der linken Wand sind Fotos der gestohlenen Juwelen befestigt. Jeder Arbeitsplatz hat einen Rechner und zwei Monitore. Auf den Tischen die Schilder mit den Namen der Ermittler. Eine Handvoll von ihnen sitzen schon vor ihren Rechnern, tippen neueste Erkenntnisse ein, andere telefonieren.

Die beiden wichtigsten Mitarbeiter hier neben Olaf Richter sind in diesem Moment diejenigen der Mordkommission. Aus ihrer bisherigen Tätigkeit haben sie die notwendigen Erfahrungen in der Bewältigung eines komplexen Ersten Angriffs. Später steigt einer von ihnen zum Soko-Stellvertreter auf: Jörg Bozenhard. Er und der spätere Hauptsachbearbeiter Roberto Engel haben beste Kontakte in alle kriminalistischen Abteilungen der Polizei und ein blindes Vertrauen zu ihrem Soko-Chef. Und untereinander.

Ihre erste Aufgabe ist es, die personelle und strukturelle Zusammensetzung der Soko zu organisieren. Dazu teilen sie die Soko in sogenannte Einsatzabschnitte (EA) ein. Es gibt den EA »Objektive Beweisführung«, dessen Aufgabe es ist, vorhandene Spuren am Tatort zu sichern und jede Form der Kontaminierung zu verhindern. In der Polizeisprache wird das auch »Schutz des materiellen Milieus« genannt. Die Ermittler sperren den Tatort weiträumig ab, Umwelteinflüsse wie Sonne oder Regen dürfen die Spurenlage nicht verändern.

Dann gibt es den EA »Operative Maßnahmen«, den EA »Telekommunikation und Videoanalyse«, den EA »Ermittlungen« und den Einsatzabschnitt »Auswertung«. Letzteren übernimmt Jörg Bozenhard.

Die wichtigsten Voraussetzungen für die Arbeit dort sind Ausdauer und Übersicht. Bozenhard kennt beides schon von der Mordkommission. Und vom Sport. Mit 17 und 19 Deutscher Nachwuchsmeister im Orientierungstauchen, mit 31 Jahren Fünfter bei der Triathlon-Weltmeisterschaft der Amateure. Auch heute besteht der 43-Jährige nur aus Muskeln und Sehnen. Stetig sportlich aktiv studierte Bozenhard an der Hochschule der sächsischen Polizei in Rothenburg. Bozenhard ist das »Gehirn« der Soko. Die Stelle, an der alle Informationen ankommen und verarbeitet werden.

Die Arbeit der Spurensicherung beginnt

Am ersten Tag sind diese Informationen noch sehr überschaubar. Wenig Brauchbares, das sofort ins Auge springt. Auf den ersten Blick haben die Täter keine großen Fehler gemacht – auch wenn es das perfekte Verbrechen natürlich nicht gibt. Von einem schnellen Erfolg geht allerdings niemand aus. Stattdessen ist Routinearbeit angesagt. Noch vor allen anderen trifft die Spurensicherung des LKA für die Tatortarbeit im »Grünen Gewölbe« ein. Diese Ermittler haben ein Spezialgerät dabei: einen 3-dimensionalen Tatortscanner. Das Ding funktioniert mit seinen Kameras wie »Google Streetview«. Alle Tatort-Räume werden hochauflösend mit allen Details digital in allen Ebenen aufgenommen und abgespeichert. Für Ermittler, Staatsanwälte und auch das Gericht hat der Tatort-Scan den Vorteil, dass man sich später jederzeit dreidimensional im Raum bewegen und Objekte aus verschiedenen Perspektiven betrachten kann.

Erst nach dem Scan beginnt die »Spusi« mit ihrer Arbeit. Anfangs konzentriert sie sich auf das aufgehebelte Fenster. Zum

Glück regnet es nicht. Videoaufnahmen legen nahe, dass am Fenster nicht mit dem Feuerlöscher gesprüht wurde. Im Gegensatz zu den Innenräumen. Dort liegt flächendeckend eine weiße Schicht über allem. Die Kriminaltechniker betreiben einen unfassbaren Aufwand. An allen relevanten Tatorten kleben, tupfen und kratzen die Ermittler herum: An der Mauer, dem Zaun, dem Rasen vor dem Einstiegsfenster, am Fenster und vor allem am Gitter. Alles wird Millimeter für Millimeter von mehreren Kriminaltechnikern in Schutzanzügen untersucht, mit allem, was ihre Spurensicherungskoffer enthalten: Fotoapparat, Pinsel, Gelatinefolien, Pulver, Wattestäbchen, Pergamintüten, Abroller mit Spurenmaßband, Spurenstempel und nicht zuletzt Spurennummern.

Allein am Gitter, durch das die Täter eingedrungen sind, werden an 186 verschiedenen Stellen »mittels dest. Wasser und Forensic Swab« Spuren untersucht. Alles wird im »Protokoll über kriminaltechnische Tatortarbeit/Antrag auf kriminaltechnische Untersuchung« erfasst. Jede Spur bekommt eine Nummer. Zum Beispiel: »TOG 1.1.042: Vom Messinghandlauf vor der Fensterwand mit dem angegriffenen Fenster. Am Knick des Handlaufes vor dem angegriffenen Fenster beginnend nach rechts bis zum rechten Ende des Geländers verlaufend.«

Oder Spur 3.064.70: »Von der Gitterstrebe aus der Masche über dem angegriffenen Teil des Gitters zwischen dem linken fünften Knoten und dem diagonal sechsten Knoten (Spitze über dem Beschädigungsdreieck) des Gitters.« Alles wird exakt beschrieben, schließlich muss es später Bestand haben vor Gericht.

Auch die Mauer und der Zaun, über die die Täter geklettert sind, werden untersucht. »Von der vertikalen Sandsteinkante an der rechten Innenseite der ersten Zaunsäule auf Höhe des ersten unteren Steins im Mauerteil. Mit Spurensicherungsklebeband auf eine innere Seite eines Druckverschlussbeutel gesichert.«

Im Inneren des Grünen Gewölbes legt die Tatortsicherung dann zuerst schwarze Gelatinefolie aus. So werden Schuhabdruck-

spuren gesichert, wenn klassische Methoden (Rußpulver und Klebeband) die Spuren zerstören könnten. Das passiert überall dort,
wo Staub liegt. Hier macht der von den Tätern ausgeleerte Feuerlöscher eine solche Spurensicherung nötig. Die Gelatinefolie wird
anschließend negativ abfotografiert. So hat man am Ende die Spur
als Foto archiviert.

Erste Antworten

Etwa zur selben Zeit trifft Sachsens Ministerpräsident Michael
Kretschmer am Tatort ein. Prof. Marion Ackermann, seit 2016 Di-
rektorin der Staatlichen Kunstsammlungen Dresden (SKD), und
ihr Kaufmännischer Direktor sind schon da. Sachsens Polizeichef
Kretzschmar eilt vom nahen Innenministerium herüber. Auch der
Dresdner Polizeichef und sein Pressesprecher nehmen an diesem
ersten Treffen teil. Nur der Sicherheitschef der SKD, Michael John,
ist noch in London, wo er auf einer Konferenz zum Thema »Sicherheit in Museen« reden soll. Die Runde bespricht, wie der Stand der
Dinge ist und was man der wartenden Presse sagen soll.

Am Ende des Gesprächs nimmt Sachsens oberster Polizist kein
Blatt vor den Mund: »Offenbar waren Sicherheitsfragen kein Be-
standteil des Portfolios der Geschäftsführung«, resümiert er. »Das
Haus war viel zu selbstzufrieden mit dem Sicherheitshorizont. Sie
haben für sich in Anspruch genommen, dass sie nach der Eröffnung den Standard weltweit angeführt haben. Das mag vor 15 Jahren so gewesen sein. Aber wenn ich den Standard halten will, muss
ich ihn permanent selbst hinterfragen.«

Vor der Presse schildert der Kripo-Chef Volker Lange dann den
augenblicklichen Kenntnisstand. Noch geht die Polizei von zwei
Tätern aus, weitere Beteiligte seien allerdings möglich. Der Fahr-
zeugbrand in der Tiefgarage und das Feuer im Pegelhaus finden
Erwähnung, auch wenn ein Zusammenhang noch »Gegenstand
der Prüfung« ist. Sogar das Wort »Berlin« fällt schon. Mit Verweis

auf den Einbruch ins Bode-Museum und den Diebstahl der Goldmünze.

Danach spricht die SKD-Chefin Ackermann: Wenn man ihr glauben will, wurde im Vorwege »alles getan, was menschenmöglich und technisch realisierbar ist, um die Sicherheit der Kunstschätze zu gewährleisten«. Außerdem sei »das Sicherheitssystem vor vier Jahren überprüft worden mit dem Ergebnis: alles bestens.«

In der Staatsanwaltschaft wird währenddessen die Akte zum Raub im Grünen Gewölbe angelegt. Die Hauptakte trägt die Bezeichnung 324 UJs 26249/19. Angelegt und unterschrieben wird sie von Karin Dietze, Abteilung III B, Oberstaatsanwältin in Dresden. Das Papier, das ihre Unterschrift trägt, ist das Aktenblatt 001. Die Unterschrift ist kaum leserlich, ein Krikelkrakel mit blauem Kugelschreiber.

Das Aktenblatt 001 fasst zusammen, was die Polizei am Tag des Jahrhundertcoups gegen zehn Uhr weiß. Dort steht:

»Am 25.11.2019 gegen 4.55 Uhr – 5.00 Uhr drangen vermutlich 2 Personen durch Überklettern der Mauer und anschließend nach dem Herausfräsen der Fenstergitter durch ein Fenster im Erdgeschoss in das Grüne Gewölbe. Dort zerschlugen sie vermutlich mit einer Axt die Glasvitrinen des Juwelierraumes und entwendeten Schmuck und Edelsteine im Wert von mehreren Milliarden Euro.«

Mit anderen Worten: Die Erkenntnisse der Polizei sind im Moment ziemlich dürftig. Dazu der eine oder andere Konjunktiv. Fertig ist eine erste Lageeinschätzung für die Anklagebehörde. Ein Sachbearbeiter der Polizeidirektion Dresden meldet sich damit bei der zuständigen Staatsanwältin und referiert mündlich etwas ausführlicher die bisherigen Erkenntnisse.

Er skizziert auch die nächsten Ermittlungsschritte: »Fluchtwege werden abgesucht, Videos gesichert, Funkzellen (Tatorte und Fluchtwege) werden ausgemessen.«

Die Vernehmungen des Sicherheitspersonals

Außerdem beginnt die Soko bereits am Tag 1 mit ersten Vernehmungen. Die Mitarbeiter der Sicherheitsfirma müssen Rede und Antwort stehen. Als Zeugen haben sie kein Recht, die Aussage zu verweigern. Nur Beschuldigte dürfen schweigen und müssen sich nicht selbst belasten.

Als Erster ist Marco Hanke an der Reihe, der Zwinger-Außendienst hatte, das unbrauchbare Video drehte und nicht schoss, als die Täter mit ihrer Beute türmten. Er soll über seine Wahrnehmungen Auskunft geben: wie die Täter aussahen, wie groß sie waren. »Auf jeden Fall haben sie gebrochen Deutsch gesprochen. Und einer hat gerufen: ›Los, mach schnell!‹«

Nach Hanke wird der Pförtner Jens Bannschke befragt, der eine Stunde gebraucht hat, bis ihm einfiel, dass die Täter wahrscheinlich mit ihrem Auto an ihm vorbeigefahren sind. Bannschke glaubt, einen Mercedes erkannt zu haben. Weiß. Limousine.

Als Nächster wird Peter Boll* ins Vernehmungszimmer gebeten. Er hatte im Tatzeitraum Dienst in der Leitzentrale, sah die Alarmmeldungen über den Monitor flackern. Als Boll zum Dienst kam, ließ ihn Sandra Kaiser herein. Umziehen, Übergabe, Akku wechseln. Dann trug er die Dienstzeiten ein. »Ich stand mit dem Rücken zu den Monitoren beim Eintragen«, erzählt er, »und dann hörte ich meinen Kollegen Hahne fragen: ›Was ist hier los?‹ Ich drehte mich sofort um und sah die Liste der rot gefärbten Alarme auf dem Monitor. Meine erste Beobachtung war: dunkel, Taschenlampengefunzel und dann schemenhaft eine Person, die nach meinem ersten Eindruck mit einem Gegenstand wie ein Nageleisen oder Kuhfuß auf die Vitrine einschlug. Und dann bin ich sofort runter. Ich dachte, es geht schnell, bis die Polizei kommt.«

Bis zum Abend gehen diese Befragungen weiter. Nach und nach kommen alle, die Dienst hatten, zur Vernehmung. Markus

Hahne, der mit in der Leitzentrale saß, wird gefragt, ob denn alle in seinem Bekanntenkreis wissen, was er macht.

»Die kennen meine Tätigkeit, ja«, antwortet er.

Nachfrage der Polizei: »Gibt es da irgendwelche zwielichtigen Personen?«

»Nein.«

»Obskure Fragen?«

»Nein.«

Dann fällt Hahne doch etwas ein: »Ich habe heute früh, aber erst im Nachhinein, erfahren, dass gestern eine Kollegin einen Besucher gesehen hat, der sich wohl mehrere Stunden eben dieses Juwelenzimmer angeschaut hat.«

Substanziell kann auch Dimitri Makarenko, der in der Nacht mit seinem Hund Zwinger-Streifendienst hatte, etwas liefern. Er berichtet von den Männern am Werbeschild und der Abfahrt der Täter mit der Beute. Als Zeuge ist Makarenko nicht so schlecht. Ganz am Ende der zweistündigen Aussage fällt ihm noch ein, dass ein Mann vor fünf Tagen auf der »letzten großen Runde gegen 3.00 Uhr genau dort stand, wo die beiden Männer auch heute gewartet haben«. Die Ermittler beschließen, sich die Videoaufnahmen dieser Nacht anzusehen. Wenn sie noch nicht gelöscht sind.

Hinweise aus der Bevölkerung

Auch aus der Bevölkerung erreichen schon jetzt jede Menge Hinweise auf mögliche Täter die Polizei. Zum Beispiel die Geschichte des Sushi-Kochs aus dem Restaurant im Taschenberg-Hotel in unmittelbarer Nähe des Grünen Gewölbes. Fünf Sterne. Das erste Haus am Platz. Um elf Uhr am Vormittag meldet er sich bei den Ermittlern. Die Zeugnisvernehmung bekommt die Vorgangsnummer 1600/19/123440. Es geht um eine Gruppe Russen.

Das erste Mal fallen sie dem japanischen Sushi-Koch vier Tage vor dem Einbruch auf. Vier Männer, vier Frauen. Alle ungefähr

30 Jahre alt. Der Koch fragt sich, wo die Herrschaften wohl das Geld herhaben, um hier zu essen. Wie Geschäftsleute sehen die jedenfalls nicht aus. Die Rechnung über 400 Euro bezahlen sie an dem ersten Abend, ohne zu murren. Am nächsten Tag sind vier von ihnen wieder da. Essen, trinken, zahlen, gehen. Und am Samstag sind sie wieder zu acht. Wie zuvor gibt es Sushi und Wein. Einer der Russen fängt plötzlich einen Streit mit einem anderen Gast an, dann spuckt ein anderer Russe aufs Sofa. Alle wollen sich prügeln. Am Ende weigert sich die Gruppe, die Rechnung komplett zu begleichen. 700 Euro seien zu viel. Als der Kellner schließlich auf 600 Euro heruntergeht, zahlen die Russen und gehen. Das sei doch äußerst verdächtig, meint der Koch. Die Polizei verfolgt diese Spur nicht weiter.

Ein anderer Zeuge ist Marko B.* Er meldet sich zwei Stunden später. Was er gesehen hat, klingt schon interessanter. Marko B. hatte tags zuvor bei einem amerikanischen Schnellimbiss gegessen. Hinter ihm waren drei Personen gesessen. So erzählt er es der Polizei. »Eine weibliche und zwei männliche Personen. Sie sprachen miteinander. Für mich klang es nach Osteuropäern.«

Dann beschreibt der Zeuge die Frau: Ungefähr 27/28 Jahre, schwarze längere hochgebundene Haare, schlank, ca. 1,70 bis 1,75 groß, attraktiv. Sie trug eine schwarze Jacke mit dem Logo einer Sicherheitsfirma: DWSI, weiße Schrift über roten Balken. »Sie sah aus wie eine Partylebefrau, nicht wie eine vom Sicherheitsdienst«, erzählt Marko B. »Sie war schick. Ein hübsches schmales Gesicht. Die Haare waren sehr dunkel bzw. schwarz. Hochgesteckt mit Strähnen nach hinten heraushängend, so dass die langen Haare nicht stören. Sollte sie doch älter als 30 Jahre alt sein, hätte sie sich sehr gut gehalten.«

Als die Männer fertig waren mit dem Essen, seien sie zu ihrem Auto gegangen. »Sie hatten Skizzen in A4-Größe bei sich, die sie beim Gehen lasen.« Die Frau stieg dagegen in einen »hellen Kleinwagen«. An der Seite stand ebenfalls groß »DWSI«. Es ist der Sicherheitsdienst, der auch den Zwinger und das Grüne Gewölbe bewacht.

Die Soko fängt an zu recherchieren, wer die Frau sein könnte. Zum Abgleich fordert sie eine Liste der diensthabenden Mitarbeiter an. Auf ihr steht auch Sandra Kaiser, die am Tattag kurz vor fünf Feierabend gemacht und anschließend noch die beiden Sicherheitsleute vor dem Zwinger getroffen hat. Zeuge Marko B. identifiziert sie auf verschiedenen Fotos, die man ihm vorlegt.

Parallel dazu werden alle Mitarbeiter der Sicherheitsfirma mit ihren Auffälligkeiten im Polizeilichen Informationssystem, POLIS, abgefragt. Die Liste der kleinen und nicht ganz so kleinen Verfehlungen dort ist lang: mal geht es um einen simplen Parkverstoß, mal um einen Verkehrsunfall. Mitarbeiter sind als Zeugen (Sexualdelikt) und als Geschädigte erfasst. Eine Kollegin »liegt ein«, wie es in der Polizeisprache heißt, wegen Erpressung. Ein Kollege ist aufgefallen, weil er eine Softair-Waffe führte. Bei anderen geht es um Vergewaltigung und Unterschlagung. Dann findet sich der Begriff »BtM-Delikte« in der Liste. Auch Frau Kaiser wird erwähnt. Wegen Sozialleistungsbetrug.

Hinzu kommen Verfehlungen im Arbeitsumfeld. Einer klaut Schuhe und Kuchen, ein anderer hat Schulden, ein Dritter hängt tief im Dispo fest, was gerade im Niedriglohnsektor ein Problem ist. Wer ständig Geld braucht, ist latent empfänglich für ein unmoralisches Angebot.

Erpressung, Gier, Geldnot, das sind die Hauptmotive für die Weitergabe von geheimen Informationen in solchen Fällen. Und dann gibt es noch ein Business, das vom Geheimnisverrat lebt. Und ihn liebt: Die Geheimdienste. Mit gut platzierten Spionen, die aus Überzeugung oder Liebe handeln und in der DDR noch Kundschafter hießen. Gerne versehen mit dem Zusatz »des Friedens«. Und die jetzt möglicherweise andere Betätigungsfelder gefunden haben.

Kapitel 4

Tag zwei

Die erste Verhaftung

Der Morgen beginnt mit einer ersten Verhaftung. Um 4.30 Uhr stoppt das Mobile Einsatzkommando auf der Meißner Landstraße kurz vor der Autobahnauffahrt die tatverdächtige Sicherheitsmitarbeiterin Sandra Kaiser in ihrem Pkw. Die vermummten Polizisten legen ihr Handfesseln an, dann bringt sie der Kriminaldauerdienst in die Polizeidirektion Dresden. Es folgt das übliche Procedere: Eröffnung des Festnahmegrunds, Belehrung als Beschuldigte in einem Strafverfahren. Sie darf einen Anwalt anrufen.

Zur selben Zeit fahren Staatsanwaltschaft und Polizei in die Wohnung der dreifachen Mutter. Bei der Durchsuchung werden ein Lageplan des Zwingers und diverse Speichermedien beschlagnahmt. Und ihre Arbeitsbekleidung.

Auch die Wohnung ihres Kollegen, mit dem sie in der Leitzentrale Dienst hatte, wird auf den Kopf gestellt. In seiner Wohnung stehen Schränke, ein Bett, Wäscheständer, Grünpflanzen. So lebt ein Junggeselle. Die Beamten finden zwei Notebooks, Kontounterlagen und ein Büchlein der »Caritas Suchtberatungsstelle«. Mit eingetragen Terminen. Für jeden Monat.

Um 13.30 Uhr wird Sandra Kaiser zum Amtsgericht gebracht. Der Haftbefehl soll eröffnet werden. Mit dabei sind drei Staatsanwälte, ein Richter und Kaisers Anwalt Ulf Israel. Es geht um »Schweren Bandendiebstahl«, aber die Beweislage ist lausig. Ein Zeuge hat eine Frau in einer DWSI-Jacke mit osteuropäisch sprechenden Menschen bei McDonald's gesehen. Die dann in einen Firmenwagen gestiegen ist. Ulf Israel ist einer der Angesehenen seines Faches in Dresden und um klare Worte nie verlegen. Was das für ein fragwürdiges Argument eines fragwürdigen Zeugen sei, herrscht er die Staatsanwälte an. Außerdem würde seine Mandantin niemals in einem Firmenauto durch die Gegend fahren. Ob die Staatsanwaltschaft das überprüft habe? Dann erwähnt er noch die drei Kinder zu Hause und den Geburtstag seiner Mandantin am kommenden Montag, und die Staatsanwaltschaft räumt ein, dass sie den Arbeitgeber bisher noch nicht befragt hat. Der Richter unterbricht den Termin deshalb für eine Stunde. Die Befragung des Arbeitgebers ergibt, dass es sich bei der Frau im McDonald's um eine andere Mitarbeiterin des Unternehmens gehandelt hat. Und dass dieses Treffen beruflich und der Firma bekannt war. Danach lehnt der Ermittlungsrichter die Eröffnung eines Haftbefehls ab. Frau Kaiser fährt vorerst als freier Mensch wieder nach Hause.

Berliner Kollegen

Hinweise von Kollegen sind in jedem Fall vielversprechender als die aus der Bevölkerung. Die ersten kommen diesmal aus Berlin. Dort gibt es Ermittler, die sich seit Jahren mit Clankriminalität beschäftigen. Eine von ihnen ist Juliane Murach, Kriminalhauptkommissarin, 43, groß; sie arbeitet beim LKA 443. Das ist das Kommissariat für »Qualifizierte Eigentumsdelikte«. Darunter fallen zum Beispiel Überfälle auf Banken und Juweliere. Juliane Murach kennt viele kriminelle Clanmitglieder seit deren Kindheit und hat Hunderte von Überwachungsvideos studiert. Mit manchen hat sie so oft zu tun, dass sie die Familienmitglieder schon am Gang erkennt. Noch aussagekräftiger ist aber der sogenannte Modus Operandi. Die Art und Weise, wie Täter vorgehen, ist immer wieder ein Hinweis. Im Laufe des Dienstags melden sich Mitarbeiter aus verschiedenen Dienststellen des Landeskriminalamtes bei ihr. Alle sind sich einig: Es müssen die Rammos gewesen sein. Um 16.56 Uhr entschließt sich Frau Murach, den Kollegen in Dresden eine Mail zu schreiben. Für den Fall, dass die Taten des Clans noch nicht bis ins »Tal der Ahnungslosen« durchgedrungen sind, wie die Dresdner Tiefebene zu DDR-Zeiten aufgrund des nicht empfangbaren Westfernsehens hieß. Sie schreibt:

»Auf unserer Dienststelle wurden in der Vergangenheit diverse Verfahren zu spektakulär begangenen und hoch schadensträchtigen Einbruchdiebstählen z.N.v. *(zum Nachteil von)* Bankinstituten, Juwelieren, Goldhandeln u. a. bearbeitet, zu denen Mitglieder der Familie REMMO/RAMMO/REMMOU/RAMMOU/REMO etc. als Tatverdächtige ermittelt wurden. Darunter auch der im angehängten Bericht genannte Rabieh REMO (Cousin der untenstehenden beiden Personen).«

Einer dieser »schadensträchtigen Einbruchdiebstähle« ist ein Blitzeinbruch bei einem Juwelier 2017. Die Täter wurden nie gefasst. Als Tatverdächtige gelten bis heute die beiden Cousins Wissam und Ahmed Remmo. Der Modus Operandi bei der Tat, den die Ermittlerin beschreibt, ähnelt dem Vorgehen der Diebe in Dresden:

- »Verwenden eines hochmotorisierten Fluchtfahrzeugs, das nach der Tat in Brand gesetzt wurde«
- »Anbringen frisch gestohlener Kennzeichen«
- »Durchschneiden eines Metallgitter-Rolltores an der Einstiegstür, mutmaßlich mittels Bolzenschneider«
- »Einschlagen der Ausstellungsvitrinen für hochwertige Uhren mittels Beilen ...«

Dazu kommen weitere Taten des kriminellen Familienunternehmens, bei denen Telefon-, Internet- und/oder Stromverbindungen außer Kraft gesetzt wurden. So Juliane Murach in ihrer Mail.

Und noch ein Berliner Kommissariat, wie Organisationseinheiten im LKA genannt werden, meldet sich bei der Soko in Dresden. Es sind Ermittler vom LKA 444, die ebenfalls sehr hohes Ansehen innerhalb der Sicherheitsbehörden genießen. Zuständig ist die Einheit für Ermittlungen im Bereich Kunst. Ihr Chef heißt René Allonge. Er und seine Leute brachten vor Jahren den Bilderfälscher Wolfgang Beltracchi zur Strecke. Auch Josef Thoraks »Schreitende Pferde«, die vor Hitlers Neuer Reichskanzlei aufgestellt waren, fand das LKA 444 wieder und beschlagnahmte die Bronze-Gäule bei einem Sammler für Nazi-Devotionalien. Ihre Clan-Expertise stammt aus der Aufklärung des Diebstahls der 100-Kilogramm-Goldmünze aus dem Bode-Museum, die bis heute verschwunden ist und einen Wert von ca. drei Millionen Euro hatte. Tatbeteiligt und rechtskräftig verurteilt sind Wissam und Ahmed Remmo.

Bei der juristischen Aufarbeitung des Goldmünzencoups wurden jedoch nicht alle Tatverdächtigen aus der Familie überführt und verurteilt. So fand sich die DNA von Abdul Majed am Tatwerkzeug. Genauer an einer Leiter und einem Keil. Mit Letzterem wurden die Türen im Museum während des Einbruchs offengehalten. Doch für die Staatsanwaltschaft reichte das nicht für eine Anklage, schließlich ist ja die halbe Familie kriminell. Da ist es im Bereich des Möglichen, dass Abdul Majed die Tatwerkzeuge zu Hause angefasst hatte. Zufällig natürlich.

Die Kollegen vom LKA 444 schicken am Tag nach dem Einbruch ebenfalls eine Mail nach Dresden. Ihr Inhalt ist ein sogenannter »Tätigkeitsbericht«. Darin geht es um einen Vorfall, der in der Nacht vor dem Einbruch im Westen Berlins stattgefunden hat. Einer Zivilstreife waren vier junge Männer in einem weißen VW Golf aufgefallen. Allerdings hatten die Männer die Streife ebenfalls ausgemacht. Es war an der Kreuzung Kant-/Kaiser-Friedrich-Straße in Berlin-Charlottenburg. Als dort die Ampel an der Kreuzung auf Grün sprang, drückte der Fahrer das Gaspedal ganz aufs Bodenblech, der Golf schoss mit überhöhter Geschwindigkeit rechts in die Schillerstraße, danach in die vierte Abbiegung links, und dort wurde er von der Zivilstreife doch noch ausgebremst. Führerschein, Fahrzeugpapiere. Die Polizisten fragten über Funk die Personalien der vier Insassen ab. Alle waren keine Unbekannten im Polizeilichen Landessystem zur Information, Kommunikation und Sachbearbeitung, kurz POLIKS. Da ist Bashir Remmo, 23, in Berlin geboren. Aktenkundig wegen gefährlicher Körperverletzung, gefährlichem Eingriff in den Straßenverkehr und Handel mit Kokain. Sein Bruder Jihad, 20, noch nicht verurteilt, aber polizeibekannt wegen Fahren ohne Fahrerlaubnis, verbotenem Kraftfahrzeugrennen und Einbruch. Außerdem sind da noch ihre beiden Verwandten Rabieh, 25, und Abdul Majed, 20. Ebenfalls beide in Berlin geboren. Beide vorbestraft. Wobei Rabieh der härtere Bursche ist. Bei ihm geht's unter anderem um besonders schweren Diebstahl, Raub und Körperverletzung.

Während der Abfrage der Personalien bitten die Polizisten den sichtlich nervösen Jihad, doch mal den Verbandskasten sowie das Warndreieck zu zeigen. Das ist eher ein Trick als eine Schikane. Die Polizisten wollen in seinen Kofferraum sehen. Jihad hebt den Kofferraumboden an. Dort, wo normalerweise das Ersatzrad ist, liegt eine weiße Tüte. »Was ist in der Tüte?«, fragt der Zivilfahnder. »Nur Werkzeug fürs Auto«, antwortet Jihad und lässt den Kofferraumboden fallen. Die Tüte zeigen will Jihad nicht. Muss er auch nicht, sagt Jihad. Da kennt er sich aus. Schließlich habe er keine Straftat begangen. Die Cousins sind nervös, reden untereinander Arabisch.

Die Polizisten nehmen Kontakt zur Staatsanwaltschaft auf, erwirken die Durchsuchung des Golfs. In der weißen Tüte im Kofferraum finden sich ein Brecheisen und zwei Bolzenschneider. Da die Gegenstände mit keiner konkreten Straftat in Verbindung stehen, können sie nicht konfisziert werden. Also dürfen die Remmos ihr »Werkzeug« behalten und weiterfahren. Dafür folgen die Polizisten dem Wagen jetzt verdeckt. Vielleicht haben sie die Chance, die Clanmitglieder bei einem Einbruch auf frischer Tat zu erwischen. Nach kurzer Fahrt hält der Golf wieder an, und drei der Insassen steigen aus. Der vierte ist Jihad Remmo. Er fährt alleine weiter. Auf direktem Weg zu seiner Wohnanschrift. Deshalb brechen die Polizisten die Observation wieder ab.

Im Laufe der Nacht aber chatten die Remmos noch miteinander. Kurz nach Mitternacht schreibt Jihad: »Ich fick alle, wallah! Diese Sachen, wallah, haben mich gefickt«.

Mohamed I., der nicht im Auto saß, fragt nach: »Welche Sachen«?

»Unsere im Kofferraum. Ich muss die jetzt sofort eigentlich verschwinden lassen«, antwortet Jihad. Später geht es noch um »die Klamotten«, die die Polizei jetzt gesehen hat.

36 Stunden nach der Tat gibt es also einen ersten konkreten Verdacht. Und erste Namen aus dem Remmo-Clan. Dass die Remmos/Rammos keine dahergelaufenen Eierdiebe sind, zeigen die Ermittlungen 2017 wegen der 100-Kilogramm-Goldmünze. Damals fanden die Berliner Fahnder »fünf ausnahmslos scharfe Schusswaffen.« Eine war in einem Massagesessel im Wohnzimmer von Wissam versteckt. Bei Abdul Remmo lag eine »zusammen mit einem passenden Holster konspirativ versteckt in der Waschmaschine«. Der nächste hatte die Schusswaffe im Bademantel versteckt. Und der Vierte auf der Beifahrerseite in seinem BMW 530d Touring.

Lücken im Sicherheitskonzept

In Dresden konzentriert sich die Soko Epaulette trotzdem eher auf die Frage, wie die Täter vor dem Schloss während des Einbruchs überhaupt so lange unentdeckt bleiben konnten. Laut Sicherheitskonzept gibt es Außenscanner, die automatisch die Kameras in der Sicherheitsleitzentrale aktivieren, sobald die Scanner eine Bewegung erfassen. Und in der Zentrale sind immer zwei Leute im Dienst, die nichts anderes zu tun haben, als diese Kameras und Alarmanlagen zu überwachen. Dass ein Angreifer erst bemerkt wird, wenn er sich schon im Inneren des Grünen Gewölbes befindet, sollte eigentlich ausgeschlossen sein. Warum ist es trotzdem genau so passiert?

Der Mann, der eigentlich eine Antwort haben müsste auf diese Frage, ist Jörg Petermann.

In Jörg Petermanns Leben dreht sich alles um Sicherheit. Er ist Angestellter der Dresdner Wach- und Sicherungsinstitut GmbH, DWSI. Funktion: Mitglied der Geschäftsleitung, verantwortlich für den »Bereich museale Sicherheit und Service«. Das umfasst das Residenzschloss und das Grüne Gewölbe. Also muss sich Petermann als Zeuge von der Soko befragen lassen. Es geht um den Außenbereich, den Laserscanner und das angegriffene Fenster mit dem zerstörten Gitter.

Seine Antworten sind eher ernüchternd: Den Außenbereich würden die Laserscanner überwachen. Aber es gebe Bereiche, die nicht erfasst werden würden von ihnen. Dort gebe es Lichtschranken. »Bisher dachten wir«, gibt er zu Protokoll, »dass das angegriffene Fenster durch die Laserscanner überwacht wird. Deshalb gab es an dem Fenster auch keine Lichtschranke. Ich weiß aber, dass es damals bei der Bauabnahme Probleme gab. Da war dieses Fenster schon im Gespräch. Es sollte nachgerüstet werden. Aber ich war damals, etwa 2005, nicht bei der Bauabnahme dabei.«

War also vierzehn Jahre lang bekannt, dass das Sicherheitskonzept Lücken hatte? Wie sich aus der Befragung schließen lässt, war die Realität sogar noch verheerender: Die Außenscanner meldeten tagsüber auch noch jede Menge Fehlalarme, weil Passanten diese schon beim Vorbeigehen auslösen konnten. Deshalb habe man die Scanner so eingestellt, dass sie erst ab einer Höhe von zwei Meter reagierten. Zumindest tagsüber. Nachts, also in der Zeit von 18 bis 6 Uhr, habe man angeblich wieder auf eine bodentiefe Überwachung geschaltet. Erzählt Jörg Petermann.

Die Ermittlungen der Polizei ergeben dann noch ein ganz anderes Bild. Sie stellt fest, dass tags wie nachts bis zu einer Höhe von 2,50 Meter überhaupt keine Überwachung existierte. Und das Gitter des »späteren Zustiegsfensters« war sowieso »aus baulichen Gründen durch die Scanner nicht komplett abgedeckt«, sondern lediglich im rechten, oberen Bereich oberhalb der Fensterdiagonale. Gestört hat dieser Sachverhalt bei der Scannereinrichtung im Jahr 2006 niemanden, weil die Fachleute davon ausgingen, dass man das komplette Gitter herausreißen müsste, um an das Fenster zu gelangen. Auf die Idee, dass es auch genügen könnte, nur den linken unteren Teil herauszusägen, kamen die Experten nicht.

Genau das aber hatten die Täter getan. Stellt sich die Frage: Woher wussten sie von genau diesem Sachverhalt?

Die bittere Antwort der polizeilichen Ermittlungen darauf lautet: Die Täter hätten es noch nicht einmal wissen müssen, weil die Sicherheitslücke am Tattag noch viel dramatischer war. Das ergibt eine Befragung der Verantwortlichen der Firma Siemens, die für den technischen Betrieb und die Wartung der Anlage zuständig sind.

Laut deren »Alarmprotokoll« wurde am 24.11.2019 um 18.19. 17 Uhr ein Alarm am Außenscanner der Nordwest-Turm-Fassade ausgelöst. Danach schaltete die Leitzentrale den akustischen Alarm aus, und später wurde es dann »versäumt«, den Scanner wieder hochzufahren.

War der Außenscanner also während des Einbruchs gar nicht in Betrieb? Möglicherweise sogar mit Absicht? Die Polizisten sind elektrisiert. Im Raum steht jetzt die Frage: Wer war dafür zuständig, die Anlage wieder scharfzuschalten? Wer hatte Dienst? Und warum wurde erst nach dem Einbruch am 25.11. um 10:41:22 der »Rückstell-Befehl gegeben«?

Aus den Listen der DWSI-Dienste ist klar ersichtlich, wer an jenem Tag in der Leitzentrale verantwortlich war: Sandra Kaiser und ihr Kollege. Für die Ermittler ist es definitiv zu früh, die beiden von der Liste der Verdächtigen zu streichen.

Die Erfahrung lehrt, dass bei solchen Verfahren vor allem zwei Methoden am Ende zum Erfolg führen: Tatortarbeit, also Spurensicherung. Und VP-Arbeit. VPs sind Vertrauenspersonen, die als Quellen im kriminellen Milieu die Polizei mit Informationen versorgen. Das geschieht oft aus Eigennutz, um einem Konkurrenten im Milieu zu schaden. Manchmal gibt es Interna aus der Halbwelt auch gegen Geld. Hehre Absichten hegen die wenigsten. Natürlich versuchen nach dem Einbruch sogenannte VP-Führer deutschlandweit ihre Quellen anzuzapfen und Informationen aus der Szene zu besorgen. Wichtiger in den ersten Tagen ist aber die Tatortarbeit. Diesmal sind es sogar drei Orte, die von der Tatortgruppe des Landeskriminalamtes abgearbeitet werden müssen: Die Tiefgarage mit dem verbrannten Fluchtwagen. Das Pegelhaus mit den verbrannten Elektrokästen. Und das Grüne Gewölbe, innen und außen.

Brandortuntersuchung in der Tiefgarage

Das stellt die Ermittler vor logistische Probleme. Der Kriminaldauerdienst KDD, der normalerweise für solche Arbeiten zuständig ist, hat seit den frühen Morgenstunden alle Kräfte im Grünen Gewölbe gebündelt. In der Tiefgarage in der Kötzschenbroder Straße übernimmt deshalb das Kommissariat 41 der Polizeidirektion. Sobald die Feuerwehr den Brand gelöscht und sich der Rauch verzogen hat, beginnt die Tatortgruppe des LKA mit der Brandortuntersuchung. Dafür haben die Ermittler ein Spezialgerät mitgebracht. Das »Photoionisationsgerät ARE 3000« kann brandfördernde Mittel in der Raumluft messen. Betroffen ist vor allem der 1. Garagenabschnitt. Die am stärksten zerstörten Autos befinden sich hier an der Zugangstür im Kellerbereich des Hauses Nummer 14. Zwei Fahrzeuge sind völlig ausgebrannt. Das linke der beiden steht »auf einer eigentlich freizuhaltenden Stellfläche, wo sich die Tür zum Treppenraum/Keller Haus Nummer 14 befindet«, wie die Ermittler festhalten. In einer Garage, zu der eigentlich nur Autofahrer Zugang haben, die einen festen Stellplatz besitzen, ist das ein auffälliger Sachverhalt. Es handelt sich um einen Audi A6. Im Motorraum findet sich die eingestanzte, international genormte 17-stellige »Fahrzeugidentifizierungsnummer«: WAUZZZ4F67N039377. Damit wird die Polizei das Auto eindeutig zuordnen können.

Ebenfalls auffällig ist, dass die linken Türen des Audi leicht offenstehen. Das kann nicht durch das Feuer passiert sein. Bei Pkw die verschlossen abbrennen, verkeilen sich die Türen durch die Hitze mit der Karosserie. Wer aber stellt sein Auto mit offener Tür ab? Menschen auf der Flucht beispielsweise.

Im Kofferraum liegt ein Kuhfuß. Außerdem eine »60 x 60 cm große Metallplatte mit einem aufgeschweißten Rohr, welche durchaus als Gegenlager gedient haben könnte«. Das schreibt der Mann von der Kriminaltechnik, noch bevor er von seinen Kollegen aus dem Grünen Gewölbe überhaupt eine Information über den Zugang der Einbrecher bekommen hat.

Im Fußraum des Audi liegt außerdem ein Revolver. Ziemlich verbrannt. Deutlich zu sehen ist die Marke: Taurus Brasil. Modell 689 mit 4 Zoll langem Lauf. Er wird bei den folgenden Ermittlungen als »Spur TG 01.1« eine entscheidende Rolle spielen. Daneben finden die Polizisten noch Munition und einen Schalldämpfer.

Schließlich bringt ein besonderes Fundstück Gewissheit: Es sind Gitterstäbe, die ebenfalls im Audi zurückgelassen worden sind. Mit den Stäben fahren die Polizisten zum Grünen Gewölbe und passen sie in das Gitter ein. Kein Zweifel, es sind die fehlenden Stücke. »Offensichtlich hydraulisch herausgeschnitten«, heißt es in einem Aktenvermerk.

Die Lackierung des Audi ist nicht mehr erkennbar.

Für die untersuchenden Polizisten steht fest: »Die Brandausbruchstelle befindet sich nach Lage der Gesamtspuren im Bereich des PKW Audi.« Der Wagen wird vom LKA zur weiteren Untersuchung abgeschleppt. Zwei Tage später kommen die Ermittler noch einmal zurück. Vor allem aber interessiert sie die Frage, wie die Täter in die Tiefgarage gekommen sind. An diversen Schlössern finden sie Hebelspuren, doch die scheinen älteren Datums zu sein. An einer Haustür der Stadtvillen, die Zugang zur Tiefgarage haben, sind auch auf der Schlossfalle Kratzer zu sehen. Eine zeitliche Zuordnung ist aber auch hier nicht mehr möglich. Außerdem entdecken sie dort, wo zuvor der Audi stand, im Dreck noch eine kleine, quadratische Platine. Erst ein paar Tage später finden die Ermittler heraus, dass im August in das Hausmeisterbüro eingebrochen wurde. Die Täter ließen damals auch den Generalschlüssel mitgehen, der sowohl die Wohnanlage als auch die Garage schließt. Irgendwelche Aufnahmen aus Überwachungskameras aus dieser Zeit existieren natürlich nicht mehr.

Das wäre in China beispielsweise ganz anders. Dort wird der Mensch überwacht, was die Technik hergibt. Die *New York Times* schrieb einmal vom »Techno-Totalitarismus«. Jede zweite Überwachungskamera weltweit steht in China, so die US-Journalisten. Als Grundlage der Überwachung sammelt der Staat so viele biometrische Merkmale seiner Bürger wie möglich. Von der Gesichtsbiometrie über Iris-Scans, Stimm-Mitschnitte bis hin zur DNA. Dazu kommen noch Mobiltelefon-Tracker.

Sie funktionieren via Wi-Fi und IMSI, International Mobile Subscriber Identity. Auf Deutsch »Internationale Mobilfunk-Teilnehmerkennung«. Damit ist nicht nur jedes Mobiltelefon eindeutig zuordenbar. Auch sein Standort lässt sich damit eindeutig bestimmen. Um eine Person zu überwachen reicht es, wenn man weiß, wo sich ihr Mobiltelefon aufgehalten hat. Ganze Bewegungsprofile lassen sich so von Handys und ihren Nutzern erstellen. Funktioniert auch in Deutschland. Hier braucht es allerdings einen richterlichen Beschluss dafür.

Das System der Mobiltelefon-Überwachung

Den Beschluss besorgt sich die Soko am Tag nach dem Einbruch. Zuvor wertet sie Überwachungsvideos in und vor dem Grünen Gewölbe aus. Sie zeigen aus verschiedenen Kamerapositionen, wie sich mehrere Personen auf der Sophienstraße vor dem Grünen Gewölbe hin- und herbewegen. Ab und an leuchtet ein Handydisplay auf. Dadurch weiß die Polizei auf die Sekunde genau, wann die Täter telefonieren. Um mit diesem Wissen die Telefonnummern der aufleuchtenden Handys zu rekonstruieren braucht es nur noch eine Funkzellenauswertung. Die ist allerdings komplizierter als sie klingt.

Solche Funkzellen sind die technische Voraussetzung, dass eine Verbindung aufgebaut und gehalten werden kann. Jede einzelne Funkzelle ist dabei über ihre Cell-ID eindeutig identifizierbar. Über 80 000 dieser Cell-IDs gibt es in Deutschland. Meistens hat ein Mobiltelefon auf mehrere solcher Zellen gleichzeitig Zugriff und wählt sich dann automatisch die stärkste aus. Diese Zugriffsdaten werden von den Mobilfunkbetreibern T-Mobile, Vodafone und Telefonica gespeichert. Durch Kreuzmessungen der Signalstärken in den verschiedenen Funkzellen lässt sich die Position eines Endgerätes auch rückwirkend sehr genau errechnen. Für die Polizei sind ganze Bewegungsprofile rekonstruierbar.

Die Soko stellt deshalb bei der Staatsanwaltschaft einen Antrag, um die Datensätze von den Mobilfunkanbietern zu bekommen. Gesetzlich ist das nicht einfach. Die Begründung für eine solche Anordnung muss absolut schlüssig sein. Die Datenmengen von Unbeteiligten, die dabei anfallen, sind enorm. Deshalb laufen Datenschützer gerne Sturm gegen derartige Abfragen. In diesem Fall aber steht die hohe Zahl der Unbeteiligten »in einem erforderlichen Verhältnis zum entstandenen Schaden für die Öffentlichkeit«. Schreibt die Staatsanwaltschaft. In dem Antrag der Polizisten heißt es:

»In Sachsen, wie auch in anderen Bundesländern, wurden wiederholt überörtlich strukturierte Banden festgestellt, die derartige schwere Bandendiebstähle begehen. Die Tatorte wurden jeweils aktuell aufgeklärt und dann mit mehreren Personen angegriffen, wobei weitere Mittäter außerhalb des angegriffenen Objektes die Tathandlung absicherten. Nach kriminalistischer Erfahrung und bisherigen Erkenntnissen telefonieren die Täter untereinander. So unmittelbar vor der Tatausführung, um letzte Tatvorbereitungen zu treffen, während der Tatausführung, um die eigentliche

Tathandlung von außen abzusichern und nach der Tatausführung, um Absprachen hinsichtlich der ungehinderten Flucht zu treffen. Die Kommunikation der Täter erfolgt in der Regel mittels Mobiltelefone.«

Das Amtsgericht Dresden erlässt den Beschluss zur Herausgabe der Daten. Sie werden die Ermittler einen entscheidenden Schritt weiterführen.

Kapitel 5

Nur 96 Stunden

Von Göttern und Gelehrten

Mit jeder Stunde, die verstreicht, sinkt die Wahrscheinlichkeit, der Täter samt Beute habhaft zu werden. Bei der Aufklärung solcher Straftaten ist Geschwindigkeit eine relevante Größe, weil Täter und Beute anfangs noch beisammen sind. Das gilt erst recht für den Einbruch im Grünen Gewölbe. Natürlich waren die Täter schon eine halbe Stunde nach dem Einbruch über alle Berge. Aber eine Beute wie der Schatz der Sachsen lässt sich nicht so einfach weitergeben oder versilbern. Schnelle Ermittlungsergebnisse erhöhen deshalb die Wahrscheinlichkeit eines Fahndungserfolgs.

Also braucht die Soko sehr sehr schnell sehr viele gute Zeugen. 500 000 Euro lobt die Polizei deshalb schon am dritten Tag als Belohnung für »sachdienliche Hinweise« aus: Wer auch immer etwas gesehen hat, was mit dem Einbruch zu tun haben könnte, soll sich bei der Soko Epaulette melden.

Das »Hinweisaufkommen« ist nach diesem Aufruf gewaltig: Über 600 Hinweise aus der Bevölkerung erreichen die Soko in den ersten Tagen. Darunter über 50 Fotos und Videos. Vieles kommt übers Telefon. Jeder Hinweisgeber (HWG) wird erfasst mit Telefonnummer und Anrufzeit. Ein hoher Prozentsatz möchte nicht namentlich erwähnt werden. Doch das geht in diesem Fall nicht. Zeuge ist Zeuge.

In den Augen der Staatsanwaltschaft »liegt der entscheidende Hinweis nicht auf dem Tisch.« Trotz dieser enormen Resonanz. Für die Soko heißt das: Puzzlearbeit bis an ihre physische und psychische Grenze. Hinweise müssen priorisiert werden: Welche Aussagen sollen sie zuerst abarbeiten? Welche Spuren zuerst auswerten?

Einige werden auch sofort und endgültig aussortiert. Zu ihnen gehört der »Messias«.

Das erste Mal ruft der von Gott berufene Erlöser und Prophet um 16.25 Uhr an. Er wisse etwas. Details würde er per Brief schicken. Nur so viel vorab für die Soko: Er werde die Verbrecher bis Weihnachten geschnappt haben.

Zwei Stunden später der nächste Anruf. Die Polizistin am Hinweis-Telefon notiert:»Der Brief ist fertig. Es gibt keine Kopie, so dass wir das Original bitte in Klarsichthülle einschlagen sollen.« Ein paar Tage später ruft der Messias wieder an. Es soll ein Kontakt zum MDR hergestellt werden, damit alle erfahren, dass die Polizei ihn ignoriert. Dann gehen die Telefonate im Stundentakt weiter. Er jammert, er fleht. Muss er sich denn erst umbringen, damit er Gehör bekommt. Wenn sich der Soko-Chef Olaf Richter bei ihm melden würde, wäre der Diebstahl sofort aufgeklärt und das Diebesgut wieder da. Und noch ein wichtiger Hinweis: Er könne auch die Welt retten.

Später trudeln weitere Briefe von ihm bei der Soko ein. Per Hand geschrieben in Druckbuchstaben. Auch die Ränder sind vollgekritzelt. Die wichtigsten Stellen hat der Verfasser gelb markiert: Der Jahrhundertraub war von Gott geführt. Für ihn, den Messias, wäre die Rückführung der Juwelen kein Problem. ER hätte es so entschieden. Auch die Staatsanwaltschaft bekommt Post vom Messias.»Herr Schmidt, treten sie an die Presse heran mit den Worten: Uns liegen Schriften vor, die glaubhaft aussagen, dass ein gewisser Prophet Harald aus Sachsen bereit ist, die Probleme der Welt zu lösen durch Vertreibung des Teufels, und somit die Wunderwelt Gottes herbeiführt.«

Es folgen noch mehr eng beschriebene Briefe. Als»Harald aus Sachsen Osterzgebirge« stellt er sich darin vor. Er sei einer mit drei Geburtstagen:»als Mensch 18.12.1951, als Prophet Gottes am 18.05.1989 und als Erlöser am 11.03.2002.« Weihnachtliche Grüße. Der Prophet.

Selbst diese Briefe bekommen noch einen blauen Eingangsstempel und das Kürzel des Sachbearbeiters oben rechts und werden archiviert. Tatsächlich sind sie keine Ausnahme unter den Hinweisen. Eher die Regel.

Hinweisgeber 325 würde zum Beispiel gerne privatärztlich arbeiten, wenn er eine passende Wohnung hätte. Daher seine Bitte an die Soko: »Versuchen Sie mir dabei zu helfen.« Vermerk der Polizei: ausgeschlossen.

Der nächste »HWG« weiß, dass das Diebesgut in einer Salzgrotte liegt. Ein anderer glaubt, dass die Flucht per Boot über die Elbe lief. Jemand will beobachtet haben, dass in einem Baumarkt zwei Osteuropäer Äxte kauften.

Weitere Hinweise lauten:

- es waren Rumänen
- am gleichen Tag lief in der ARD »Beuteland – die Millionengeschäfte krimineller Clans«, Zufall?
- es waren Kriminelle aus Bergisch-Gladbach
- ich bin Künstler und habe schon vor 1,5 Jahren von diesem Überfall geträumt
- auf Ebay wird gerade Schmuck für 1,3 Millionen Euro angeboten
- es waren die Miris
- es war die polnische Mafia, nicht die Miris
- es war ein Auftrag, ich sehe das Schiff, das Wasser, die Handtasche
- der Vatikan hat auch Dreck am Stecken
- es waren die Pink Panther
- ein dunkelhäutiger kleiner Mann wurde in der Bar24 gesehen
- es waren vier oder fünf »Farbige«. Zwei im Auto und zwei auf einem Motorrad
- es war ein dünner Mensch vom Wanderzirkus
- »gucken sie sich den Schaltkasten an, Grüße aus Finnland«
- die sind durch einen Tunnel rein
- es hängt alles mit dem ukrainischen Geheimdienst zusammen

- vor genau 300 Jahren heiratete August der Starke, Zufall?
- ein Albaner aus Decin ist beteiligt
- die Chefin vom Kunstmuseum Dresden hat denselben Namen wie der ehemalige Chef der Deutschen Bank, Zufall?
- der Schatz wurde im Kühlwagen in die Ukraine gebracht
- Polen verlangt doch Reparationsleistungen, Zufall?
- die Hintermänner sitzen im Finanzministerium
- ich will eine Geschlechtsumwandlung
- es sind Stay-Behind/Gladio-Strukturen, die von der CIA finanziert werden
- ein »EX-Israeli-Geheimdienstchef« war mit einer Sicherheitsüberprüfung des Grünen Gewölbes betraut
- vor der Garage liegen Sachen ordentlich zusammengelegt
- es könnten »fischelante« Einbrecher aus Dresden gewesen sein
- Täter müssen aus dem osteuropäischen Raum oder aus Italien stammen. Deutsche Täter wären größer.

Außerdem melden sich Touristen aus ganz Deutschland, die der Soko Fotos ihrer Dresdenreise zur Verfügung stellen wollen. Irgendwelche Fotos. Von irgendwelchen Tagen im Oktober. Ein Mensch aus Rheinland-Pfalz schreibt: »Die abgebildeten Fußgänger sind teilweise (sehr) klein abgebildet und von den Autos sind die Kennzeichen nicht lesbar.« Die Soko hofft trotzdem auf einen Glückstreffer, will vier Bilder haben. Der hilfsbereite Mitbürger schickt 23. Zu sehen sind Touristen, Pferdekutschen, Kinder auf Fahrrädern, eine ältere Dame in roter Outdoorjacke. Sie lacht in die Kamera. Auf dem nächsten Bild hat sie einen roten Regenschirm aufgespannt. Jetzt lacht sie nicht mehr. Fünf Bilder behält die Soko. Man weiß ja nie.

Selbst aus São Paulo, Brasilien, meldet sich noch ein Zeuge mit einer Geschichte:

Es passiert am frühen Morgen, als Mitarbeiter des Generalkonsulats der Bundesrepublik Deutschland für eine Rauchpause auf der Straße stehen. Ein Mann mit einem Fahrrad stoppt. Er fragt auf Spanisch, ob das Generalkonsulat an Informationen zur Ergreifung der Täter in Dresden interessiert sei. Er sei Kolumbianer und bereit, die Informationen zu liefern. Gegen eine finanzielle Entschädigung. Die rauchenden Mitarbeiter wollen sich erst einmal nicht als Mitarbeiter des Konsulats zu erkennen geben. Aus Sicherheitsgründen. Als er verschwunden ist, wendet sich das Generalkonsulat ans BKA. »Liegen ähnliche Äußerungen eines kolumbianischen Hinweisgebers aus anderen Standorten in Südamerika vor?«, will das Konsulat wissen. Der Kolumbianer meldet sich nicht mehr wieder.

Am exotischsten ist ein Tippgeber namens Otgo. Die Telefonvorwahl auf dem Display in der Zentrale lautet +976. Es meldet sich eine männliche Person, gut zu verstehen, aber mit ausländischem Akzent. Er rufe aus der Mongolei an, erzählt er, und er habe Hinweise zu den in Dresden gestohlenen Diamanten. Er müsse aber um Rückruf bitten, das Guthaben auf seiner Telefonkarte reiche nicht länger aus.

Der nächste Anrufer kommt aus Ghana. Er sei der Sprecher einer psychischen Einheit.

Per Mail kontaktiert Jerry Jones die Soko. Mr. Jones kommt gleich zur Sache:

»Wir sind die 3 Räuber Ihres Museumsschmucks oder Staatsartefakte. Dies ist Ihr EINZIGES Lösegeldangebot, bevor wir die Steine zerlegen und abschneiden und alles für den Wiederverkauf schmelzen.«

In Großbuchstaben geht es weiter. So wie früher, als Erpresser noch die Buchstaben für ihre Erpresserbriefe aus der Zeitung ausschnitten: »WIR WOLLEN JEDER 1,25 MILLIONEN US-DOLLAR. DAS SIND 3,75 MILLIONEN FÜR UNS, plus 1,25 MILLIONEN FÜR DIE PERSON, DIE UNS ANGESTELLT HAT UND UNS DAS

LAYOUT DES MUSEUMS GEGEBEN HAT. KEINE POLIZEI BETEI-LIGT. WIR WERDEN SIE NICHT TREFFEN, WIR WOLLEN NUR BITCOIN FÜR UNSERE SICHERHEIT. Danach erhalten Sie die Juwelen sicher per Post zurück.«

Die Überweisung solle auf ein spezielles Konto überwiesen werden.»Our Bitcoin address for the $5,000,000 deposit is: 1AZ-dQ3CwixNqqVrRs9X4Wk4AAVATeCUtxk.«

Als die Sachsen nicht zahlen, werden die Erpresser sauer, schicken ellenlange Mails mit wüsten Drohungen.»Versuchen Sie nicht, uns zu ficken.« Der Absender kann nicht ermittelt werden.

Zu den etwas vielversprechenderen Hinweisen zählt anfangs die HWG aus dem Kleingartenverein »An der Eiche e. V.«. Sie berichtet von einer Gartennachbarin aus der Rankestraße, die bei dem Sicherheitsdienst (Grünes Gewölbe) arbeitet.»Außerdem hat sie immer ausländische Freunde bei sich. Die sollten mal vernommen werden.«

Was dabei ermittelt wird, klingt dann nicht mehr so vielversprechend: Die Parzelle in der Rankestraße sei meist verwildert. Und überhaupt gebe es öfters Streit zwischen den Parzellennachbarn und der Sicherheitsfrau. Außerdem sei sie bekannt mit einer »Rita, Muslimin wie ihr Mann«. Und auf ihrer Facebookseite »könne man arabische Schriftzeichen sehen und arabisch aussehende Personen«.

Auch ein Berliner Schmuck- und Diamantenschleifer ruft bei der Soko an mit dem Angebot, »eine Liste von Personen zu besorgen, die komplizierte Umschliffe vornehmen können. Er vermutet, dass die Diamanten in den nächsten 20 Tagen zum Umschleifen gebracht werden. Er hat mehrfach darauf hingewiesen, dass er Kontakte vermitteln könne und dass diese gegebenenfalls gegen Belohnung zur Zusammenarbeit bereit seien.«

Danach meldet sich ein Hinweisgeber aus dem Hotel Taschenbergpalais. Er hat am Vortag »eine männliche Person vorm Hotel gesehen, diese hat auffällig zum Grünen Gewölbe geschaut.«

Hinweis Nummer 312 ist ein Fahrradfahrer, der neulich am Grünen Gewölbe vorbeigeradelt sei. Fast hätte er dabei einen Mann über den Haufen gefahren. Groß, lang, dünn, dunkle Jacke. Normalerweise würde an dieser Stelle doch kein Mensch stehen.

Dann meldet sich ein Tankstellenbetreiber. Bei ihm ist neulich mit genau so einer Axt eingebrochen worden. Der Täter hieße Spalter und hätte mal in einer Justizvollzugsanstalt gesessen.

Neben der telefonischen Hotline kann der Bürger auch das Internet nutzen, um die Polizei zu erreichen. Diese Möglichkeit wurde im Rahmen der »BundOnline 2005 Projekte« realisiert. Seit Dezember 2003 existiert auf der Homepage der Bundespolizei der Link: »Bürgerhinweise entgegennehmen«. Hier laufen ebenfalls jede Menge Informationen ein.

Wie die des Ehepaars Krüger, das im ICE von Baden-Württemberg nach Berlin unterwegs war und ins Gespräch gekommen ist mit einem anderen Pärchen. Die beiden Fremden wollten nach Dresden zum Grünen Gewölbe. Sie wurde von ihrem Mann »Susanne« genannt. Beide hatten rote Jacken an und waren an derart vielen Details interessiert, dass die Krügers es als ihre staatsbürgerliche Pflicht empfanden, dies bei der Polizei zu melden.

Ein anderer hatte beim Stöbern auf Ebay-Kleinanzeigen folgende Annonce gefunden: »Haben zwei historische Juwelengarnituren abzugeben. Sie sind sehr alt. Bilder folgen.«

»#Jahrhundertraub?«, schrieb der Tippgeber zurück. »Oder kommst Du aus Nigeria?« Eine Antwort bekam er nicht mehr.

Auch ein Max Börner meldet sich auf der Homepage mit einer Art Arbeitsanweisung an die Polizei. Er schreibt:

»Bitte folgende Möglichkeiten prüfen:
(1) Die Beute ist noch in der Stadt, unweit des Tatortes. Den Tätern könnte nämlich durchaus bewusst sein, dass an bestimmten Stellen der Stadt an der Straße Kameras stehen, speziell Richtung Autobahn oder auf der Autobahn.

(2) In Frage käme Putin/KGB.

(3) Flucht in die Tschechei (nach Karlsbad, wo reiche Russen sitzen, die die Beute bestellt haben könnten).

(4) Höchste Dringlichkeit dürfte die Sicherung von DNA-Spuren haben.

(5) Wer hat in der letzten Zeit auf den Internet-Rundgang des Museums zugegriffen?

(6) Falls die Täter tatsächlich ›klein‹ gewesen sein sollten: aus Sizilien (DNA!), Zigeuner (DNA!) – speziell Kinder/Jugendliche, Syrer, Türken, Libanesen (wg. aktueller Abschiebung des schwerkriminellen Clan-Chefs aus Rache!)?«

Was treibt Menschen dazu, anderen Derartiges zu schreiben? Vielleicht liegt es daran, dass Deutschland in Sachen Spitzelei und Denunziantentum schon früher über echte Expertise verfügte. In zwei Diktaturen wurde – auf Teufel komm raus – gespitzelt und denunziert. Wobei man zwischen beiden Begriffen noch unterscheiden muss: So heißt es beispielsweise in dem Buch *Spitzel: Eine kleine Sozialgeschichte:* »Auch wenn ein Spitzel denunziert, so ist er doch von der Figur des Denunzianten zu unterscheiden: Ein Spitzel nutzt nicht nur Gelegenheiten aus, er hat den Auftrag, sie aktiv herzustellen.« Der Denunziant dagegen erstattet aus persönlichen, niedrigen Beweggründen eine Anzeige bei einer übergeordneten Institution.

Linguistisch hat das Wort seinen Ursprung im italienischen »denunciare«, was so viel wie »Anzeige erstatten« bedeutet. Am Dogenpalast in Venedig konnten Denunzianten ihre Beschwerde in eine Art Briefkasten einwerfen. *Bocca di Leone*, Löwenmaul, wurde die Steinplatte mit Schlitz genannt.

Die Vermutung mehrerer »aufmerksamer« Bürger, dass es sich um einen Racheakt aus dem Clanumfeld handeln würde, erfüllt keine der beiden Kategorien. Da geht es eher darum, dass Deutschland nicht nur eine lange Tradition als Spitzel-Staat hat, sondern dass die Deutschen auch ein Volk von 80 Millionen Bundestrainern und 80 Millionen Ermittlern sind.

»Guten Tag«, schreibt beispielsweise ein Bernd Pätzold*, »ich weiß nicht, ob was dran ist, aber das Erste, was mir eingefallen ist, war, dass es sich um eine Rachetat handelt, aufgrund der Abschiebung des Chefs des Miri-Clans in Bremen. Mit freundlichen Grüßen.«

Hintergrund dieser Anschuldigung ist eine Clangeschichte, die Anfang Juli 2019 eigentlich ihr Ende finden sollte. Spezialkräfte hatten damals Ibrahim Miri mitten in der Nacht aus dem Bett geholt. Sie verbanden ihm Augen und Ohren und verfrachteten ihn mit dem Hubschrauber nach Berlin und von dort mit einem Learjet in den Libanon. Da stand er nun am 10. Juli am Flughafen von Beirut: Ibrahim Miri, einer der Chefs des weitverzweigten libanesischstämmigen Familienclans. Ein bulliger Typ mit Glatze, Ex-Boss der Rockergang »Mongols MC Bremen«, der schon elfmal in Deutschland im Gefängnis gesessen hatte.

Dreieinhalb Monate später ist er wieder zurück in Bremen. Er ignorierte, dass ihm die deutschen Behörden jegliche Wiedereinreise für sieben Jahre untersagt hatten. Nach eigenen Angaben flog er in die Türkei und ließ sich von dort auf dem Landweg nach Deutschland schleusen. Dort marschierte er mit seinem Anwalt am 30. Oktober in die Bremer Zentralstelle für Asylsuchende. Er brauche Asyl, weil im Libanon sein Leben durch Blutrache bedroht sei, erklärte er. Wegen eines Mordes in Bremen im Jahr 2009 sei die einflussreiche Familie El Zain hinter ihm her.

Der Asylantrag wird abgelehnt. Miri kommt in den Abschiebeknast. Zwei Clanmitglieder wollen ihn dort besuchen. Einer hat ein Messer dabei. Als die Polizeibeamten ihn durchsuchen, eskaliert die Situation: »Ich ficke dich«, beschimpft er den Beamten. »Wichser, du Nazi, ihr fühlt euch nur stark, weil wir hier drin sind. Kommt mit auf die Straße. Ich habe 1000 Leute, die euch fertigmachen.« Am 19. November eskortiert die Polizei den Clanboss der Miris zurück in den Libanon. Sechs Tage später wird im Grünen Gewölbe eingebrochen. Reiner Zufall? Auch wenn bisher kein einziges hartes Indiz auf den Miri-Clan verweist, halten die Ermittler in diesen ersten Tagen die Anschuldigung des Tippgebers wenigstens nicht für komplett ausgeschlossen. Für wahrscheinlich allerdings auch nicht. Und hilfreich sind solche unbewiesenen Andeutungen bei den Ermittlungen sowieso nicht.

Bei echten Beobachtungen ist es oft auch nicht viel besser. Es beginnt bereits damit, was ein Zeuge gesehen oder gehört hat. Die Wissenschaft unterscheidet dabei zwischen Augenzeugen, Ohrenzeugen und Zeugen vom Hörensagen. Ein Sonderfall ist der Knallzeuge. So wird in der Rechtssprache jemand bezeichnet, der bestimmte Tatsachen nicht aus eigener visueller Wahrnehmung wiedergeben kann, sondern aus einer rein akustischen Wahrnehmung auf bestimmte Tatsachen schließt. Seine Aussagen sind nur eingeschränkt zu gebrauchen. Wichtig dagegen ist der Alibizeuge. Solange er glaubwürdig ist.

Aber auch die glaubwürdigsten Augen- und Ohrenzeugen haben ein strukturelles Problem mit der Realität. Dies hat neben vielen anderen eine Schülerin im Rahmen des Ideenwettbewerbs »Jugend forscht« nachgewiesen. Ihr Thema war die Zuverlässigkeit von Zeugenaussagen. Dazu führte sie eine Onlinestudie durch, bei der den Teilnehmern zunächst ein Film mit einer Straftat gezeigt wurde. Im Anschluss sollten sie versuchen, den Täter wiederzuerkennen. Das Ergebnis der Auswertung: Die Wahrscheinlichkeit, dass der Täter wiedererkannt wird, liegt bei gerade einmal 50 Prozent. Besonders große Schwierigkeiten hatten die Probanden, sobald die Frisur des Täters auch nur geringfügig verändert wurde.

In der forensischen Psychiatrie geht man davon aus, dass sich die Glaubhaftigkeit von Zeugenaussagen anhand bestimmter Indikatoren erkennen lässt: Konstanz, Anschaulichkeit, Detailgenauigkeit der Aussagen, Wirklichkeitsnähe, Folgerichtigkeit, Distanziertheit und inhaltlicher Zusammenhang der Aussagedetails.

Zweifel an den Aussagen sind dagegen angebracht bei erkennbarem Belastungseifer und narzisstischem Geltungsdrang. Auch Stimmungen haben Einfluss auf das Augenzeugengedächtnis, wie der australische Sozialpsychologe Joseph P. Forgas in der *Zeitschrift für experimentelle Sozialpsychologie* nachgewiesen hat. Demnach korreliert gute Laune direkt mit schlechten Resultaten beim Augenzeugengedächtnis. War der Zeuge dagegen zum Zeitpunkt des Ereignisses negativ gestimmt, sind seine Aussagen genauer und haben einen höheren Wahrheitsgehalt. Die Ursache dafür könnte in unserer evolutionären Entwicklung liegen, weil die Bedrohlichkeit eines Geschehens zwar eine negative Stimmungslage verursacht, aber auch eine systematischere, aufmerksamere Informationsverarbeitung begünstigt.

Aus all diesen Gründen ist die Ausbeute bei solchen öffentlichen Zeugenaufrufen minimal. Nur selten erreicht die Ermittler ein Hinweis, mit dem sie wirklich etwas anfangen können. Einer davon stammt von Detlev Hartmann*, der am frühen Morgen des 25. November zusammen mit einem Arbeitskollegen durch Dresden fuhr. Kurz vor der Autobahnauffahrt zur A4 raste plötzlich ein Taxi an ihm vorbei: »Und dort hat der Fahrer ja ein Problem, sich auf die Autobahn einzufädeln, weil es da immer voll ist an der Stelle, an der die Sperrfläche endet. Dort drängelte sich der Pkw vor einen Lkw. Und der Fahrer zögerte auch nicht, und wechselte gleich auf die mittlere Spur und von dort auf die ganz linke. Das war ein Vorgang. Der bremste nicht, gar nichts. Der ist voll rübergezogen. Und die Geschwindigkeit war wirklich brutal. Der hat das Gaspedal voll durchgetreten. Der überholte mich vielleicht mit 130 oder 140 km/h. Ich sah es schon krachen. Der hat bestimmt auf 200 km/h beschleunigt.« Der Wagen ist eine Mercedes E-Klasse. Beige. Limousine. Unbeleuchtetes Taxischild auf dem Dach. An das Kennzeichen kann sich Hartmann nicht mehr erinnern.

Diese Beschreibung korrespondiert mit einer Begegnung auf der Autobahn 13, von der ein zweiter Anrufer berichtet. Es passierte einige Minuten später »in der Baustelle zwischen Ortrand und Ruhland, wo Tempo 60 vorgeschrieben ist«. Dort wird der Zeuge von einem Dresdner Taxi überholt. »Mindestes doppelte Geschwindigkeit, wenn nicht gar 150 km/h. Das sah aus wie auf der Flucht. Da ist auch ein Blitzer am Beginn der Baustelle.«

Aus beiden Aussagen könnte sich eine Fluchtroute der Täter ergeben, die von Dresden nicht nach Polen oder Tschechien führt, sondern auf direktem Weg in den Berliner Raum.

Der Brand im Pegelhaus

Parallel zum Sichten und Überprüfen der Hinweise aus der Bevölkerung arbeitet die Soko noch die anderen Ermittlungsansätze ab. Dazu gehört auch die Tatortarbeit im Pegelhaus, das mit seinen verbrannten Elektrokästen der dritte entscheidende Tatort ist. Bisher haben die Priorisierung und die Arbeitsbelastung hier nur eine kurze Untersuchung der Brandursache erlaubt. Drei Tage nach dem Brand meldet sich von dort ein städtischer Mitarbeiter. Er habe im Obergeschoss einen weiteren Topf entdeckt. Sofort machen sich Soko-Ermittler auf den Weg. Tatsächlich: Links in der Ecke auf einer Kabeltrasse steht ein weiter Topf. Eingeklemmt zwischen dem Kabelschacht und einem Kabel über dem Topf. Der Kabelschacht ist von der Wand gezogen und leicht verbogen, einer der Griffe des Topfes zeigt in den Raum, das Metall ist angelaufen wegen der Hitze. Über dem Topf ist die Plastikisolierung des Kabels komplett geschmolzen, daneben allerdings noch intakt. Offenbar hatten nur im und über dem Topf hohe Temperaturen geherrscht. Der Brandursachenermittler des LKA wird verständigt.

Die wichtigste Frage der Ermittler lautet aber zuerst: Wie sind die Brandstifter überhaupt in den Raum gekommen? Auch hier spricht alles für einen Inside-Job. Jemand muss die Täter mit Informationen versorgt haben. Und vielleicht sogar mit einem Nachschlüssel.

In einem ersten Bericht der Feuerwehr hieß es noch, dass keine Tür offenstand, als gelöscht werden sollte. Und »dass die Feuerwehr bei dem Einsatz in erster Linie bestrebt war, Sicht in die Räume zu bringen, um nach der Brandursache zu forschen. Somit konzentrierten sich die Kollegen auf die untere Tür, um eine Sogwirkung durchs Gebäude zu erlangen. Die Tür oben war ein Nebenschauplatz.«

Jetzt allerdings sehen die Ermittler, dass oben der Schließriegel zweimal umgedreht ist und die Tür offensteht. Am Schließblech sind Hebelspuren zu sehen. Zwei Szenarien sind denkbar: Die Täter hatten einen Schlüssel, öffneten die Tür und schlossen den Schließriegel, damit die Tür nicht wieder zufallen kann. Oder aber sie hebelten die Tür auf. Ein Mitarbeiter des Straßen- und Tiefbauamtes glaubt, »dass die obere Türe aufgebrochen wurde.« Die Ermittler halten auch die andere Variante für möglich. Also müssen sie die Frage eines Nachschlüssels klären.

Dazu schreiben sie unzählige Stellen an. Seitenweise werden Listen erstellt mit Menschen, die einen Schlüssel zu den Türen im Pegelhaus haben. Oder auch nicht. Neun verschiedene Firmen sind zugangsberechtigt. Das Schließsystem an einer Tür stammt noch aus dem Jahr 1990. Die exakte Zahl der Schlüssel, die im Umlauf sind, lässt sich nicht mehr ermitteln. Es ist von mehr als 2000 die Rede. Einen Verbleib von 2000 Schlüsseln kann man nicht nachrecherchieren. Da stößt Polizeiarbeit an ihre physischen Grenzen. Auch, weil die Soko – business as usual – noch ermittlungsferne Aufgaben erledigen muss:

Zum Beispiel eine Brandwache für die Tiefgarage organisieren. Dafür müssen dann Kostenvoranschläge geschrieben und eingereicht werden. 25 Euro pro Stunde kostet eine Sicherheitskraft. Plus Mehrwertsteuer. Zuschläge extra.

Die Suche nach einem Insider

Die meiste Zeit beanspruchen aber neben dem Sortieren der Bürgerhinweise die Befragung und Überprüfung aktueller und ehemaliger Mitarbeiter des Grünen Gewölbes. Immer noch steht auch hier der Verdacht eines Inside-Jobs durch Verrat im Raum. Listen werden in den ersten Tagen erstellt. Wer hat wann gekündigt? Bei den aktuellen DWSI-Angestellten werden die Konten überprüft. Gibt es auffällige Zahlungseingänge, hat jemand Schulden, wer braucht immer Vorschuss? Alle Zeugen der Sicherheitsfirma werden von der Soko mit fast identischen Fragen konfrontiert. So sollen Lücken im System gefunden werden.

Andere in der Soko kümmern sich in der Zwischenzeit um die gestohlenen Juwelen und versuchen Fotos davon aufzutreiben. Das machen die Mitarbeiter des Kommissariats 43 (Fahndung). Ermittler aus dem Kommissariat 31 (Wirtschaft) kümmern sich um die anderen Firmen, die sonst noch im Residenzschloss tätig sind. Dazu gehört die Elektrofirma, die die neue Schließanlage im Residenzschloss Anfang 2019 eingebaut hat. Auch dort werden alle Mitarbeiter gecheckt. Es sind immer wieder dieselben Fragen: Wer gilt als unzuverlässig, wer hat privat Probleme? Doch es ergeben sich keine Hinweise.

Sogar die Reinigungsfirma wird akribisch durchleuchtet. Wann kommt da wer? Wie ist der Wischplan? Wer hat Zugang zu sensiblen Informationen? Befragt wird der Leiter des Reinigungstrupps:

Frage: Was wissen Sie über die Sicherheitsanlage?
Antwort: Wenn wir moppen und zu weit an die Bereiche kommen, dann wird Alarm ausgelöst. Die Alarmanlage ist immer angeschaltet. Wenn hinter den Barrieren saubergemacht wird, dann wird die Alarmanlage ausgeschaltet.
Frage: Wer macht das Ausschalten?

Antwort: Die Restauratoren ordnen das an und die vom DWSI schalten das aus. Der Wachmann am Eingang meldet das an die Leitstelle und die schalten das aus.

Frage: Was wissen Ihre Mitarbeiter über die Sicherheitsanlage?

Antwort: Die wissen genau dasselbe wie ich beziehungsweise wir. Auch in den anderen Museen ist das so. Da gibt es die gleichen Sicherheitsanlagen. Auch dort müssen zum Beispiel beim Reinigen der Podeste für die Pferde die Alarmanlagen ausgeschaltet werden.

Aufschlussreicher – und erschreckender – ist da die Befragung von Detlev Rückert*, der seine Arbeit schon im August 1992 in der Sicherheitszentrale des Zwingers begonnen hat. 2003 wechselte er in die Leitzentrale des Grünen Gewölbes. Zu jener Zeit war dort Baustelle und die Sicherheitstechnik stammte noch aus den Zeiten der DDR. Als 2006 das neu restaurierte Grüne Gewölbe eröffnet wurde, gab es auch hier eine bessere Sicherheitsarchitektur mit Kameras und Außenscannern, die dem damaligen Stand der Technik entsprachen. 2009 unterzog dann eine holländische Sicherheitsfirma das Residenzschloss einem Sicherheitscheck. Was bei der Sicherheitsanalyse herauskam, weiß Rückert allerdings nicht. Das Ergebnis wurde nie in der Sicherheitsfirma diskutiert.

Rückert, ein untersetzter Glatzkopf mit lustigen Augen, sagt in seiner Zeugenvernehmung: »Ich weiß, dass die Außenscanner 2006 erst ab 2,50 Meter auslösten. Hintergrund waren die baulichen Gegebenheiten. Die Leute und Besucher konnten damals direkt an die Fenster herantreten und reinschauen. Dies war aber auch so gewollt, um das Interesse zu wecken. Einen Zaun gab es noch nicht. Zur Eröffnung wurde dann aber der jetzige Zaun errichtet und die Besucher durften nur noch am Tag zu Besuchszeiten hinter den Zaun an die Fenster gehen. Meines Wissens ist die Sicherung mit den 2,50 Meter Höhe so geblieben. Alles unterhalb der 2,50 Meter wird von den Außenscannern nicht erfasst.«

»Wie laufen ihre Dienstübergaben ab?«, fragt der Ermittler weiter.

Rückert antwortet: »Früher gab es am Anfang noch die Waffenübergabe, jetzt nicht mehr, jetzt berichtet nur ein Kollege der Vorschicht, ob es Besonderheiten gab. Ich schau zeitgleich in die Gefahren- und Meldeanlage im Rechner, ob es dort Auffälligkeiten gab. Dort sind die Alarme registriert, Abschaltungen, Inspektionsschaltungen.«

Frage: »Warum gibt es keine Waffenübergabe mehr?«

Rückert: »Wir haben jetzt nur ein Tonfa«.

Der Tonfa ist ein Schlagstock mit einem senkrecht angebrachten Griffstück. Offenbar, so Gerüchte in der Belegschaft, wurden die Schusswaffen im Dienst abgeschafft, weil die Staatlichen Kunstsammlungen Dresden den Waffenzuschlag einsparen wollten. Elf Tage vor dem Einbruch war Schluss mit dem Schießen. Davor bekamen alle Mitarbeiter, die im Dienst eine Waffe trugen, fünfzig Cent mehr in der Stunde.

Frage: »Wie kommunizieren Sie während der Schicht?«

Rückert: »Im Dienst kommunizieren die Mitarbeiter mit Funkgeräten und mit TimeScan. Das ist ein GPS-Handy mit Panikknopf. Es wird aber mehr über die Funkgeräte gesprochen.«

Nach Detlev Rückert wird dann erneut Jörg Petermann befragt. Zu viele Punkte im Sicherheitskonzept sind noch ungeklärt.

Frage: »Gibt es eine eigene Handlungsanleitung zu einem Einbruchsfall für das Residenzschloss?«

Jörg Petermann: »Kann ich jetzt nicht mit Bestimmtheit sagen. Müsste ich prüfen.«

Frage: »Laut uns vorliegenden Unterlagen existieren Handlungsanleitungen zu Feuerüberfall und zu Gewaltandrohung. Explizit Einbruchsdiebstahl haben wir so nicht gefunden?«

Jörg Petermann: »Einbruchsdiebstahl haben wir dann wahrscheinlich nicht konkret aufgeführt, das muss ich mir aber genauer ansehen.«

Frage: »Gab es im Vorfeld Übungen, Szenarien zu möglichen Einbrüchen, Überfällen? Wurde der Alarmknopf geprobt?«

Jörg Petermann: »Alarmknopf kann ich Ihnen mit Bestimmtheit sagen, der wurde bei der Übernahme oder Übergabe geprobt und abgenommen. Aber eine regelmäßige Übung ›Alarm drücken‹, die gibt es nicht.«

Frage: »Wurden Szenarien eines Ernstfalls durchgespielt als Übung für die Firma DWSI?«

Jörg Petermann: »Eher theoretischer Art. Praktische Übungen haben wir bisher nur mit der Feuerwehr durchgeführt.«

Danach geht es nochmals um den Moment des Einbruchs. Für die Diensthabenden in der Leitzentrale existieren dafür Anweisungen. So hätte zum Beispiel Licht eingeschaltet werden müssen, als die Täter auf die Vitrinen einschlugen. Die Kameras hätten dann wahrscheinlich auch deutlich bessere Bilder geliefert.

Frage: »Warum wurde im Ernstfall das Licht nicht eingeschaltet?«

Jörg Petermann: »Also der *(diensthabende)* Herr Hahne hat sich mir gegenüber so geäußert, er hat es nicht gemacht, weil er eine gewisse Konfusion bei den Tätern gesehen hat. Und er wollte nicht, dass noch mehr zerstört wird, beziehungsweise noch mehr zu Schaden kommt, wenn die sich erkannt fühlen, wenn das Licht angeschaltet wird. Aus dem Grund hat er das Licht nicht angeschaltet.«

Frage: »Waren Mitarbeitern der Leitstelle oder der Firma DWSI diese Sicherheitslücke im Einstiegsfenster bekannt?«

Jörg Petermann: »Nein. Also diese Sicherheitslücke war den Mitarbeitern der Leitzentrale nicht bekannt.«

Frage: »Der Herr Makarenko hat ja noch jemanden rausklettern gesehen. Und auch im Vorfeld hat man eine halbe Stunde lang Personen beobachtet, wie sie hinter der Mauer verschwinden, wie sie wiederkommen, wie ein Auto vor den Fenstern steht. Und es gab nirgendswo jemals den Gedanken, ich ruf jetzt mal die Polizei an. Können die mal eine Streife schicken, hier ist eine ungewöhnliche Feststellung. Jungs, was ist denn bei euch los? Habt ihr was auf dem Schirm? Seht ihr was?«

Jörg Petermann: »Hm. Na ja, kann ich jetzt nichts dazu sagen.« Unter dem Protokoll steht dann noch: Ende der Vernehmung 16.06 Uhr.

Zwei Rammos in Bayern

Wenigstens einen kleinen Erkenntnisgewinn liefert am Ende des Tages eine Mail, die die Soko Epaulette aus Berlin erreicht. Absender ist das dortige LKA. Diese Mail hat eine längere Geschichte aus Bayern zum Inhalt. Sie beginnt auf der Autobahn A9, als der bayerischen Polizei kurz vor dem Autobahndreieck Bayreuth ein VW Polo mit Berliner Kennzeichen auffällt. Im Wagen sitzen zwei junge Männer, südländisches Aussehen. Eine Überprüfung des Nummernschilds liefert einen Treffer: Der Pkw ist zur Fahndung ausgeschrieben. Es geht um eine Insassenfeststellung nach Unfallflucht in Berlin.

Der Polo biegt von der A9 auf die A70 Richtung Bamberg ab. Nach ein paar Kilometern geben sich die Autobahnpolizisten zu erkennen und geleiten den Polo zur Abfahrt 21 Schirradorf. Am Steuer sitzt Wissam Remmo, 22, Kurierfahrer, Staatsangehörigkeit deutsch, ledig. Der Mann neben ihm ist Wayci Remmo, 25, ebenfalls Deutscher. Beide gehören zu einer arabischen Großfamilie, die über ganz Deutschland verteilt ist. Ihr Schwerpunkt aber liegt in Berlin-Neukölln. Innerhalb des Clans tragen manche Familienzweige den Namen Remmo, andere heißen Rammo, es gibt auch ein paar Remos darunter.

Die beiden Männer in dem Polo sind Berliner Remmos und erklären, dass sie zu einer Gerichtsverhandlung nach Erlangen müssen. Wissams Vorladung haben sie dabei. Die Beamten kontrollieren den Polo und finden – so schreiben sie es in ihrem Bericht: »Ein Brecheisen, ein Schlagbohrer, ein großer Schraubendreher, drei neuverpackte Arbeitshandschuhe, mehrere neuverpackte Einmalanzüge und drei Sturmhauben. Auf Nachfrage, warum er diese Sachen mitführt, gab Herr Remmo, Wissam an, dass er Handwerker sei und dass es im Winter beim Arbeiten kalt sei.«

Die Beamten fotografieren den Inhalt des Kofferraums, dann dürfen die Remmos weiterfahren zur Gerichtsverhandlung.

Er beginnt gegen Mittag an diesem 27. November 2019. In dem Verfahren geht es um einen Einbruch bei der Firma Lukas Hydraulik. Das mittelständische Unternehmen ist, wie gesagt, spezialisiert auf hydraulische Werkzeuge für den Rettungseinsatz. Seine stärkste akkubetriebene Metallschere, Markenname »The Beast«, entwickelt eine Power von 140 Tonnen. Ebenfalls im Sortiment sind Rettungszylinder, mit denen sich wie beim Grünen Gewölbe ein Fenster aufdrücken lässt.

Wissam Remmo, so trägt es der Staatsanwalt vor, soll Anfang Dezember 2018 »sieben hydraulische Vorführgeräte aus dem Show-Room der Firma« entwendet haben. Am Tatort fanden die Ermittler die DNA von Wissam. Die Sache scheint eindeutig zu sein. Als einziger Zeuge tritt der ermittelnde Polizist auf. Er beschreibt ausführlich, wie er auf die Spur von Wissam kam und wo er die DNA gefunden hat.

Dem Vorsitzenden Richter reichen die Argumente. Da ist die bayerische Rechtsprechung rustikaler als die in Berlin. Wissam schweigt. Sein Anwalt tobt. Das sei hier ja wohl keine Hauptverhandlung. Er verlangt eine Unterbrechung, will einen Antrag stellen. Und überhaupt: DNA sei nicht gleich DNA, da gebe es Untersuchungen. Das sieht der Vorsitzende Richter anders. Der ermittelnde Polizeibeamte hat das Gericht offenbar überzeugt, so dass es nach Ansicht der Kammer nicht mehr notwendig ist, einen Sachverständigen zu beauftragen, um zu erfahren, von welchem Zellmaterial diese DNA-Probe stammt (Haar, Speichel, Haut). Der Angeklagte war da. Punkt.

Das Gericht zieht sich kurz zur Beratung zurück. Dann das Urteil: zwei Jahre und sechs Monate für Wissam. Ohne Bewährung. Darüber hinaus ist ein Geldbetrag von 21 612 Euro einzuziehen. In seiner Urteilsbegründung kritisiert der Vorsitzende Richter die Berliner Justiz. Sie sei mit dem einschlägig aktenkundigen Wissam Remmo bisher zu milde umgegangen. »Herr Remmo ist ein notorischer Klauer«, so der Richter. »Der Angeklagte hat sich somit schuldig gemacht des Diebstahls in besonders schwerem Fall in Tateinheit mit Sachbeschädigung. Bei der Strafzumessung war zu sehen, dass ein ganz erheblicher Schaden mit über 20 000 Euro angerichtet wurde und der Angeklagte in einer Vielzahl von Fällen einschlägig vorbestraft ist.«

Von einer Verhaftung Remmos sieht das Gericht in diesem Moment trotzdem ab. »Wer freiwillig zum Prozess kommt, der kann auch frei wieder gehen. So ist das hier in Bayern.«

Auf die Idee, die Dresdner Soko über den Prozess zu informieren, kommen die Bayern allerdings nicht. Stattdessen ist es die Abteilung 4 des Landeskriminalamtes Berlin, die sich in Dresden meldet. Genauer gesagt, das »Zentrum für Analyse und Koordination zur Bekämpfung krimineller Strukturen«, kurz ZAK BkS. Seit April 2019 existiert diese Kommunikations- und Analyseplattform, die die behördenweite Erkenntnislage zur Clankriminalität verbessern soll. Auch für andere Behörden und Institutionen in Deutschland. Organisiert ist die Dienststelle als sogenannter »Single Point of Contact – SPoC« der Polizei Berlin. Das heißt: Jede einzelne Information zu einem Themenfeld landet immer zuerst bei dieser Dienststelle. Sie verteilt die relevanten Erkenntnisse dann weiter, auch bundesweit. Daher ist sie der Ansprechpartner, wenn Fragen auftauchen zum Thema kriminelle Strukturen.

Der Vollständigkeit halber sei hier noch erwähnt, dass es ein Berufungsverfahren auf Betreiben von Wissam Remmo und seines Rechtsanwaltes in der Sache gibt. Am 18. September 2020 wird das Verfahren vor der 8. Strafkammer des Landgerichtes Nürnberg auf Antrag der Staatsanwaltschaft eingestellt. Zur Anwendung kommt § 154 Absatz 2 der Strafprozessordnung. Darin heißt es, dass die Staatsanwaltschaft von der Verfolgung einer Tat absehen kann, wenn die Strafe, zu der die Verfolgung führen kann, neben der Strafe, die gegen den Beschuldigten bereits wegen einer anderen Tat zu erwarten ist, nicht beträchtlich ins Gewicht fällt.

Mit der »anderen Tat« ist der Diebstahl der 100-Kilogramm-Goldmünze im Berliner Bode-Museum gemeint. Die hatte Wissam Remmo am 27. März 2017 gestohlen. Wert der Beute: rund drei Millionen Euro. Deswegen steht er seit Januar 2019 in Berlin ebenfalls vor Gericht. Im Februar 2020 wird dort das Urteil gesprochen. Und das ist typisch für die deutsche Justiz: Weil das Erlanger Verfahren noch nicht rechtskräftig ist, wird es in Berlin bei der Urteilsfindung auch nicht berücksichtigt. Daher geht die 9. Große Strafkammer nicht davon aus, dass bei Wissam »schädliche Neigungen vorliegen«. Das Urteil wie immer »Im Namen des Volkes«: vier Jahre, sechs Monate. Und als sei noch nicht genug der Milde gewaltet, bleibt Wissam Remmo auf freiem Fuß.

Kapitel 6

Erste Verdächtige

Eine konspirative Wohnung

In den 70er-Jahren hat Harald F. gegen die Rote-Armee-Fraktion (RAF) gekämpft. Er hat aus konspirativen Wohnungen heraus Terroristen observiert und Spuren gesammelt. Heute ist der Vollblutermittler seit fast einem Jahrzehnt im Ruhestand. Auf dem Papier. Nicht im Kopf. Sein reflexhaftes Misstrauen ist geblieben. Die halbe Menschheit steht für ihn unter Generalverdacht. Ganz besonders die Untermieter in seiner Nachbarwohnung.

Harald F. selbst wohnt zusammen mit seiner Freundin in der Königstraße im historischen Barockviertel in der Dresdner Neustadt. Vom Residenzschloss aus sind es nur 15 Minuten über die Elbe zu Fuß bis zur Wohnung. Das Haus hat den Zweiten Weltkrieg nahezu unbeschadet überstanden. Die DDR war schlimmer für die Bausubstanz als die alliierten Angriffe.

Schon am 27. November, zwei Tage nach dem Einbruch ins Grüne Gewölbe, meldet sich Harald F. telefonisch bei der Kriminalpolizei. Hinweis 369: In der Nachbarwohnung hätten Untermieter aus »Nahost« gelebt, aber nach der Tat seien sie plötzlich verschwunden. »Sehr verdächtig« findet das Harald F. am Telefon.

Einen Tag später hört sich ein Kriminalpolizist die Geschichte in Harald F.s Wohnung an. Das Gespräch ist keine offizielle Vernehmung. Eher ein Plausch. »Zwei Ex-Untermieter hatten einen Berliner Akzent«, tippt der Polizist später in seinen Bericht. Und der »Gucci-Mann« hatte auffällige Augenringe und eine große, breite Nase. Anscheinend Araber. Alle haben auffällig gut nach Parfum gerochen. Mehr kann der Polizist erst einmal nicht unternehmen. Vielleicht könnte der Hauptmieter der Nachbarwohnung noch etwas beitragen zur Personenfeststellung. Aber den bekommt der Ermittler nicht ans Telefon.

Am Samstag, den 30. November, hat Harald F. etwas mehr Glück. Der Hauptmieter ist zurück. Er räumt die leere Wohnung

auf und tütet den Müll der verschwundenen Untermieter ein: Bierflaschen, Thunfisch, Frischkäse, Marlboro-Schachteln, einen Pü-
rierstab und einen Kassenbon aus einem Sportgeschäft. Harald F.
schaut zu. Als plötzlich zwei der Untermieter auftauchen, gibt es
Streit zwischen den Männern aus »Nahost« und dem Ex-Polizisten.
Schließlich schmeißt der Hauptmieter die jungen Männer aus seiner Wohnung. Harald F. schnappt sich die rote Tüte voller Müll und
fährt damit zum sächsischen Landeskriminalamt. Der Hauptmieter hat zugestimmt.

Für Harald F. sind in der Tüte nicht bloß leere Bierflaschen und
verschimmelter Thunfisch. Sondern Spuren. Und wenn die Polizei
nicht zur Lösung fährt, fährt Harald F. die Lösung eben zur Polizei.
Leider kommt er mit dem Müll nur bis zur Pforte des Landeskriminalamts. Kein Polizist holt ihn auf das Gelände. Niemand, dem er
seine Geschichte erzählen und die eingetüteten Spuren übergeben
kann. Ist auch kaum einer da am Samstag. Und die Soko Epaulette
sitzt im Präsidium in der Innenstadt und nicht am Stadtrand beim
LKA. Also fährt Harald F. wieder zurück in seine Wohnung. Die
Bierflaschen und den Thunfisch lässt er beim Pförtner zurück. Das
Zeug wird die Soko Epaulette Monate später noch einmal beschäftigen.

Vorerst aber gammeln Käse und Fisch vor sich hin. Am Montag
um 18 Uhr liegt die Tüte immer noch beim Pförtner. Aber zwei Polizisten sind aus der Innenstadt gekommen, weil sie »Gegenstände«
abholen sollen, die »zum Diebstahl aus dem Grünen Gewölbe« gehören. Das sind die vagen Infos, mit denen man sie losgeschickt
hat. Begeistert sind sie nicht, als ihnen der Pförtner die Tüte übergibt. Das Zeug stinkt. Sie ziehen einen Müllsack drüber und fahren
zurück in die City zur Soko Epaulette.

Ein Durchbruch wäre dort das richtige Präsent jetzt im Advent.
Bisher ist die besinnliche Zeit ausgefallen für die Beamten. Die
Soko bekommt nichts geschenkt. Kein Polizeispitzel mit dem hei-
ßen Tipp. Kein Zufallsfund, weil die Täter im Rausch unvorsichtig

geworden sind. Es ist eher wie Neujahr. Der Müll, der weggeräumt werden muss, stapelt sich, die Schädel brummen, überall klingelt es. Vor allem die Telefone. Dazu neue Gesichter, neue Zuständigkeiten, sehr lange Tage.

Die Soko muss immer noch in alle Richtungen ermitteln. Es gibt einen vagen Querverweis auf die Rammos. Aber das ist nicht mehr als ein zartes Pflänzchen. Noch lange kein Frühling. Kein Richter würde damit auch nur einen Durchsuchungsbeschluss unterschreiben.

Nach vier Tagen ein Hoffnungsschimmer. Um 13.12 Uhr erreicht die Soko eine Mail. Abgeschickt hat sie der Hauptmieter in der Königstraße. Sie enthält als Anhang ein Foto vom Aufenthaltstitel (Personalausweis für Ausländer) des Untermieters. Ausgestellt auf Mohamad S., geboren 1971 in Tunesien. Das zweite Foto zeigt den Arbeitsvertrag des Tunesiers. Er arbeitet auf 450-Euro-Basis als »Sicherheitsmitarbeiter« beim Dresdner Wach- und Sicherungsinstitut – kurz DWSI. Die Firma, die das Grüne Gewölbe bewacht und in deren Reihen die Soko fieberhaft den Insider sucht. Den Verräter, mit dessen Wissen es die Einbrecher zu den Juwelen geschafft haben.

Die Ermittler erfahren auch, dass der Tunesier die Unterkunft nicht für sich selbst angemietet hat, sondern »für einen Cousin«, wie der Hauptmieter aussagt. Die jungen Kerle aus »Nahost«, die Parfum-Boys, waren also Untermieter vom Untermieter.

Plötzlich ist für die Soko Epaulette jedes Detail interessant, das Harald F. und seine Lebensgefährtin im Haus beobachtet haben. Sie ist eine Mazedonierin, Ende 40. Beide werden auf die Dienststelle zitiert. Diesmal ganz offiziell mit Belehrung, Protokoll und Unterschrift. Kein formloses Gequatsche wie beim ersten Mal.

Harald F. berichtet, dass seine Freundin in der Tatnacht um vier Uhr morgens zwei Personen beobachtet hat, die mit Rucksäcken das Haus verlassen haben. Einer trug eine goldene Panzerkette um den Hals. Der andere hatte einen cremefarbenen Jogginganzug an. Beide kehrten danach nicht wieder zurück. Die Wohnung blieb leer und das Fenster stand tagelang offen. Die Uhrzeit ist hochinteressant für die Ermittler. Gegen 4.15 Uhr tauchten die Einbrecher am Residenzschloss auf. Von der Wohnung im Barockviertel bis zum Grünen Gewölbe ist es ein guter Kilometer. Zu Fuß locker in einer Viertelstunde zu schaffen. Und noch etwas passt: Die Wachmänner am Schloss haben von »Ausländer, vermutlich Araber mit deutschem Akzent« berichtet.

Für die Soko sind die Kurzzeit-Bewohner in der Neustadt auf jeden Fall eine Spur. Um die Identität zu klären, setzen die Ermittler auf den Kassenbon aus der Mülltüte. Auf dem Beleg 1476-1-93 sind Datum und Uhrzeit vermerkt. Und der Name des Sportgeschäfts in der Einkaufspassage »Centrum Galerie«. Der Laden zeichnet seine Kunden an der Kasse mit Kameras auf.

Die Spurenauswertung

Am 6. Dezember 2019 findet die erste sogenannte »Spurenkonferenz« statt. In der Runde sitzen drei Staatsanwälte und fünf Ermittler der Soko Epaulette. Und die Vertreter der unterschiedlichen Fachbereiche innerhalb der Kriminaltechnik: FB 61 (Tatortgruppe), FB 62 (Fingerabdrücke), FB 63 (Schuhe, Reifen, Urkunden), FB 64 (Mikrospuren) und FB 65 (DNA). Insgesamt 29 Frauen und Männer. Ermittler treffen Weißkittel – Networking für ein erfolgreiches Projekt. Am Anfang stellt sich jeder Teilnehmer erst einmal vor.

Der Leiter der Soko Epaulette, Kriminalrat Olaf Richter, spricht aus, was eh alle wissen und spüren. Ganz Deutschland schaut ihnen auf die Finger. »Auf die landes- und bundesweite Relevanz des Ereignisses wird hingewiesen«, steht im Konferenzprotokoll.

Dann ist Andreas Jalowi an der Reihe. Auch er hat in Sachsen eine Vergangenheit als herausragender Triathlet. Immer noch ist sein Trainingspensum pro Jahr: 2000 Kilometer Laufen, 8000 Kilometer Rennrad, 600 Kilometer im Wasser. Darunter sind viele, die wehgetan haben. Wenn am Schlussanstieg der Oberschenkel brüllt. Wenn nur noch der Wille entscheidet. Gewonnen und verloren wird zwischen den Ohren. Andreas Jalowi hat es oft aufs Treppchen geschafft. Aber das Grüne Gewölbe ist kein Rennen, auf das man sich vorbereiten kann. Niemand kennt die Strecke. Keiner weiß, wie man ins Ziel kommt.

Beim Landeskriminalamt leitet der 44-jährige Polizist den Fachbereich 61 (FB 61). Das ist die Tatortgruppe. Seine Mitarbeiter sind diejenigen, die in weißen Overalls Hunderte Spuren am Residenzschloss gesichert haben. Am ersten Tag waren sie 15 Stunden im Einsatz, am zweiten Tag 13,5 Stunden, am dritten Tag brachten sie es immer noch auf 14,5 Stunden. Keiner wird den Einsatz jemals vergessen.

Am Tisch sitzen auch zwei Mitarbeiter der Operativen Fallanalyse (OFA). In Fernsehkrimis heißen sie »Profiler.« Die echten Profiler nennen sich lieber »OFA«. In der Regel analysieren sie die Tat aus der Sicht des Täters, suchen das Motiv und erstellen so ein Persönlichkeitsprofil. In diesem Fall ist ihre Arbeit von untergeordneter Bedeutung. Die Motivlage bei diesem Einbruch ist einfach: Bereicherung durch Juwelen.

Danach wird es spannender. Franziska Scheithauer zeigt Fotos aus dem Grünen Gewölbe. Sie ist Kriminalhauptkommissarin in der Tatortgruppe. Sie hat ebenfalls eine sportliche Karriere als Bundesligahandballerin hinter sich. In den vergangenen vier Tagen war sie 49 Stunden im Einsatz. Ihre Fotos zeigen die Vitrinentrümmer, außerdem das Einstiegsfenster und die Außenmauer. Während der Präsentation erklärt sie, wo sie überall Spuren gesichert hat.

Später informiert ein Kollege vom FB 63 über die Brände im Pegelhaus und in der Tiefgarage. Danach sind alle auf dem aktuellen Stand. Was jetzt noch fehlt, ist die Strategie. Bei großen Ermittlungen gilt immer die Regel: das Notwendige anpacken und den Blödsinn nach hinten schieben. Die große Kunst ist es, das eine vom anderen zu unterscheiden. Bei der Fülle an Spuren, Hinweisen und Zeugenaussagen muss eine Soko priorisieren. Sonst verzettelt sie sich. Trotzdem müssen alle Hinweise bewertet werden. Sonst droht das böse Erwachen. Wie 1977, als die Rote Armee Fraktion (RAF) Arbeitgeberpräsident Hanns Martin Schleyer entführte.

Der wurde damals in einem Hochhaus in Liblar gefangen gehalten, und die örtlichen Polizisten schickten sogar einen Hinweis auf die Wohnung an das Polizeipräsidium in Köln, wo sich die »Soko 77« einquartiert hatte. Aus nie geklärten Gründen versandete das Fernschreiben 827 auf dem Weg zu den Auswertern und am Ende wurde Schleyer ermordet. Es war die schlimmste Panne in der deutschen Kripo-Geschichte.

Deshalb werden heute jeder einzelne Hinweis und jede Spur beachtet und eingestuft. Die Konferenz in Dresden entscheidet, die Spuren an der Vitrine und am Einstiegsfenster beschleunigt auszuwerten. »Prio A« steht dazu im Protokoll. Weniger wichtig erscheinen die Zigarettenkippen, die auf der Straße gesichert wurden – »Prio B«.

Mit »Prio A« stufen die Experten auch kleine Erdklumpen ein, die an einer Eisenplatte (Spur TG05) im ausgebrannten Audi gefunden wurden. Die Ermittler glauben weiter an die These, dass die Eisenplatte als Widerlager diente, um das Einstiegsfenster aufzudrücken. Die Botaniker vom FB 64 wollen Erde aus dem Schlossgarten (»fehlt noch«) mit dem Dreck aus dem Audi unter dem Mikroskop vergleichen.

Für sehr vielversprechend (Prio A) hält die Runde auch das Gitter am Einstiegsfenster, das die Täter an acht Stellen durchgeschnitten haben. FB 63 soll klären, ob die Schnittstellen das eingesetzte Werkzeug verraten. War es vielleicht eine Hydraulikschere der Firma Lukas aus Erlangen? Das würde die noch schwache These stärken, dass Wissam Remmo an der Tat beteiligt war.

Neues über den Tathergang

Der nächste wichtige Termin für die Soko ist der Morgen des 9. Dezember 2019, zwischen vier und fünf Uhr. Dieses Mal ist neben dem Soko-Chef noch der Leiter des Einsatzabschnitts »Operative Maßnahmen« dabei. Ein kräftig gebauter Sachse mit roten Wangen und permanent guter Laune. Auch zwei Bosse der Wachschutzfirma und der Sicherheitschef des Museums sowie zwei Siemens-Techniker wurden einbestellt. Treffpunkt ist die Sicherheitszentrale im Grünen Gewölbe. Der Soko-Leiter will klären, wie das Alarmsystem in der Tatnacht auf die Einbrecher reagiert hat. Beziehungsweise nicht reagiert hat. Es geht um die Frage, was der Laserscanner gemeldet hätte, wenn er aktiv gewesen wäre. Und ob die Aussage der Wachmänner glaubwürdig ist, dass sie anfangs nichts bemerkt haben von dem Einbruch. Der Vor-Ort-Termin in den Morgenstunden soll die Soko insgesamt sattelfester machen bei der Suche nach dem Verräter. Denn über allem schwebt immer noch die Frage: Wieso haben die Täter genau dieses Fenster aufgedrückt? Wer hat das wertvolle Wissen verraten?

Aus diesem Grund übersteigen jetzt mehrere dunkle Gestalten genau wie beim Raub die Mauer am Grünen Gewölbe. Sie gehören zur Operativen Fahndungsgruppe (OFG) der Dresdner Kripo. Ihre Aufgabe ist es, möglichst detailgetreu die Tatnacht nachzustellen. Auf den Monitoren sind die Gestalten kurz zu sehen, wie sie die Mauer erklimmen. Von dort schleichen sie zum berühmten Einstiegsfenster, dessen Gitter notdürftig geflickt wurde. Für die Kameras sind sie nicht mehr zu sehen. In der Ecke filmen die Kameras nur in ein schwarzes Loch. Die Männer rütteln am Gitter. Sie rütteln noch kräftiger. In der Zentrale ploppt kein Alarm auf, auch der Infrarot-Scanner schickt keine Strahlen in die Dunkelheit. Kein Bewegungsalarm, keine Kamerabilder. Die doppelte Lücke ist die Achillesferse des Grünen Gewölbes. Wenn Mitarbeiter der Sicherheitsfirma beteiligt gewesen sein sollten am Einbruch, dann nicht, weil sie den Scanner nicht scharfgestellt hätten. Und auch nicht, weil sie weggeschaut hätten. Es gab systembedingt überhaupt nichts zu sehen. Immerhin das hat die Polizei jetzt bewiesen.

Parallel dazu sichten zwei Schutzpolizisten in der Stauffenbergallee im Dresdner Norden 15 Stunden Videomaterial aus elf verschiedenen Kameras am und im Grünen Gewölbe. Vor, während und nach dem Einbruch. Die Fleißarbeit soll ein neues Puzzleteil liefern für die Soko. Ein sehr wichtiges. Es geht um die Frage: Wie viele Täter haben den Einbruch durchgezogen?

Die besten Bilder dafür liefert die Kamera 335. Sie ist gegenüber am Zwinger montiert und filmt die gesamte Westfassade des Schlosses in HD-Auflösung. Ohne 335 wären die Polizisten gescheitert. Jetzt fassen die Schutzpolizisten das Gesehene in einer neunseitigen Inhaltsangabe zusammen.

25.11.2019   04:22:06   K335
Die erste Person übersteigt die Mauer und verschwindet im Dunkel unter dem Einstiegsfenster. Am TO (*Tatort*) befinden sich jetzt 1 Person hinter der Mauer, 3 Personen vor der Mauer.
25.11.2019   04:22:25   K335
Person im Mantel erreicht die Gruppe am Mauerstück. Am TO befinden sich jetzt 1 Person hinter der Mauer, 4 Personen vor der Mauer.
25.11.2019   04:22:25   K335
Gegenstände werden über die Mauer gereicht.
25.11.2019   04:23:03   K335
Eine sechste Person erscheint aus Richtung Theaterplatz/Chiaverigasse kommend im Bild und bewegt sich zur Personengruppe hinter der Werbetafel. Am TO befinden sich jetzt 1 Person hinter der Mauer, 5 Personen vor der Mauer.

Die Auswerter schauen sich die Stellen mehrfach an. An ihrem Fazit ändert sich nichts: Auf den Videos sind sechs Täter zu sehen.

Bisher sind die Ermittler von vier Tätern ausgegangen. So stand es in den ersten Meldungen an die Staatsanwaltschaft. Auch der Wachmann, der die Täter am Audi gesehen hat, sagte aus, es seien drei bis vier Männer gewesen. Jetzt hat die Soko sechs auf dem Zettel. Daraus ergeben sich neue Fragen: Flüchteten die Täter mit Beute und dem ganzen Werkzeug in nur einem Auto? Oder hatten sie unterwegs ein zweites bereitstehen? Wie sind sie aus der Stadt gekommen, als der Audi in der Tiefgarage brannte? Alle sechs in einem Fahrzeug? Oder in zwei? Oder sind vielleicht sogar welche in Dresden geblieben?

Danach werden diese Videos noch zum Fachbereich »Forensische Vermessung« der Berliner Polizei geschickt. Der Diplomingenieur, der sie dort auswertet, zählt nicht bloß Täter. Sein Auftrag lautet, anhand der Überwachungsbilder aus dem Grünen Gewölbe die Körpergrößen der Einbrecher zu bestimmen. Dafür nutzt er die Software »PointForce«. Sie vergleicht die Fotos mit den Aufnahmen jener 3-D-Spezialkamera, mit der die Tatortgruppe das Juwelenzimmer räumlich vermessen hat. Wenn die Bilder aus den Überwachungskameras scharf genug sind und die Täter in mindestens zwei Körperhaltungen abfotografiert wurden, errechnet das Programm die Körpergröße. Der Berliner Experte bekommt 35 Dateien mit Videos und Fotos. Die Kameras am oder im Schloss haben die Einbrecher mit einer Auflösung von 704 mal 576 Pixeln aufgenommen (nur die Kamera 335 am Zwinger filmt in HD-Qualität). Die Kameras im Museum arbeiten mit ungefähr 400 000 Pixeln pro Bild. Das ist lächerlich wenig. Vor zwanzig Jahren waren die ersten Fotohandys auf diesem Niveau. Heutige Smartphones knipsen und filmen mit bis zu 40 Millionen Pixeln. Vielleicht hätte die Qualität im Innenbereich dennoch ausgereicht, wenn der Wachmann beim Überfall das Licht angeschaltet hätte, wie es in der Dienstvorschrift steht. So aber liefert die schwarze Suppe aus dem Juwelenzimmer kein Ergebnis. Die Kameras im Außenbereich sind zudem viel zu weit entfernt von den Tätern. »Eine Körperhöhenbestimmung ist mit dem vorliegenden Material nicht möglich«, schreibt der Ingenieur in seinem Gutachten. Wieder kein Fortschritt.

Die Nacht der Vorbereitung

Die ausgedehnte Analyse der Videobilder liefert allerdings einen anderen wichtigen Sachverhalt. Das Material beweist, dass die Täter bereits in der Nacht des 19. November vor dem Residenzschloss aufgetaucht sind, um ihre Tat vorzubereiten. Um 2.42 Uhr übersteigen drei Männer die Mauer am Einstiegsfenster. Drei weitere Typen patrouillieren im Umfeld. Um 3.09 Uhr klettert die erste Person wieder zurück. Sie hat eine Tasche dabei. Eine halbe Minute später kommen die beiden anderen hinterher. Alles aufgezeichnet von der HD-Kamera 335, die auch in dieser Nacht die besten Bilder liefert.

Später stellt sich heraus, dass die Männer bereits in dieser Nacht das Gitter am Einstiegsfenster teilweise durchtrennen. Die Schnittstellen kaschieren sie mit schwarzem Klebeband. Sechs Tage lang fallen die manipulierten Gitter niemandem auf. Für die Soko bedeutet diese Erkenntnis auch eine neue Chance: Noch eine Nacht, die vielleicht neue Spuren oder neue Zeugen produziert hat.

Was liefern die Spitzel?

Eine große Hoffnung liegt einen Monat nach dem Einbruch im Abschöpfen sogenannter »Vertrauenspersonen« (VPs), auch wenn es »in der Kanalisation keine Schwäne gibt«, wie ein Sprichwort unter Polizisten lautet. Für die Unterwelt sind sie Verräter, gerne als »Sittiche« oder neudeutsch »Snitches« beschimpft. Beim Bundeskriminalamt ist die Dienststelle OE42 – »Operative Einsatz- und Ermittlungsunterstützung« – für die menschlichen Quellen zuständig.

Die »42er« reden mit »Vertrauenspersonen« (VP), deren Namen nie in den Akten auftauchen. Meistens sind oder waren es Kriminelle, die auf Ganovenehre pfeifen und ihr Wissen an die »Schmiere« (Polizei) verkaufen. Offiziell darf die Polizei nicht mit aktiven Straftätern zusammenarbeiten. Inoffiziell sind VP-Dienststellen abhängig von deren Wissen. »Wer Infos aus der Hölle will, kann nicht nur mit Engeln reden«, hat der Leiter einer VP-Einheit einmal vor Gericht ausgesagt.

Auch der Erste Kriminalhauptkommissar, der am 12. Dezember 2019 beim BKA seinen Bericht abtippt, hat eine Quelle aus dem Milieu abgeschöpft. Jetzt schreibt er: »Zur Sache: Hinter dem großen Schmuck- und Goldraub in Dresden am 25.11.2019 steckt eine Bande südosteuropäischer Täter. Da gibt es einen Kosovaren namens Avni aus Berlin, dem von seinen Landsleuten entsprechende Sachen angeboten wurden. (...) Einer dieser Anbieter soll ein Arif A. sein, der offensichtlich in engem Kontakt zu den Tätern steht.«

Beim zweiten Termin legen die BKA-Beamten der Vertrauensperson sieben Fotos vor. Die Bilder zeigen sieben verschiedene Männer, die alle Arif A. heißen. Sechs sind im Kosovo geboren, einer in Stuttgart. Die VP soll jenen Arif A. identifizieren, der angeblich in Kontakt mit den Einbrechern aus Dresden steht. Die Vertrauensperson erklärt: »Ich erkenne eindeutig die Person auf Bild 4.« So schreibt es der Polizist später in den Bericht über das Treffen mit dem Spitzel.

Dieser Arif A. aus Berlin ist im Polizeicomputer kein leeres Dokument: Taschendiebstahl, Hütchenspiel, Betrug. Insgesamt aber ein kriminelles Leichtgewicht, das in den vergangenen Jahren ziemlich unauffällig lebte. Die Polizeifotos sind über 20 Jahre alt.

Die Aussagen des BKA-Informanten lenken den Blick auf Südosteuropa. Hinzu kommt, dass die Dresdner einen Audi A6 als mögliches Tatfahrzeug ermitteln, das auf einen Berliner mit serbischem Hintergrund zugelassen ist. Steckt eine Gruppierung vom

Balkan hinter dem Einbruch ins Grüne Gewölbe? War es vielleicht die legendäre Pink-Panther-Bande?

Diese mythische Gruppierung bezeichnet die erfolgreichsten Diamantendiebe aller Zeiten. Laut Interpol haben die »Pink Panthers« in den letzten zwanzig Jahren Schmuck im Wert von einer halben Milliarde Euro erbeutet. Die frühen Panther stammen alle aus Jugoslawien. In ihrem ersten Leben haben viele in Spezialeinheiten des Militärs gedient. Ihren Namen hat ihnen Scotland Yard gegeben, weil sie in London einmal geklaute Diamanten in einer Dose für Gesichtscreme versteckten. Genauso wie die Täter in der Komödie »Der rosarote Panther« von 1963.

Die Aktionen der echten Gangster sind legendär. 2008 verkleiden sie sich in Paris als Frauen, überfallen einen Juwelier und entkommen mit Beute im Wert von 80 Millionen Euro. In Saint-Tropez entschwinden sie stilecht in einem Motorboot. Hat die berühmteste Räuberbande der Welt jetzt in Dresden ihr Meisterstück abgeliefert?

Um diese Hypothese zu überprüfen, fliegen zwei sächsische Ermittler nach Belgrad. Dort treffen sie sich mit serbischen Spezialisten für Organisierte Kriminalität. Die Deutschen brauchen deren Expertise zur Pink-Panther-Theorie. Und Infos fließen besser, wenn man sich dabei in die Augen schaut. Die Deutschen zeigen Bilder aus den Überwachungskameras und den Fluchtwagen. Sie schildern, wie der Einbruch am 25. November im Detail abgelaufen ist. Die Serben stellen ein paar Nachfragen. Dann das Urteil: Die Pinken waren es nicht. Der Modus Operandi passt nicht. Die Ex-Jugoslawen kommen meistens zu dritt und während der Öffnungszeiten. Sie sind Räuber, keine Einbrecher. Die Sachsen fliegen zurück. Ohne neue Ansätze für die Soko Epaulette.

Der Mann mit den Geheimratsecken

Osteuropa ist auch Thema eines Aktenvermerks vom 13. Dezember 2019. Verfasst von einem Kriminalkommissar der Soko, der sich Überwachungsvideos aus dem Innenraum des Grünen Gewölbes angeschaut hat. Allerdings nicht die schwarze Suppe aus der Tatnacht. Ihn hat der Tag vor dem Raub interessiert. Dort suchte er nach »fünf osteuropäischen Personen mit kräftiger Statur«. Ausgelöst wurde die Recherche durch den Hinweis 301 eines älteren Herrn, der sich mit seiner Freundin 16 Stunden vor dem Einbruch das Grüne Gewölbe anschaute. Den Rentnern waren die fünf mutmaßlichen Osteuropäer an den später geknackten Vitrinen aufgefallen. Sie sprachen kein Deutsch.

Bei seiner Suche findet der Polizist keine 5er-Gruppe. Aber ein Quartett kräftiger Typen mit dunklen Haaren. Der Auswerter sieht die 4er-Gruppe in mehreren Videos aus dem Museum. Um 13.03 Uhr betreten die Männer das Juwelenzimmer und bleiben genau sechs Minuten. Anschließend zeichnet eine Kamera auf, wie die 4er-Gruppe mit einer blonden Sicherheitsmitarbeiterin spricht. Das ist spannend für die Soko. Die Frau muss identifiziert werden! In der 4er-Gruppe sticht ein Mann optisch heraus. Er trägt einen grauen Kapuzenpulli mit einem »NASA«-Schriftzug auf dem Rücken. Außerdem ist seine Frisur auf dem Rückzug. »Dunkle Haare mit starken Geheimratsecken«, schreibt der Polizist in seinen Bericht.

Den schickt er am 16. Dezember 2019 per E-Mail an den Berliner Kriminalhauptkommissar André Bluhm. Der Mann sitzt im LKA 444 (Kunstdelikte), ist Experte für den Rammo-Clan und hat die Täter aus dem Einbruch in das Bode-Museum (Goldmünze) mitüberführt. Deshalb haben Dresden und Berlin auch vereinbart, dass alle Anfragen der Soko Epaulette zentral über ihn gesteuert werden. Bluhm ist der »Single Point of Contact«, so die Sprachregelung. Angehängt an den Bericht aus Dresden sind acht Fotos der vermeintlichen »Osteuropäer«. Ob er einen der abgebildeten Männer identifizieren könne, lautet die Frage.

André Bluhm kann es nicht. Aber er leitet die Fotos an mehrere Kommissariate im Berliner LKA weiter. Und so gucken sich die »Räuber« (LKA 443), die »Araber« (LKA 411), die »Araber-Streife« (LKA 641) und die VP-Dienststelle (LKA 651) das Bildmaterial an.

Um 14.16 Uhr schickt André Bluhm seine Antwort nach Dresden. Und die löst Hektik aus. Denn das Berliner Raubkommissariat LKA 443 gibt einen Hinweis zu »einer typenähnlichen passenden Person«. Übersetzt heißt das: Kann es sein, muss es aber nicht. Für die »Räuber« ähnelt die Person mit den Geheimratsecken einem gewissen Abbas O., Mitglied des weit verzweigten Rammo-Clans aus Rotenburg an der Wümme. Sehr eng verwandt mit den Remmos aus der Hauptstadt. Abbas O. ist der Onkel von Rabieh Remo, der in dem weißen Golf saß und in dessen Kofferraum die Berliner Polizei in der Tatnacht Einbruchswerkzeug gefunden hat.

Eine Info zu Abbas O. elektrisiert Dresden besonders. Der Mann war zusammen mit seinem Zwillingsbruder dringend tatverdächtig, 2009 in das KaDeWe eingebrochen zu sein und Schmuck und Luxusuhren im Wert von ungefähr sechs Millionen Euro gestohlen zu haben. Allerdings konnten Abbas und sein Zwillingsbruder damals nicht verurteilt werden, weil die DNA-Spuren bei Zwillingen nicht eindeutig zuzuordnen sind.

Jetzt, im Dezember 2019, existieren bei der Berliner Polizei immerhin aktuelle Fotos von diesem Mann. Er wurde erst zwei Monate zuvor spektakulär verhaftet. Damals wollten andere männliche Verwandte ihren schlechten Namen monetarisieren. Und Abbas war dabei.

Es ist eine dieser Geschichten aus einer Parallelgesellschaft, in der viele nach dem Motto leben: Wozu anstrengen und arbeiten, wenn der eigene Ruf als Einkommensquelle ausreicht? Sie beginnt am 23. Oktober 2019, als drei Männer in einem Restaurant in der Dahlmannstraße in Berlin-Charlottenburg auftauchen. Einer stellt sich dem Inhaber als »Osman Rammo« vor. Die Nachricht lautet: Ab sofort müssen monatlich 5000 Euro »parat« liegen. Andernfalls wüsste er ja, was passiert. Die erste Rate wäre schon heute fällig. Zwischen 19 und 21 Uhr.

Zwölf Stunden später taucht vor dem Restaurant dann ein weißer Porsche Panamera auf. Am Steuer sitzt Esman O. Die Nobelkarosse ist auf den 22-Jährigen zugelassen, obwohl er eigentlich keine Mittel hat und Geld nach dem Asylbewerberleistungsgesetz bezieht. Beifahrer ist sein Bruder. Die beiden Männer haben 15 Geschwister. Zwei sind bei einer Verfolgungsfahrt mit der Polizei ums Leben gekommen. Ihre Mutter hat einmal den Satz geprägt: »Knast macht Männer.« Die Schutzgelderpresser haben eine Schreckschusspistole, zwei Messer und ihren Schwager Abbas O. dabei. Der sitzt hinter dem Fahrer. Alle gehören zum Rammo-Clan, obwohl sie einen anderen Nachnamen haben.

Am Restaurant warten dann nicht die »paraten« 5000 Euro. Stattdessen blockiert das SEK mit einem SUV plötzlich den Porsche Panamera. Dann wird es schmerzhaft. Das Spezialeinsatzkommando hat in der Hauptstadt den Ruf, die Strafe schon bei der Festnahme zu vollstrecken. Zwei Erpresser müssen ins Krankenhaus, Abbas O. landet in einer Zelle. Weil ihm niemand nachweisen kann, dass er von der Erpressung wusste, ist er allerdings auch schnell wieder draußen. »Ich hatte Gott sei Dank schon ewig nichts mit der Polizei zu tun, und so etwas würde ich niemals machen«, sagt er in seiner Vernehmung aus.

Dafür hat die Polizei jetzt neue Fotos von ihm in ihren Akten. Die Ähnlichkeit mit dem Besucher im Grünen Gewölbe ist nicht zu übersehen. Das bestätigt auch der Beamte des Berliner Spezialeinsatzkommandos (SEK), das in der Dahlmannstraße unmissverständlich klargemacht hat, bei wem das Gewaltmonopol liegt. »Bei dieser Person handelt es sich mit an Sicherheit grenzender Wahrscheinlichkeit um den libanesischen Staatsangehörigen Abbas O.«, tippt der Elitepolizist in den Identifizierungsvermerk.

Der Soko Epaulette reicht diese Aussage, um sich intensiver mit der Person Abbas O. zu befassen. Zuvor befragt sie noch die blonde Sicherheitsmitarbeiterin aus dem Grünen Gewölbe. Ihre Vernehmung dauert 45 Minuten. An den Inhalt des Gesprächs mit den vier Männern kann sich die Frau allerdings nicht mehr erinnern. Nur, dass sie »Deutsch mit Akzent gesprochen« haben, weiß sie noch. »Ich denke, es war so ein türkischer Akzent«, gibt sie zu Protokoll.

Die Personenrecherche ergibt: Abbas O. ist nur geduldet in Deutschland. Staatsangehörigkeit: ungeklärt. Auf dem Papier ist er ledig. Für die Rammos ist er nach islamischem Recht verheiratet mit der Schwester des Porschefahrers. In den Datenbanken taucht er mit zwei unterschiedlichen Geburtsdaten auf. Für die Polizei ist Abbas O. 1982 geboren. Für die Ausländerbehörde ist er ein Jahr älter. Bei seiner Vernehmung wegen der Schutzgeld-Geschichte sagte er dazu:

»Damals, als ich als Kind hierherkam, wurde in Rotenburg das Geburtsjahr 1982 erfasst. Dann gab es ein Gericht, wo man fragte, ob das stimmt. Dabei wurde von meiner Mutter gesagt, dass sie sich genau erinnert, dass ich im Winter 1981 geboren wurde. Dadurch wurde es an den meisten Stellen geändert, aber nun gibt es anscheinend diese zwei Datensätze.«

Abbas O. hat viele Gerichtsverhandlungen miterlebt. In seinem Wohnort Rotenburg an der Wümme ermittelte die Polizei zuletzt gegen ihn wegen schwerem Diebstahl (2019, 2017, 2014), Körperverletzung (2019) und Beleidigung (2017, 2016, 2015).

Ob auch ein Zusammenhang zum Raub der Sachsen-Juwelen existiert, ist allerdings noch nicht sicher geklärt. Deshalb vergleichen auch die Foto-Experten des sächsischen Landeskriminalamts die Bilder aus dem Grünen Gewölbe mit den erkennungsdienstlichen Aufnahmen aus Berlin. Die Spezialisten suchen nach »individuellen anatomischen Merkmalen« im Gesicht. Für den Vergleich müssen die Fotos mindestens 600 mal 800 Pixel aufweisen.

Die Aufnahmen aus dem Schloss sind geringfügig schlechter: 576 mal 704 Pixel. Damit ist ein gerichtsfester Detailvergleich nicht mehr möglich. Mehr als eine Tendenz ist nicht drin. Die Experten analysieren, dass die Schläfen und die Augenbrauen nicht passen. Zitat aus dem Untersuchungsbericht: »Es kann nicht ausgeschlossen werden, dass es sich bei den auf den betreffenden Aufnahmen abgebildeten männlichen Personen um verschiedene Personen handelt.« Doch für ein eindeutiges Nein sind die Aufnahmen wiederum auch zu schlecht.

Issa der Libyer

Also konzentrieren sich die Ermittlungen erst einmal wieder auf die verschwundenen Unter-Untermieter aus Nahost und auf Harald F. und die Dachgeschosswohnung nebenan. Zwei Ermittler der Soko Epaulette besuchen das Sportgeschäft in der Centrum-Galerie in der Dresdner Innenstadt. Von der Filialleitung bekommen Sie einen USB-Stick mit Kamerabildern vom 23. November 2019. Das ist der Tag, der auf dem Kassenbon in der Mülltüte steht, die der pensionierter Ermittler Harald F. eigenhändig zur Polizei kutschiert hat.

Die Qualität der Überwachungsbilder aus dem Sportgeschäft ist brillant. Zumindest im Vergleich zu den krisseligen Aufnahmen aus dem Grünen Gewölbe. Um 15.38 Uhr zeigen sie einen jungen Mann in einer weißen Trainingsjacke, der am Tresen steht und einen schwarzen Parka kauft. Er wird von zwei Kollegen begleitet. Die Bildauflösung ist so gut, dass die Spezialisten vom LKA eine Gesichtserkennungssoftware (GES) damit füttern können.

Und der Computer spuckt einen Treffer aus: Issa Al-T. Ein junger Libyer, der vor allem in Berlin viel Ärger gemacht hat. 1993 in Tripolis geboren, ist er 2014 illegal nach Deutschland eingereist. Die Behörden schickten ihn ins mittelsächsische Oschatz zwischen Leipzig und Dresden, seine Strafakte füllt er aber lieber in

Berlin. 32 Einträge sammelte er im Polizeicomputer zwischen 2014 und Mai 2016. Hausfriedensbruch, Nötigung, Beleidigung, Ladendiebstahl und Kokainkonsum. Am häufigsten fällt er als sogenannter »Antänzer« auf. Der Libyer überrumpelt an U-Bahn-Stationen gerne Touristen mit guter Laune und körperlicher Nähe. Ehe die Menschen die Situation verstehen, haben Handy und Portemonnaie den Besitzer gewechselt. Von einem speziellen »Mundraub« berichten die Akten auch. Im September 2016 reißt er in der U-Bahn-Station Hermannplatz einem Mann die Goldkette vom Hals, steckt sich das Schmuckstück in den Mund und flüchtet. Weil das Opfer aber drei Freunde dabeihat, wird der Räuber zum Gejagten. Die Polizei nimmt den Libyer schließlich fest.

Für die Soko Epaulette steht jetzt die Frage im Raum: Hat Issa Al-T. vielleicht in der Hauptstadt Kontakte zum Rammo-Clan geknüpft? In Berlin rekrutieren etablierte Clangrößen gerne Neuankömmlinge aus Nordafrika oder Syrien. Vor allem als Läufer für Drogengeschäfte. 2019 stehen die Ganoven, die mit der Flüchtlingswelle nach Deutschland gekommen sind, noch auf der untersten Stufe der kriminellen Hierarchien.

Haben die Parfum-Boys aus Dresden vielleicht von dem tunesischen Wachmann (Untermieter) Informationen über die Sicherheitslücken im Grünen Gewölbe bekommen und dieses Wissen an die Einbrecher verkauft? Oder haben sie für die Täter die Abläufe im Residenzschloss ausgekundschaftet? Oder das Einbruchswerkzeug in der Wohnung versteckt? Alles spannende Fragen, die bei der Soko Epaulette diskutiert werden.

Der Libyer Issa Al-T. ist sicherlich nicht ins Grüne Gewölbe eingebrochen. Er ist ein Straßengauner, der dutzendfach geschnappt wurde. So einer zieht nicht den Raub des Jahrhunderts durch. Profi-Täter lassen solche Typen zu Hause.

Der Libyer hätte auch nicht die nötige Zeit zur Vorbereitung gehabt. Er saß bis zum 17. Oktober 2019 im Knast. Spannend ist seine Berlin-Dresden-Connection dennoch für die Soko Epaulette.

Denn der Libyer hat nicht allein in der Königstraße Müll produziert, der später stinkend bei der Polizei landete. Gibt es weitere Parfum-Boys mit einem Abstecher nach Berlin? Die Soko will und muss weitere Identitäten klären. Vielleicht findet sie noch mehr Straftaten aus der Hauptstadt. Vielleicht sogar welche, die einen Bezug zum Rammo-Clan haben.

Zwei Monate später bringt die Soko den Müll zurück zum DNA-Labor des Landeskriminalamts an den Dresdner Stadtrand, um genetische Fingerabrücke zu extrahieren. Vielleicht sind welche bereits in der BKA-Datenbank hinterlegt.

Kapitel 7

Was verraten die Fluchtfahrzeuge?

Das Geheimnis des ausgebrannten Audis

Bei einem Jahrhundertcoup wie dem Einbruch in das Grüne Gewölbe balancieren Täter immer auf dünnem Eis. Ganz egal wie genial das Verbrechen vorher geplant war. Die Anzahl der Spuren, die heutzutage nachgewiesen und ausgewertet werden können, macht es fast unmöglich, einen Einbruch ohne Verweise auf die Täterschaft durchzuziehen.

Zu den neuralgischen Punkten gehören Autos. Das betrifft nicht nur die DNA-Spuren am und im Auto. Es ist auch quasi unmöglich, von einem Tatort zu flüchten, ohne dabei Daten am Fließband zu produzieren. Überall hängen Kameras. Auf einigen Autobahnen wird jedes Kennzeichen gescannt. Autos sind registriert. Neuere Modelle speichern eine Datenflut im Navigationsgerät. Aber auch in anderen Elektronikteilen. Hersteller verbauen in vielen Karossen eine Telefon-SIM-Karte und bekommen dadurch in Echtzeit Bewegungsprofile des Fahrzeugs geliefert. Alles zusammen ergibt einen prall gefüllten Präsentkorb für jede Soko. Ein Kinderspiel, zum Beispiel die Historie eines Autos zu recherchieren.

Das ist die eine Seite. Die andere Seite ist, dass all die Möglichkeiten der Polizei kein Geheimwissen sind. In jeder Gerichtsverhandlung sind die Ermittler gezwungen, ihre Möglichkeiten, ihr Können und ihre Recherchen lückenlos zu dokumentieren. Damit ist jeder Ganovenprozess auch eine Lehrstunde für die restliche Unterwelt. Es gibt Szene-Anwälte, die ihrer kriminellen Mandantschaft regelmäßig Updates liefern über die neuesten Tricks und Kniffe der Polizei. Spuren vermeiden oder vernichten ist die beste Knastvorsorge.

Was die Autos betrifft, haben es die Einbrecher ins Dresdner Residenzschloss mit physischer Vernichtung versucht. Sie steuerten den Flucht-Audi in eine Tiefgarage und fackelten ihn mit Benzin ab. Das Feuer wurde so heiß, dass sogar Metallteile des Autos geschmolzen sind. Aluminium verflüssigt sich bei 660 Grad Celsius. Laien sehen in dem traurigen Rest nur einen Klumpen Schrott, Kriminaltechniker sehen eine Aufgabe.

Die erste Spur ist das Kennzeichen. Ein Brandermittler findet am Wrack das Kennzeichen DD-TS 2008. Es ist vorne angebracht, das hintere fehlt. Die Nummer, das steht sehr schnell fest, gehört regulär zu einem Golf, dessen Schild in Dresden geklaut worden war.

Den eigentlichen Personalausweis eines Autos aber findet man im Inneren des Autos. Die siebzehnstellige sogenannte Fahrzeug-Identifikationsnummer (FIN) des Audis lautet WAUZZZ4F67 N039377. Dieser individuelle Code ist an mehreren Stellen in der Karosserie und im Motorraum eingestanzt. Um diese Nummern zu fälschen, müssten selbst echte Profis einen gewaltigen Aufwand betreiben.

In Deutschland zugelassene Autos sind seit 1987 mit der FIN in einer zentralen Datei beim Kraftfahrtbundesamt in Flensburg gespeichert. Inklusive Daten zum Halter. Eine Abfrage am Polizeicomputer dauert keine zehn Sekunden.

Der letzte Eintrag besagt, dass der Audi vor zwei Jahren von einem 30-jährigen Mann in der Nähe von Magdeburg abgemeldet wurde.

Mit diesen Infos startet die Soko Epaulette ihre Rückwärtssuche. Schon am 27. November 2019 steht die Polizei bei dem Vorbesitzer Martin S. in einem Dorf östlich von Magdeburg vor der Tür. Der versichert allerdings glaubhaft, dass er den Audi für 5000 Euro einem Freund namens Gordon F. überlassen hat. Ach ja, außerdem habe er Gordon im September noch auf einer Geburtstagsfeier getroffen. Da hätte er den Audi noch gehabt.

Die Soko Epaulette könnte jetzt zu Gordon F. weitertingeln und nach dem Audi fragen. Davon nimmt sie erst einmal Abstand, weil sie die neue Destination polizeilich ausleuchten will. Viel kommt dabei nicht herum. In den Daten der anhaltinischen

Polizei taucht der Mann nur als Wachmann bei Media Markt auf. Keine weiteren Einträge. Trotzdem gehen die Dresdner Ermittler davon aus, dass Gordon F. den Audi an die Täter verkauft hat. Zwei Monate vor dem Raub war er schließlich noch in seinem Besitz. Hinweise, dass Gordon F. von dem Juwelendiebstahl Kenntnis hatte, gibt es bis hierher nicht.

Dennoch wollen die Ermittler jetzt ihr großes Besteck auspacken. Am 28. November schickt ein Kriminalhauptkommissar ein für das Gericht vorformuliertes Schreiben an die Staatsanwaltschaft. Er beantragt, die Telefone von Gordon F. zu überwachen. Sein einziges Argument ist, dass der Audi nicht als gestohlen gemeldet wurde und Gordon F. der letzte Eigentümer war. Mehr Indizien hat er nicht. Die Überlegung hinter dem Plan der Soko ist: Gordon F. ruft bestimmt die Einbrecher an, wenn die Polizei ihn mit der Information konfrontiert, dass der Audi beim Raub im Grünen Gewölbe als Fluchtfahrzeug gedient hat.

Am 1. Dezember erlaubt ein Richter, dass drei Nummern »geklemmt« werden dürfen, wie es im Polizeijargon heißt. Der Druck auf Polizei und Justiz ist enorm und damit ist auch das juristische Glas jetzt immer halb voll. Noch am selben Tag schaltet sich das Landeskriminalamt auf zwei Handys und eine Festnetzleitung auf. Doch die Mobiltelefone sind tot. Offenbar hat die Soko veraltete Nummern recherchiert. Also beantragen die Dresdner Ermittler jetzt, Gordon F. längerfristig zu observieren.

Der Mann lebt mit seiner Freundin in einem sozialistischen Plattenbau im Norden Magdeburgs. Das ist eine 440 Meter lange Steilwand in Beige. In einer Parkbucht postiert sich das Mobile Einsatzkommando (MEK) und filmt die Eingangstür. Am dritten Tag erwischt die Kamera Gordon F., wie er mit einem Kampfhund und einer Mülltüte das Haus verlässt. Er ist ein kräftiger Glatzkopf mit modischem Kinnbart.

Am 9. Dezember verlässt der Mann um 6.02 Uhr seine Wohnung erneut, geht zu einer grauen Mercedes-S-Klasse und wirft einen Rucksack auf die Rückbank. Er verlässt die Siedlung in nördliche Richtung. Das Observationsteam folgt ihm in angemessenem Abstand. Zwanzig Minuten später besteigt er einen Bus für behinderte Kinder. Mit ihm schaukelt er durch das Magdeburger Umland, sammelt Schüler ein und bringt sie zur Förderschule. Um Viertel nach acht ist er bereits wieder zu Hause. Die Polizisten stehen sechs weitere Stunden vor dem beigen Wohnklotz. Dann beenden sie die Observation.

Weil auch die nächsten Tage keine Erkenntnisse liefern, startet die Dresdner Soko am 11. Dezember die »offene Phase«. Um 14 Uhr betreten eine Kriminalhauptkommissarin und drei männliche Kollegen die Förderschule. Ihr Zielobjekt finden sie im Pausenraum. Die Polizisten gehen mit Gordon F. in die Umkleide und eröffnen ihm seinen Status als Beschuldigter. Für den jetzigen Schulbusfahrer liegt das außerhalb seiner Vorstellungskraft. Er Teil einer Diebesbande? Die auch noch das Grüne Gewölbe geplündert hat? Gordon F. ist »nach Mitteilung des Straftatbestandes sehr aufgelöst. Er konnte die Situation nicht begreifen, warum die Polizei vor Ort ist.« So steht es später im Protokoll.

Nach dem ersten Schock ist Gordon F. allerdings »sehr kooperativ.« Er erzählt, dass er den Audi bei mobile.de inseriert und für 6500 Euro an eine »polnische Person verkauft hat, die sehr gut Deutsch sprach«.

Damit ist die Sache für Gordon F. allerdings noch nicht erledigt. Schließlich könnte er auch ein begnadeter Schauspieler sein. Zuerst tasten ihn zwei Beamte auf der Suche nach Waffen ab. In der linken Hosentasche finden sie ein Huawei-Handy. Als die Polizisten die PIN-Nummer wissen wollen, rückt er sie ohne Widerstand heraus.

Um 14.25 Uhr geht es wieder zurück in die untergegangene DDR. Vor dem Plattenbau wartet bereits ein Hundefänger der Feuerwehr. Den haben die Ermittler wegen des Kampfhunds bestellt, auch, weil das Tier nicht beim Ordnungsamt registriert ist. Eine

Hausdurchsuchung kann durch einen Kampfhund schnell in einem Fiasko enden. Spezialeinheiten minimieren ihr Risiko nicht selten durch einen finalen Schuss. Bei Gordon F. ist weder der Hundefänger noch eine Kugel nötig. Der Besitzer sperrt den Pitbull-Mischling in einen Käfig im Wohnzimmer ein. Danach stellen die Dresdner Beamten die Wohnung vier Stunden lang auf den Kopf und beschlagnahmen SIM-Karten, Speicherkarten, Konto-Auszüge, Handys und den Kaufvertrag für den Audi.

Ausgestellt wurde der auf einen Madlaw Slobc, geboren 1985 in Zielona Góra, Polen. Eine Adresse steht nicht im Vertrag. Kommuniziert wurde über die Telefonnummer 01573-3504957. Diese Nummer ist der nächste Schritt für die Rückwärtssuche. Deshalb wird sie sofort von einer Beamtin über das Telefon an die Soko in Dresden geschickt.

Danach will das Ermittlerteam den Ort sehen, an dem der Audi zwei Jahre lang untergebracht war, ohne angemeldet zu sein. Während die Suche in der Wohnung noch läuft, führt Gordon F. drei Beamte zu einem Gelände im Norden Magdeburgs. Der Garagenkomplex ist an Traurigkeit nur schwer zu toppen. Auf dem Hof stehen abgemeldete Lkw und Kleinwagen. Einige wurden in einer Zeit gebaut, als noch zwei Deutschlands existierten. Gordon F. umkurvt große Pfützen und schließt eine Garage auf. Ein Kriminalhauptmeister dokumentiert die Tristesse mit seiner Kamera. Er muss sich beeilen. Bald wird es dunkel.

Dann bringen die Beamten den Beschuldigten zur Magdeburger Polizei. Ein Kriminaltechniker macht Portraitfotos, scannt Fingerabdrücke, nimmt eine DNA-Probe. Laut Protokoll alles auf freiwilliger Basis. Um 17 Uhr beginnt die offizielle Vernehmung. Als Beschuldigter hat er das Recht auf einen Anwalt. Er darf auch schweigen. Gordon F. verzichtet auf beides.

Er wiederholt die Kerngeschichte, die die Beamten schon kennen: Inserat bei mobile.de, deutschsprechender Pole, 6500 Euro. Den Abholer habe er allerdings nicht gesehen, weil dieser sich mehrere Stunden verspätet habe. Irgendwann sei er nach Hause gefahren und die Übergabe habe dann seine Freundin gemacht. Nachts allein mit einem fremden Mann und viel Geld in einem einsamen, tristen Garagenhof.

Angeblich passierte das alles im August. Was nicht zur Aussage des Freundes passt, wonach der Audi auf der Geburtstagsfeier im September noch im Besitz von Gordon F. gewesen sei.

Für die Polizei ist das exakte Datum von großer Bedeutung. Jede gesicherte Information ist auch ein neuer Ermittlungsansatz: Vielleicht existieren Videos aus Verkehrskameras oder von Tankstellen, die den Abholer zeigen. Doch die Vernehmer bekommen einen klaren Termin nicht verifiziert. Gordon F. beharrt auf August. »Also, ich schwöre es bei allem, ich hatte den Wagen zu dem Zeitpunkt nicht mehr.«

Allerdings rutscht seine Glaubwürdigkeit für die Polizei auf Fußbodenniveau, als er einräumen muss, dass er von seinem Freund vorgewarnt wurde, dass die Polizei den Audi sucht. Das ganze Entsetzen in der Umkleide nur eine Schmierenkomödie?

»Warum haben sie uns vorhin so ein Theater vorgespielt?«, fragt der Vernehmer.

Gordon F.: »Das war kein Theater, das ist wirklich kein Theater gewesen.«

Die wichtigste Erkenntnis der Vernehmung ist: Der Audi war ursprünglich blau. Nicht silberfarben wie der Fluchtwagen in der Dresdner Tiefgarage.

Nach 80 Minuten ist die Vernehmung zu Ende, und die Ermittler der Soko fahren mit dem Beschuldigten zurück in seinen Plattenbau. Dort ist jetzt seine Freundin an der Reihe. Die 30-Jährige wird in der Wohnung befragt. Vom Einbruch ins Grüne Gewölbe habe sie »über die Medien erfahren«. Sie sagt: »Dann stand da ja ein Audi A6 Avant, ich gucke so, ja ist ein Audi. Und ich bin ja auch kein Audi-Sympathisant, also hab' ich mich insgeheim ein bisschen gefreut, ja war ein Audi, hihi, ist abgebrannt.«

Zum Verkauf sagt sie aus, sie habe den Kaufvertrag in der Nacht geschrieben. Der Abholer hätte keinen Ausweis dabeigehabt. Nur einen Zettel mit seinem Namen. »Das war nicht einmal ein Dokument.« Es sei ein junger Mann gewesen, erzählt sie noch. Sprach kaum Deutsch (»bin hier wegen Auto«), war sehr schmal (»ganz dolle dünn«) und hatte leichten Bartwuchs (»ein paar Fusseln schwarz im Gesicht«). Südländer.

»Können Sie sich vorstellen, zu dieser Person ein Phantombild zu erstellen?«, fragt der Vernehmer.

Die Freundin erklärt: »Ich kann Ihnen sagen, Sie können mir zwei hinstellen. Ich könnte Ihnen nicht sagen, welcher das ist, weil ich es nicht weiß.«

Der Abholer wollte keinen Kaufvertrag für sich, so die Freundin. Den Kaufvertrag für Gordon F. habe er unterschrieben. Sie habe das Geld gezählt, Schlüssel übergeben und Tschüss. Der Abholer habe den Audi nicht mitgenommen, sondern sei zu Fuß losmarschiert. Am nächsten Tag sei der Audi verschwunden gewesen.

»19.35 Uhr: Ende der polizeilichen Maßnahmen und Verlassen der Wohnung«, steht unter dem Protokoll der Vernehmung.

Ob die Ermittler die volle Wahrheit gehört haben, wissen sie nicht. Auch ihre Strategie ist nicht aufgegangen. Die Hoffnung war, dass Gordon F. nach der Vernehmung seine Hintermänner kontaktiert. Aber nichts passiert. Wäre auch gar nicht möglich, weil die Soko das Handy mit der eingespeicherten Nummer des Käufers einkassiert hat. So ist der wichtigste Ansatz für die Soko der Name des Käufers. Madlaw Slobc. Plus seine Handynummer.

Deshalb schickt das Landeskriminalamt, zuständig für internationale Ermittlungen, jetzt einen Fragenkatalog nach Polen. Die Antwort, die die Ermittler erhalten, lautet: Madlaw Slobc existiert in Polen nicht. Und die dortige Polizei hat keine Erkenntnisse zu der Handynummer.

Am 13. Januar 2020 fahren drei Polizisten aus Dresden erneut in den Plattenbau nach Magdeburg. Zwei Beamte der Soko und ein

Phantombildzeichner. Die Freundin von Gordon F. soll sich an weitere Einzelheiten des Verkaufs erinnern. Um 10.46 Uhr startet die Befragung in ihrer Wohnung. Die Beamten zeigen ihr eine Kopie des Kaufvertrags. Sie wollen wissen, wie die Freundin ihre eigene Schrift bei dem Vornamen des Käufers interpretiert. »Vladlaw«, antwortet die Zeugin. Die Soko hat bisher nach einem »Madlaw« gesucht. Außerdem hat die Frau plötzlich tatsächlich noch andere Details parat: Dass ihr beim Warten ein dunkler Seat mit Berliner Kennzeichen aufgefallen sei, der mehrmals an der Einfahrt zum Garagenkomplex vorübergefahren sei. Dass der Abholer nach Schweiß gestunken habe. Und dass er den Kaufvertrag nicht angefasst habe. Stattdessen »hielt er die Hand irgendwie komisch, eher wie ein Stück Kreide so am Ende. Und das Geld roch nach Männerparfum. Wie der Duft heißt, kann ich nicht sagen, aber wenn ich ihn rieche, könnte ich sagen, ob er es ist.«

Im Portemonnaie des Freundes finden sich dann sogar vier 50-Euro-Scheine aus dem Verkauf. Sie duften immer noch. Die Polizisten packen das Geld gegen Quittung ein. Vielleicht können die Kriminaltechniker aus dem Geruch eine neue Spur extrahieren.

Dann das Phantombild: Die Freundin ist unsicher, was sie im Kopf behalten hat. Doch ihr Gegenüber ist ein erfahrener Zeichner. »Bei Zeugen sind Angaben zu Wahrnehmungen zu etwa 30 bis 50 Prozent im unbewussten Bereich des Gedächtnisses gespeichert«, erklärt er. Zusammen mit seiner Probandin puzzelt er in 75 Minuten aus immer mehr Details ein Phantom zusammen. Es entsteht das Bild eines schwarzen Lockenkopfs mit dunklen Augen. Der Zeichner entscheidet sich für ein farbiges Bild, weil die Zeugin den Mann als »arabischen Typ mit gelb-bräunlicher Hautfarbe« beschreibt. Markant sind lange, vereinzelt gezeichnete Bartstoppeln. Die Soko hat ein Gesicht. Ob, wann und wie sie es einsetzen will, weiß sie noch nicht. Falsche Hinweise bedeuten im besten Fall ärgerliche Mehrarbeit für eine Soko. Schlimmstenfalls können sie eine fatale Kettenreaktion auslösen, die die gesamte Soko-Arbeit diskreditiert.

Denn die Ermittler haben ein grundsätzliches Problem: Wie viel Wahrheit steckt in den Aussagen von Gordon F. und seiner Freundin? Soll man ein Phantombild veröffentlichen, dass vielleicht auf Fiktion basiert? Und nicht auf Fakten?

Für eine Fiktion könnte die Auswertung jenes Speichermediums sprechen, das die Polizei bei ihrer ersten Razzia sichergestellt hat. Es handelt sich um eine Micro-SD-Karte mit 64 Gigabyte. Auf dieser Karte befinden sich 202 Videos einer Dashcam. Mit so einer Mini-Kamera filmen Autofahrer aus der Frontscheibe heraus den Verkehr. Die Zeugin hat dies gerne vor Ampeln getan. Und während ihrer Suche nach einem Parkplatz. Allein 15 Videos stammen von jenem Tag im August, an dem sie nachts das Auto verkauft haben will. Allerdings endet die letzte Aufnahme nachmittags um 16.05 Uhr. Kein Video aus der Nacht, als sie mit dem Geld angeblich nach Hause gefahren ist. Plausibel erscheint den Ermittlern dieses Verhalten nicht.

Vielleicht hat die Kamera die Nachtfahrten nicht aufgezeichnet? Die nächsten Aufnahmen machte die Dashcam am folgenden Tag, kurz vor sieben Uhr. Der Auswerter vergleicht das letzte und das erste Bild der beiden Videos. Als Abgleich nutzt er das Raster der Betonplatten auf dem Bürgersteig. Sein Fazit: Die Bilder passen so exakt übereinander, dass man mit Sicherheit sagen kann, dass das Auto über Nacht nicht bewegt wurde.

Hat die Frau also gelogen? Hat sie den Abholer überhaupt jemals gesehen? Trotzdem veröffentlicht die Soko das Phantombild. Ziel ist es, den Verdächtigen unter Druck zu setzen. Ein Resultat zeigt auch der Versuch leider nicht.

Langsam stößt die Rückwärtssuche an ihre Grenzen.

Auch die Handynummer des imaginären Vladlaw Slobc führt in eine Sackgasse. Die Nummer ist registriert auf einen Mann aus Indien, der angeblich in München gemeldet ist. Zumindest legen das die Daten des Anbieters Telefonica nahe. Allerdings hat er nie ein Visum für Deutschland beantragt. Und auch nie in Bayern gelebt. Offensichtlich hat sich jemand den Mobilvertrag mit geklauten Daten besorgt.

Und dann erreicht die Soko noch ein Bericht der Kriminaltechniker des Dezernats 45 im Landeskriminalamt, die den Auftrag hatten, die Identität des Audis zweifelsfrei zu bestimmen. Das Ergebnis ist ein Bündel von Ungereimtheiten. Die Spezialisten finden auf dem Motorblock eine Fahrzeug-Identifikationsnummer (FIN), die nicht zum Audi von Gordon F. aus Magdeburg passt. Gleichzeitig entdecken sie ein paar Indizien, die den Verdacht nahelegen, dass diese andere Seriennummer möglicherweise manipuliert worden ist. Kann sein, muss aber nicht. Die betreffenden Stellen markieren sie auf den Fotos.

Die neue Nummer auf dem Motor gehört zu einem Audi A6, der seit 2015 von der polnischen Polizei gesucht wird. Laut polnischer Polizei wurde damals einer Frau in Zielona Góra die Handtasche samt Autoschlüssel mit den Worten »Gib her, du Schlampe!« geraubt. Nachts war dann auch ihr Audi weg.

Die Soko Epaulette steht damit vor einem neuen Rätsel, das sie unbedingt lösen muss. Welcher Audi wurde in der Tatnacht abgefackelt? Haben die Täter vielleicht dem polnischen Audi mit der Seriennummer aus dem Magdeburger Auto eine neue Identität verpasst, um ihre Spuren noch stärker zu verwischen? Oder war es umgekehrt? Beides sehr aufwendig. Aber denkbar. Anwälte lieben solche Unklarheiten in einem Prozess. Vor einem Gericht lassen sie sich wunderbar kultivieren und weiterdrehen, bis am Ende über der gesamten Beweisaufnahme ein Nebel des Zweifels liegt.

Für die Soko und die Staatsanwaltschaft hat die Identität des Audis somit höchste Priorität. Das Wrack wird sie nur gerichtsfest zu den Tätern führen, wenn über der Identität des Fahrzeigt nicht der geringste Zweifel liegt.

Also erhöhen die Ermittler noch einmal ihren Einsatz:

Autohersteller kennzeichnen ihre Karossen nicht nur mit einer Seriennummer (FIN), sondern auch mit einer Produktionskennnummer (PKN). Der PKN-Code ist nicht in den Daten des Kraftfahrtbundesamts hinterlegt. Dafür sammeln Autokonzerne den Code ebenfalls zentral in einer Fada-Datei (Fahrzeugdaten). Eingestanzt ist die PKN-Nummer am Türschweller unterhalb des Fahrersitzes.

Und es gibt noch einen dritten Code: die Getriebenummer. Tief im Inneren des Autos verbaut. Fälscher müssten das Auto komplett zerlegen, um sie zu manipulieren. Ein irrer Aufwand.

Die Kriminaltechniker vom LKA haben die gleichen Nöte. »Auf die Suche wurde verzichtet, da dies mit massiven, brachialen Maßnahmen verbunden wäre«, schreibt ein Experte in seinen Bericht. Die Antwort der Soko ist: trotzdem versuchen. »Externe Hilfe (›Spezialarbeiten durch eine Fachwerkstatt‹) muss aber mit der Leitung abgestimmt werden.«

Kurz vor Weihnachten 2019 ist der 14-seitige Bericht eines Autospezialisten (Dezernat 22 / Soko-KfZ) fertig. Der Beamte hat in der Fada-Datei die Ausstattungen der beiden Autos recherchiert. Der Magdeburger Audi wurde mit einer Anhängerkupplung und einer Iso-Fix-Verankerung für Kindersitze produziert. Der polnische A6 hatte ein Schiebedach. Und das Wrack in der Garage des LKA weist eine Anhängerkupplung auf und kein Schiebedach.

Das Fazit ist deshalb klar: Die Täter haben eher den Magdeburger Audi abgefackelt. Hundertprozentig festlegen will sich der Beamte allerdings nicht.

Eigentlich könnte die Soko mit dem Gutachten leben. Trotzdem bleibt die Frage, wie der Motor des polnischen A6 in das Magdeburger Modell gekommen ist. Also entscheidet sich die Soko am Ende doch noch, das letzte Geheimnis des verkohlten Audis »brachial« zu entschlüsseln. Dresdner Feuerwehrmänner von der Wache Albertstadt fahren mit ihren besten Werkzeugen zum

LKA. Mit Schweißgerät und hydraulischen Spreizern zerlegen sie das Wrack. »Im Ergebnis konnten die Antriebsaggregate, Motor und Getriebe, herauslaboriert werden«, tippt der LKA-Autoexperte danach in seinen Bericht. An der Unterseite des Getriebes finden die Polizisten unter einer Ölschicht die Getriebenummer. Sie passt zum Magdeburger Audi. Damit ist die Identität des Wagens gerichtsfest geklärt.

Wahrscheinlich haben die Täter erst kurz vor der Tat die Farbe des Audis von blau auf silber geändert. Das passt zu einer Begebenheit fünf Tage vor dem Raub. Da fällt einer Zivilstreife der Polizei nachts ein blauer Audi in der Dresdner Innenstadt auf, der verkehrswidrig wendet. Eine Überprüfung des Kennzeichens ergibt, dass das Nummernschild eigentlich zu einem roten Nissan gehört. Als die Beamten den Audi stoppen wollen, gibt der Fahrer plötzlich Gas, beschleunigt auf 120 Stundenkilometer und ignoriert jede rote Ampel. Die Zivilstreife kommt nicht hinterher. In der Dresdner Neustadt verlieren die Beamten den Wagen aus ihren Augen.

Das Mercedes-Taxi

Noch viel anspruchsvoller ist die Suche nach dem zweiten Fluchtwagen. Zeugenaussagen und Videobilder deuten auf ein Mercedes-Taxi hin, mit dem die Täter wahrscheinlich über die Autobahn Richtung Berlin geflüchtet sind. Aber kein Zeuge konnte sich ein Kennzeichen merken. Die Videobilder sind zu schlecht. Deshalb setzen die Ermittler große Hoffnung auf eine umstrittene Superkamera.

Beim Dörfchen Bronkow im Brandenburger Süden hängen an einer Brücke der Autobahn 13 zwei Spezialblitzer. Die Geräte sind nicht viel größer als ein Schuhkarton. Ummantelt mit geschweißtem Aluminium. Sie arbeiten zuverlässig bei sibirischer Kälte (bis minus 20) und großer Hitze (bis plus 40 Grad). Laut Herstellerbroschüre (»Kennzeichen lesen, Sicherheit erhöhen«) scannen sie jedes Auto bis zu einer Geschwindigkeit von 250 Stundenkilometern. Kaum ein Fahrer hat die Apparate je bemerkt. Man sieht sie nur, wenn man kurz nach der Brücke in den Rückspiegel schaut.

Die Anlage heißt im schönsten Behördendeutsch »KennzeichenErfassungsSystem« – kurz Kesy. Kesy fotografiert jedes Kennzeichen und liefert die Daten in Echtzeit an die Polizei. 2012 wurde es an elf Stellen in Brandenburg installiert, um osteuropäischen Autodieben das Tagesgeschäft zu erschweren. Die Nummernschilder von geklauten Fahrzeugen werden in den Fahndungscomputer eingespeist und Kesy meldet sich, wenn ein Dieb an einer der elf Stationen vorüberrauscht.

Dafür muss allerdings ein Gerichtsbeschluss vorliegen. Sonst darf die Polizei das Überwachungssystem nicht ferngesteuert anknipsen. 2018 hatte die Polizei insgesamt 95 Beschlüsse erwirkt, die sich gegenseitig überlagerten. Kesy lief an 365 Tagen. Dabei wurden im Schnitt alle 24 Stunden 55 000 Kennzeichen gespeichert. In den Augen eines Datenschützers ein Desaster. Die Landesbeauftragte Dagmar Hartge erklärte das System Anfang 2020 für unzulässig. Allerdings wurden die Anlagen nicht demontiert. Stattdessen werden die Daten jetzt nach drei Monaten gelöscht. So umfangreich wie Brandenburg scannt sonst nur noch Bayern.

Zwei Streifenbeamte vom Revier »Dresden-West« fahren deshalb am 6. Dezember 2019 gen Norden, um den Schatz der Brandenburger für die Soko zu bergen. Für den Postweg drängt die Zeit zu sehr. Ziel ist der »Fachkoordinator Kesy« in Zossen. Der übergibt den Beamten eine Festplatte, auf der alle Autokennzeichen gespeichert sind, die vom 22. November bis zum 25. November in Richtung Süden auf der A13 unterwegs waren. Und alle Kennzeichen in die Gegenrichtung vom 25. November.

Zwei Stunden später liegt die heiße Fracht bei der Soko Epaulette auf dem Tisch. Für sie ist Kesy eine Goldgrube. Nur drei Tage später beantragt die Staatsanwaltschaft Dresden weitere Lieferungen aus Brandenburg. Die Kesy-Fotos aus der Nacht sind zu schlecht, um darauf einen Wagen als Taxi identifizieren zu können. Die Nummernschilder sind aber lesbar. Deshalb schauen sich die Auswerter zu jedem Kennzeichen die hinterlegten Informationen beim Kraftfahrtbundesamt an.

Die ersten Nuggets sind schnell gefunden. Aus der Datenflut fischen die Ermittler ein Mercedes-Taxi mit dem Kennzeichen DD-GM 7539 heraus, das in der Tatnacht um 2.51 Uhr (zwei Stunden vor dem Einbruch) in Richtung Dresden unterwegs ist. Kurz hinter dem Taxi scannt die Superkamera dann ein Kennzeichen, das es eigentlich nicht mehr geben darf: B–ED 4777. Dieses Nummernschild wurde Anfang Oktober 2019 »entstempelt«.

Und es kommt noch besser: Dieses Schild hatte Kesy auch schon am 19. November um 0.48 Uhr – Fahrtrichtung Dresden – auf dem Schirm. Es ist die Nacht, in der die Kamera auf dem Zwinger ebenfalls Männer dabei gefilmt hat, wie sie über den Zaun am Grünen Gewölbe steigen. Mit hoher Wahrscheinlichkeit wurde da der Überfall vorbereitet. Einen Tag später, morgens um 7.32 Uhr, ist das Kennzeichen dann wieder auf dem Weg zurück nach Berlin. Danach taucht das Schild nie wieder bei Kesy auf. Für die Soko Epaulette sind das starke Indizien. Nach ihrer Überzeugung fahren die Einbrecher in der Tatnacht mit zwei Autos zum Grünen Gewölbe. Das eine ist das Mercedes-Taxi. Und das zweite ist das Fahrzeug mit dem Nummernschild B-ED 4777.

Leider sind die Bilder von Kesy zu dunkel, um darauf den Fahrzeugtyp zu erkennen. Dafür kann die Bußgeldstelle der Berliner Polizei Raserfotos mit dem Kennzeichen liefern. Zweimal wurde das Nummernschild 2018 geblitzt. Es gehört zu einem Audi Avant A6. Identisch mit dem ausgebrannten Fluchtwagen in der Tiefgarage. Allerdings hat der geblitzte Audi eine andere Seriennummer. Diese Nummer wiederum gehört zu einem Audi, der zwölf Tage vor der Tat nach Dortmund verkauft und dort zugelassen wurde. Mit einem Dortmunder Kennzeichen.

Bei der Soko keimt der Verdacht: Die Täter haben höchstwahrscheinlich vor der Tat die Nummernschilder des baugleichen Audis dupliziert, um damit die Identität ihres Fahrzeugs zu verschleiern. Solche Doubletten hatte schon die RAF vor 50 Jahren für ihr mörderisches Handwerk benutzt.

Der geblitzte Audi aus Berlin war bis zur Abmeldung auf eine Frau zugelassen, die in Neukölln am Britzer Damm zuhause ist. In dieser Straße hatte auch der Rammo-Clan bis 2015 seinen Stammsitz. Sollte der Clan für den Einbruch verantwortlich sein, hätte er einfach die Kennzeichen eines Autos aus der Nachbarschaft dupliziert. Davon gehen die Ermittler jetzt aus.

Beim Mercedes-Taxi ist die Sachlage etwas anders: Das Kennzeichen DD-GM 7538 existiert noch. Das Fahrzeug gehört zu einem Taxi-Unternehmen am Dresdner Hauptbahnhof und ist völlig normal in Betrieb. Die Soko observiert und fotografiert den Wagen und besorgt sich bei der Rentenversicherung eine Mitarbeiterliste des Unternehmens. Aber keiner der Angestellten ist auffällig oder hat eine Verbindung zum Grünen Gewölbe. Also geht die Soko auch beim Taxi-Kennzeichen von einer Doublette aus. Sie lässt die Kesy-Fotos vom Taxi mit der Software »Amped Five« verbessern. Dann vergleichen sie Bilder aus der Autobahnkamera mit ihren eigenen von der Observation.

Das reale Taxi hat einen Lackschaden unter der linken Rückleute. Auf den Kesy-Fotos ist der Makel nicht zu erkennen. Aber das kann immer noch der lausigen Bildqualität geschuldet sein. Deutlicher zu erkennen ist ein Unterschied bei den Kennzeichen: Auf dem hinteren Nummernschild des realen Taxis stehen das TÜV-Siegel und das Wappen des Freistaats Sachsen exakt übereinander. Beim Kesy-Mercedes findet sich eine kleine Abweichung. Außerdem stehen die Plaketten etwas weiter entfernt voneinander.

Also wieder eine Doublette. Kesy fotografierte das Fake-Kennzeichen das letzte Mal am 25. November 2019 um exakt 5.37 Uhr.

Vierzig Minuten nach dem Einbruch. 25 Minuten, nachdem der Audi angesteckt worden ist. Jetzt ist sich die Soko ziemlich sicher: Hier fahren die Juwelen von August dem Starken nach Norden Richtung Berlin.

Wie aber soll man ein Taxi finden, dass auf der A13 mit gefälschten Nummernschildern unterwegs war? Beim Audi hatten sie wenigstens noch eine Seriennummer. Hier versuchen die Ermittler es mit zwei großen Datensätzen, die sie übereinanderlegen. Sie hoffen auf einen sogenannten Kreuztreffer.

Dafür brauchen sie exaktere Daten zum Fahrzeug. Die Kesy-Fotos können dabei nicht helfen. Aber der Wagen wurde vor der Tat auch von der Überwachungskamera beim Ballhaus Watzke fotografiert. Diese Bilder legen sie einem Experten für Mercedes-Gebrauchtwagen vor. Auf ihnen ist das Fahrzeug auch von der Seite zu sehen: Karosserieform, Vorderlampen und Rücklichter gehören zu einer E-Klasse, Modell W212, Baujahr 2009 bis 2016. Da ist sich der Experte sicher.

Beim Kraftfahrtbundesamt in Flensburg fordern die Ermittler dann eine Liste aller Berliner Fahrzeuge an, die diese Parameter erfüllen und zusätzlich beige oder weiß oder als Taxi gelistet sind.

Am 7. Januar 2020 trifft bei der Soko die CD-ROM aus Flensburg ein. Die WinZip-Dateien sind mit einem Kennwort geschützt. Der Zugangscode wird einen Tag später geschickt. Die CD enthält die Daten von exakt 3203 Fahrzeugen. Das ist eine Zahl, die die Kapazitäten einer Soko sprengt. Sie kann nicht alle E-Klassen und deren Besitzer einzeln durchleuchten. Aber sie hat einen anderen Plan:

Außer in der Tatnacht hat die Kesy-Kamera das Mercedes-Taxi mit dem Doubletten-Nummernschild noch drei weitere Male in der Vorwoche fotografiert. Am 19., am 20., und am 24.11. Jedes Mal in Richtung Norden auf der Strecke Dresden – Berlin. Nicht aber in umgekehrter Richtung. Bedeutet dies, dass die Täter vielleicht mit dem echten Nummernschild nach Dresden gefahren sind. Und die Doublette nur für den Rückweg benutzten? Mit dem echten Kennzeichen wäre die Soko schon sehr nahe dran an den Tätern.

Deshalb vergleichen die Ermittler mit einer Analyse-Software die Liste aus Flensburg mit den Kesy-Daten aus den Nächten vor dem Einbruch. Die Software filtert aus den Daten zwei Taxen heraus, die im fraglichen Zeitraum tatsächlich unterwegs waren zwischen Berlin und Dresden. Das erste fuhr Richtung Norden. Passt also nicht. Das zweite befand sich auf der Gegenspur Richtung Dresden. Fuhr später aber wieder zurück. Passt ebenfalls nicht. Damit endet auch dieser Ermittlungsansatz in einer Sackgasse.

Der Revolver im Audi

Bleibt als letzter größerer Spurenkomplex aus den Autos die Schusswaffe, die im ausgebrannten Audi gefunden wurde. Ein Magnum-Revolver, Kaliber 357, mit einem vier Zoll langen Lauf. Die Täter waren also bei ihrem Einbruch bewaffnet. Zum Glück für alle Beteiligten hat ihnen keiner den Weg versperrt, so dass sie ihre Flucht nicht freischießen mussten. Für Juristen macht schon das Mitführen einer Waffe einen prinzipiellen Unterschied. Allein diese Tatsache verdoppelt die Mindeststrafe von drei auf sechs Monate. Unabhängig davon, ob die Waffe zum Einsatz kam.

Hersteller des Revolvers im Audi ist die brasilianische Firma Taurus. Auf der rechten Seite der Waffe, unterhalb der Trommel, ist die Waffennummer eingraviert: NG 974 906. Wie bei einem Fahrzeug sind Schusswaffen mit dieser Nummer nicht nur individualisiert. Seit 2013 sind sie auch noch in einem Nationalen Waffenregister zentral erfasst. Eine Abfrage dort ist für Ermittler simple Routine.

In diesem Fall führt die Revolver-Spur die Soko ins eher dünn besiedelte Havelland zu einem Einbruch, wie er laut Statistik siebenmal am Tag in Brandenburg passiert. Die Aufklärungsquote liegt 2018 bei mageren 19 Prozent. Einbrüche werden bei der Polizei dort eher verwaltet.

Der Besitzer der Taurus ist ein Sportschütze, dessen Haus direkt am Dorfeingang liegt. Zwei Seiten des Grundstücks grenzen an einen Acker, die dritte an eine unbebaute verwilderte Fläche mit Büschen und Bäumen. Auf der anderen Straßenseite befindet sich eine kleine Laubenpieper-Kolonie. Den Magnum-Colt hatte der Besitzer in einem Safe in seinem Büro im Erdgeschoss deponiert. Das rotgeklinkerte Haus ist meistens verwaist. Der Mann wohnt bei seiner Lebensgefährtin.

Ein perfekter Ort also für Nachwuchskriminelle, um sich einmal auszuprobieren. Für Profis ist das Anwesen nicht interessant genug, ein Bruch fast zu einfach. Die Polizei ist in der Brandenburger Fläche nachts praktisch nie unterwegs.

Der Einbruch selbst passiert am 30. Juni 2018 gegen 19.30 Uhr. Aber erst zwei Stunden später registriert der Sportschütze den Alarm auf seinem Smartphone. Er ruft einen 82-jährigen Nachbarn an. Der alte Mann kann aber nichts entdecken. Am nächsten Tag bittet der Sportschütze einen zweiten Nachbarn, nach dem Rechten zu sehen. Der ist zwanzig Jahre jünger und findet eine offene Terrassentür vor. Er macht ein paar Fotos und schickt sie per WhatsApp an den Besitzer.

Abends um halb zehn betritt dann der Sportschütze sein Haus. Im Obergeschoss haben die Täter sämtliche Schränke durchwühlt und die Klamotten auf den Boden geschmissen. Aus der Alarmanlage wurde das Kabel herausgerissen. Am schlimmsten sieht das Büro im Erdgeschoss aus. Mit einem Spaten wurde der Aktenschrank geknackt und der Tresor herausgebrochen. Er war mit dem Schrank fest verschraubt. Der Spaten liegt noch im Flur.

Es dauert nur zehn Minuten, bis ein Streifenwagen vom Polizeirevier Rathenow zum Tatort kommt. Die Uniformierten können nichts tun und rufen die Kollegen vom Kriminaldauerdienst. Ein Tatortbeamter reibt dann mit einem Wattetupfer die Terrassentür und den Spaten ab. Vielleicht findet das Labor später eine brauchbare DNA. Mit einer schwarzen Folie sichert der Polizist vier Schuhabdrücke im Haus. Draußen findet die Polizei ein Loch im Zaun und auf dem Acker dahinter das Brett, an dem der Tresor im Aktenschrank verschraubt war. Offenbar haben die Täter das Brett einfach herausgetreten. Brachiale Gewalt gehört wohl zum Modus Operandi. Insgesamt sichert der Tatortbeamte acht Spuren.

Die Liste der geklauten oder zerstörten Dinge umfasst 15 Positionen: Armbanduhr Haas & Cie (70 Euro), Armbanduhr Casio (40 Euro), Armbanduhr Victorinox (270 Euro), Tresor »Home Safe« (135 Euro), 350 Euro Bargeld, Schweizer Franken und tschechische Kronen (circa 200 Euro), Büroschrank (400 Euro), Terrassentür (Kostenvoranschlag: 947,24 Euro), Funkuhr (20 Euro), Lederholster für Revolver (59,95 Euro), Revolver »Taurus .357 Magnum«, Lederholster für Pistole, Pistole »Luger Modell 22«. Den Magnum-Revolver hatten die Dresdner Ermittler in dem ausgebrannten Audi entdeckt. Offenbar waren die Einbrecher im Grünen Gewölbe sogar bereit, notfalls zu töten.

Eine Visa- und eine EC-Karte wurden bei dem Einbruch im Havelland auch noch geklaut. Und fünf Stunden später wurde versucht, damit von einem Geldautomaten in der Westberliner Kantstraße Geld abzuheben. Ohne Erfolg. Der Einbrecher hatte dreimal die falsche PIN benutzt.

Das elektrisiert die Ermittler in Dresden auch nach eineinhalb Jahren. Geldautomaten sind in der Regel kameraüberwacht. Und nur 600 Meter entfernt wohnt Rabieh Remo. Den 25-Jährigen hat die Soko Epaulette bereits auf dem Radar. Er saß in dem weißen Golf mit Brecheisen und Bolzenschneider im Kofferraum, den die Berliner Polizei kurz vor dem Einbruch ins Grüne Gewölbe kontrolliert hat.

Die Dresdner lassen sich die Akte zu dem Einbruch im Havelland schicken. Vielleicht enthält sie brauchbare Fotos vom Geldautomaten. Aus den Papieren geht auch hervor, dass die Brandenburger Kripo bei dem bayerischen Geldautomaten-Betreiber wegen Videomaterial angeklopft hat. Eine Antwort aus Bayern ist allerdings nie gekommen. Im Februar 2019 hat ein Oberstaatsanwalt dann die Ermittlungen eingestellt. Sein Vermerk: »Täter nicht ermittelt; Ansätze für Erfolg versprechende Ermittlungen fehlen derzeit.«

Beerdigt nach Paragraf 170 der Strafprozessordnung. Einer der häufigsten Vorgänge in der deutschen Strafverfolgung, deren Dienststellen wegen enormer Fallzahlen häufig zu reinen Einstellungsbehörden verkommen sind.

Mit der Akte sind auch die Kollegen von der Soko Epaulette nicht einverstanden. Der zuständige Staatsanwalt schickt deshalb am 10. Dezember 2019 selbst ein Fax an die Münchener Geldautomaten-Betreiber. Seine Überschrift lautet: »EILT! BITTE SOFORT VORLEGEN!« 84 Minuten später kommt per Mail eine Antwort: »... für den Geldautomaten 22 201 741 (Kantstraße 64, 10627 Berlin) liegt leider kein Bildmaterial vor.« Ende der Durchsage. Die Revolver-Spur endet mit dem dünnen Erkenntnisgewinn, dass sich jemand in der Nähe einer Rammo-Wohnung mit einer geklauten EC-Karte bereichern wollte.

Kapitel 8

Die Mobiltelefone

Die Spur führt nach Spandau

Kaum ein Mensch in Deutschland hält es einen Tag ohne sein Handy aus. Einbrecher machen da keine Ausnahme. Dabei sind Telefone ein enormes Risiko für sie. Die smarten Alleskönner melden ständig ihren Standort und speichern heikle personenbezogene Informationen. Fallen die Geräte der Polizei in die Hände, ist der Tatverdächtige mit einem Bein in der Zelle. Das hat sich natürlich auch unter Kriminellen herumgesprochen. Das ist wahrscheinlich der Grund, warum die Einbrecher in Dresden während der Tat die einfachsten Geräte benutzen und diese danach zusammen mit dem Audi A6 verbrennen.

Dennoch gibt es immer digitale Spuren, die sich nicht so einfach vernichten lassen. Und genau da setzen die Ermittler an.

Nach dem Einbruch beantragt die Staatsanwaltschaft im ersten Schritt die sogenannten Funkzellendaten. Bei bestimmten Delikten dürfen sich die Ermittler diese Daten besorgen. Schwerer Bandendiebstahl gehört dazu. Zehn Wochen lang müssen die Telefongesellschaften ihre Verbindungen speichern.

Zum technischen Hintergrund: In Deutschland betreiben Telekom, Vodafone und Telefonica O2 drei unterschiedliche Handynetze. Vor dreißig Jahren wurde die Infrastruktur aufgebaut. Anfangs ging es darum, gesprochenes Wort im GSM-Standard zu übermitteln. Dafür reichten relativ wenige Sendemasten mit einer Frequenz von 900 Megahertz aus. Heutige Smartphones hungern permanent nach Datenpaketen. Um diese Mengen zu bewältigen, benötigen die Betreiber für das neuere LTE-Netz eine wesentlich höhere Anzahl an Basisstationen. In einer Innenstadtlage wie dem Grünen Gewölbe ist ein LTE-Handy umstellt von circa 20 Basisstationen und hat in der Regel die Auswahl zwischen drei Sendemasten. Der Stärkste macht dann das Rennen. Die Netzbetreiber wissen dabei immer genau, welches Mobiltelefon zu welcher Zeit in welchen Sendemast einloggt ist.

Heutzutage produzieren die Netze eine derartige Menge an Daten, dass kein Polizist der Welt sie überprüfen und Zusammenhänge herstellen könnte. Selbst für die kontaktarme Zeit ganz früh am Morgen bekommen die Ermittler noch digitale Listen mit Tausenden Telefonnummern. Die Analyse übernimmt dann eine Software.

Die filtert für die Soko Epaulette aus der Datenflut zwei Mobiltelefone heraus, die in der Tatnacht vor oder im Residenzschloss miteinander kommunizierten. Zwischen 4.13 Uhr und 5.07 Uhr, also genau in der heißen Phase, in der die Einbrecher ihren Coup realisierten. Die Ermittler sind sich sicher, dass sie damit die Arbeitshandys der Bande entdeckt haben: 0157–53920887 und 0157–53920890 lauten die magischen Zahlen. Der Zugangscode zu den Tätern.

Theoretisch wäre jetzt alles ganz einfach: Die Netzbetreiber sind gesetzlich verpflichtet, valide Daten von jedem Nutzer zu speichern. Jeder, der eine SIM-Karte erwerben will, muss seinen Pass oder Personalausweis vorlegen, der normalerweise dann kopiert wird. Theoretisch.

Die beiden Einbrecherhandys in Dresden sind bei Telefonica O2 registriert auf den albanischen Staatsbürger Rudi B. Laut Kundendatei wohnt er in der Adrianstraße in Hagen in Nordrhein-Westfalen. Die örtliche Polizei meldet aber nach Sachsen: kein Rudi B. unter dieser Anschrift. Und auch sonst nirgendwo in NRW.

Die Kundendaten sind so löchrig wie der Handyempfang in Deutschland. Es ist skandalös einfach, sich mit falschen oder geklauten Personalien ein aktives Mobiltelefon zu kaufen. Weil sich die Telefonkonzerne systematisch wegducken, ist eine Parallelwelt mit falsch registrierten Handys entstanden.

Hier gibt es Verkäufer, die noch bei Mami im Etagenbett schlafen, aber im Monat 50 000 Telefonkarten verticken. Dieser Dschungel ist für Berufskriminelle ein Paradies: Handys (fast) ohne Entdeckungsrisiko. Die Polizei muss sich jeden Schritt durchs Dickicht mühsam freischneiden. Ohne zu wissen, wo der Weg am Ende hinführt. Die Dresdner Soko hat keine andere Wahl. Es wird eine Weltreise über Albanien, Sri Lanka, Castrop-Rauxel bis nach Neukölln. Der Heimat der Rammos.

Aber aus den Daten lässt sich noch mehr herauslesen als nur die jeweiligen Verbindungen. Die Telefongesellschaften speichern auch die sogenannten IMEI-Nummern (International Mobile Equipment Identity). Das sind die Gerätenummern der Telefone, vergleichbar mit einer Seriennummer beim Auto. Über die IMEI-Nummern findet die Soko heraus, dass die Täter zwei Samsung-GT-E1200-Telefone benutzt haben. Einfachste Geräte für 30 Euro. Sehr beliebt bei Kriminellen, die die Telefone nach der Tat einfach vernichten.

Auf den nicht in Hagen lebenden Albaner Rudi B. ist noch ein drittes Handy registriert. Dieses Telefon kommuniziert mit den beiden Arbeitshandys in den Nächten, in denen die Einbrecher ihren Coup am Schloss vorbereiten. Damit hat die Soko ein drittes Telefon der Täter identifiziert. Alle drei Handys interagieren in den heißen Phasen mit einer vierten Nummer.

Das vierte Telefon ist nicht auf den Albaner Rudi B. registriert. In der Telefonica-O2-Datenbank ist die Personalie Ryan James Hendy hinterlegt. Angeblich wohnt der Mann in einem schlichten Nachkriegswohnhaus hinter dem Essener Hauptbahnhof. Doch auch dieses Kundenprofil ist reiner Fake.

Aber die Spur ist noch nicht tot. Auf den Namen Ryan James Hendy sind noch drei weitere Telefone gemeldet. Und eines dieser Handys ist immer noch aktiv. Endlich ein Anfasser für die Soko. Sie hält es für möglich, dass der Telefoninhaber in Kontakt mit den Tätern steht. Oder selbst einer der Einbrecher ist.

Die SIM-Karte (registriert auf Ryan James Hendy) steckt bis zum 2. Dezember in einem Samsung-Galaxy-S10-Handy. Dann nimmt der Besitzer die Karte heraus und verknüpft sie mit einem iPhone 7.

Das Apple-Gerät ist überwiegend in Funkzellen im Nordwesten Berlins eingeloggt. Die Ermittler brauchen es genauer. Das Telefon soll sie zu einer realen Person führen. Höchste Zeit für die IMSI-Spezialisten. IMSI ist die Abkürzung für »International Mobile Subscriber Identity«. Oder einfacher gesagt: Personalausweis der SIM-Karten. Handys melden sich mit diesem Code beim Funkmast an. Ohne den IMSI-Ausweis kommt kein Handy ins Netz.

Spezialisierte Fahnder der Polizei benutzen sogenannte IMSI-Catcher, um das Telefon eines Verdächtigen zu lokalisieren. IMSI-Catcher sind Apparate, die dem gesuchten Handy vorgaukeln, ein Sendemast seines Netzbetreibers zu sein. Meistens sind die Catcher in unauffälligen Kleintransportern verbaut. Das Telefon wählt sich automatisch auf der mobilen Polizeistation ein und die Fahnder fangen die IMSI-Nummer ab. Dabei misst die Polizei die Signalstärke und errechnet so die Distanz zum Zielobjekt. In der Regel suchen mehrere IMSI-Catcher gleichzeitig. Aus den Standortdaten und den gemessenen Signalstärken lässt sich ein Schnittpunkt errechnen, der den Spezialisten den genauen Aufenthaltsort des Handys verrät. Zum Beispiel: Wenn sich ein Handy mit der exakt gleichen Signalstärke bei drei IMSI-Catchern einloggt, befindet es sich genau in der Mitte der Ortungsgeräte. Solch ein Einsatz muss von einem Richter genehmigt werden.

Zurück zu dem Handy im Nordwesten Berlins, das mit der Fake-Personalie Ryan James Hendy (Essen) angemeldet wurde. Ein sächsischer Messtrupp lokalisiert das Telefon in einem größeren Gebäudekomplex im Stadtteil Spandau am 11. Dezember 2019. Weil die Sachsen mit den IMSI-Catchern nicht die genaue Wohnung orten können, werden die Eingänge observiert. Das übernimmt eine schnell alarmierte Spezialeinheit der Berliner Polizei.

Einen Tag später verlässt am frühen Nachmittag ein Mann das dreistöckige Mehrfamilienhaus. Zitat aus dem Observationsbericht: »Männlich, ca. 20–25 Jahre alt, südländisches Aussehen, kurze schwarze Haare, ca. 175 cm groß, schwarze Hose, schwarze Schuhe, massive Panzerhalskette, dunkle Umhängetasche.«

Der IMSI-Catcher zeigt an, dass sich das gesuchte Handy bewegt. Treffer. Der Mann steigt in einen schwarzen Alfa Romeo und braust davon. Die Polizei braust hinterher. Der Alfa ist auf Ihab M. zugelassen, einen jungen Berliner mit arabischen Wurzeln. Im Polizeicomputer hat er deutliche Spuren hinterlassen: Diebstahl, viermal Körperverletzung, bewaffneter Drogenhandel. Die Fotos aus der Datenbank passen zu dem Fahrer des Alfa. Die Soko hat endlich eine reale Person zu einer Handynummer gefunden.

Über die nächsten Tage klebt das Mobile Einsatzkommando (MEK) des Berliner Landeskriminalamts, Dezernat 62, weiter an Ihab M. Am 15. Dezember beobachtet das Observationsteam, wie er in einen roten Hyundai steigt. Das Auto gehört zu einem Taxi-Unternehmen. Sofort ist die Soko elektrisiert. Immer noch sucht sie fieberhaft das Mercedes-Taxi, mit dem die Einbrecher die Beute aus Dresden abtransportierten. Die Berliner Firma hat genau einen Mercedes im Fuhrpark. Ansonsten kauft die GmbH lieber Hyundai oder Toyota. Um zu überprüfen, ob dieser Mercedes vielleicht das Fluchtauto ist, fragen die Ermittler bei der Berliner Bußgeldstelle an. Vielleicht gibt es ja Blitzerfotos? Tatsächlich wurde der Mercedes im Jahr 2019 achtmal wegen zu hoher Geschwindigkeit fotografiert. Auf den Bildern ist eine schwarze Limousine zu sehen, die sich deutlich vom Flucht-Taxi unterscheidet. Schon der Kühlergrill passt nicht. Das neueste Blitzer-Foto ist vom 30. November 2019 – also fünf Tage nach dem Einbruch. Sollte es der gesuchte Benz sein, hätten ihn die Täter in fünf Tagen umgebaut und umlackiert. Das klingt nicht sehr wahrscheinlich.

Auch die weitere Observation von Ihab M. verläuft ohne Auffälligkeiten. Das MEK beobachtet, wie ihre Zielperson bei Rewe einkauft. Dann wäscht sie das Auto. Nach sechs Tagen brechen die Spezialisten vom LKA 62 die Überwachung ergebnislos ab.

Der Albaner

Parallel zur Berliner Observation findet die Dresdner Soko eine zweite Spur. Diesmal über eine weitere Telefonnummer, die auf das Essener Phantom Ryan James Hendy registriert ist. Die SIM-Karte steckt bis zum Nikolaustag 2019 in einem chinesischen Huawei-Handy. Über die Daten der Telefonkonzerne bekommt die Soko mit, dass am 6. Dezember die SIM-Karte gewechselt wird. Auch die neue Karte ist wieder registriert auf eine Fake-Personalie. Aber das Huawei-Handy ist aktiv.

Am 13. Dezember 2019 ist das Telefon in einer Funkzelle am Flughafen Schönefeld (heute BER) am südlichen Stadtrand von Berlin eingeloggt. Sofort schwärmen mehrere IMSI-Catcher aus, aber es gelingt ihnen nicht, das Handy genauer zu orten. Vielleicht sind am Flughafen zu viele Signale in der Luft, die die IMSI-Catcher ablenken. Erst am Nachmittag, als sich das Telefon vom Flughafen weg Richtung Sachsen-Anhalt bewegt, bekommen die Techniker Zugriff. Unauffällig folgen sie dem Signal. Die Reise geht über den Berliner Ring zur Autobahn A9. Das Problem dabei ist: Wenn sich ein Zielobjekt schnell bewegt, ist es für IMSI-Catcher fast unmöglich, es exakt in einem bestimmten Auto zu lokalisieren.

Fahnder sollten auch nicht zu häufig die Funksignale des Handys abgreifen. In dieser Zeit hat das Telefon keinen Kontakt mehr zum echten Netz. Gespräche werden manchmal abrupt beendet. Die Zielperson könnte misstrauisch werden.

Einen Tag nach der Verfolgung über die Autobahn starten die Ermittler am 14. Dezember 2019 einen neuen Versuch. Da ist das Handy auf dem Weg zu einem Outlet-Center an der Autobahn bei Bitterfeld in Sachsen-Anhalt. Am frühen Nachmittag vermuten die IMSI-Catcher das Huawei-Telefon in der dortigen »Tom Tailor«-Boutique. Betont unauffällig betritt ein Polizist das Geschäft und misst die Signalstärke des Telefons. Seinen IMSI-Catcher hat er in einem Rucksack versteckt. Am heftigsten sind die Ausschläge bei einem kräftigen Typen. Ganz in Schwarz gekleidet, kantiges Gesicht, graumelierte Haare, große, grobe Hände wie ein Bauarbeiter. Oder wie ein Hooligan. Der Mann ist Ende 40 und interessiert sich für Jacken. Die Polizei hat ihre Zielperson um 14.43 Uhr lokalisiert.

Der Huawei-Benutzer wird begleitet von einem zweiten Mann: auch ein stattlicher Kerl, Mitte 30. Um kurz vor vier Uhr steuern die Männer auf einen Audi A6 Avant und einen Fünfer-BMW zu. Die Ermittler glauben: Jetzt kommt endlich Salz an den Fisch.

Beide Autos sind zugelassen auf einen jungen Mann mit albanischen Wurzeln aus Sachsen-Anhalt. Der Polizei-Computer weiß nichts über ihn. Vollkommen unauffällig. Die sozialen Medien sind ergiebiger. In der Freundesliste bei Facebook finden die Dresdner Ermittler einen graumelierten Mann, der große Ähnlichkeit mit dem Huawei-Benutzer hat. Dessen Name: Gezim D. Bei Facebook präsentiert er sich als albanischer Vorzeige-Papa mit zwei Kindern und einer Ehefrau, die gerne Perlenohrringe trägt. Für die deutsche Polizei ist er ein weißes Blatt – kaum Erkenntnisse. 2017 beantragte er ein Visum für Deutschland. 1992 wurde ein Asylantrag in Sachsen-Anhalt abgelehnt. Kein einziger Hinweis auf eine Straftat.

Die Dresdner Polizei bleibt trotzdem dran. Obwohl sie personell schon auf Reserve läuft. Für die Überwachung am folgenden Tag kommt ein IMSI-Catcher-Team aus Rheinland-Pfalz. Anfahrt aus Mainz: 400 Kilometer. IMSI-Catcher sind ein rares Gut in der deutschen Polizei und müssen oft hektisch organisiert werden. Nicht selten scheitert die Lokalisierung eines verdächtigen Handys an fehlenden Ressourcen.

Die Zielperson Gezim D. macht am Adventssonntag einen Ausflug zum Weihnachtsmarkt in Halle. Mehr Action gibt es nicht für die Kripo-Gäste aus Mainz. Das Observationsprotokoll ist so trostlos wie das Outlet-Center bei Bitterfeld.

Am nächsten Tag lokalisiert die Polizei Gezim D. auf einer Baustelle am Berliner Stadtrand. Er gehört zu einer Arbeiterkolonne.

Zum Essen fährt der Trupp zu einem Asia-Imbiss. Alle schlafen auf der Baustelle. Spätestens hier ist die Spur kalt geworden. Die Soko Epaulette findet keinen einzigen Querverweis des albanischen Bauarbeiters zum Einbruch ins Grüne Gewölbe.

Trotzdem bleibt natürlich die spannende Frage, wie der Mann an die SIM-Karte gekommen ist, die auf James Ryan Hendy registriert ist, dessen Identität auch die Juwelendiebe benutzten. Wahrscheinlich haben der Malocher und die Jahrhunderteinbrecher ihre SIM-Karten im selben Laden gekauft. Aber in welchem?

Die Trinkhalle in Bochum

Auch bei dieser Frage müssten die Telefonkonzerne eigentlich helfen können, weil sie an jeden einzelnen Händler eine sogenannte VO-Nummer vergeben. Jede Handyverkaufsstelle bekommt ihren eigenen Code für die interne Statistik. Konkret will die Soko Epaulette von Telefonica O2 wissen, wo die SIM-Karten mit den hinterlegten Fake-Personalien verkauft wurden.

Am 9. Dezember 2019 meldet der Konzern: »Die SIM-Karte wurde bei dem folgenden Händler erworben: VO Nummer: 21 200 716 Name: Trinkhalle Bochum: Feldsieper Straße.«

Bevor die Soko Epaulette eine Blaulicht-Armada entsendet, will sie mehr über den Händler wissen. Deshalb nähern sich an einem Wochenende Bochumer Zivilpolizisten unauffällig der Trinkhalle. »Der Bereich Bochum-Hamme ist von seiner Bevölkerungsstruktur recht durchwachsen. Die Bürger haben oft Migrationshintergrund und gehören meist der Unter- und Mittelschicht an«, tippt ein Bochumer Oberkommissar in seinen Bericht. Über die Betreiber der Trinkhalle schreibt er: »Die Inhaber, augenscheinlich Inder oder Pakistaner, sprechen relativ schlecht Deutsch und führen den Kiosk seit mehreren Jahren.« An den Bericht hängt der Polizist noch sechs Fotos an von der »Trinkhalle«.

Der Name ist ein Ruhrpott-typischer Euphemismus. Die Halle

ist eher ein einstöckiges Mini-Geschäft, das sich mit seinem Flachdach an ein Mehrfamilienhaus mit verdreckter Fassade lehnt. Auffallend sind die starken Eisengitter, mit denen das Schaufenster und die Tür gesichert sind. Kunden gehen drei Stufen hoch und stehen sofort an einer Durchreiche. Der Kunde bestellt, bezahlt und kriegt seine Ware auf den Tresen gelegt. Lange Finger haben hier keine Chance. Der Betreiber sitzt im Bürostuhl aus schwarzem Leder. Hinter ihm die Zigaretten, rechts zwei Kühlschränke mit Bier. Die SIM-Karten von Ortel und Lyca hängen zwischen Chipstüten und Ramazotti. Ortel und Lyca sind Anbieter von Prepaid-Telefonkarten und besonders unter Zuwanderern sehr beliebt.

Die Inhaber des Bochumer Kiosks sind keine Inder oder Pakistani. Die Familie kommt von der Insel Sri Lanka und gehört zum Volk der Tamilen. Als Asylsuchende ist das Ehepaar 2013 nach Deutschland eingereist. Drei Jahre später bekommt es eine Tochter. Die Familie lebt in dem Mehrfamilienhaus neben dem Kiosk. Es sind Einwanderer, die seit 2017 jeden Tag von 8 bis 22 Uhr ihren Laden betreiben und ansonsten nicht auffallen. Die Polizei hat keine Erkenntnisse über sie.

Am 15. Januar 2020 um 9.45 Uhr steht die sächsische Soko in der Trinkhalle. Es sind vier Polizisten und zwei Bochumer Kollegen. Die Ladeninhaberin aus Sri Lanka ist allein im Geschäft. Ihr Mann kauft gerade ein. Ihr Deutsch reicht nicht, um auch nur den ersten Satz des Durchsuchungsbeschlusses zu verstehen: »Nach §§ 103, 105 Abs. 1, 162 Abs. 1 StPO wird gemäß § 33 Abs. 4 StPO ohne vorherige Anhörung die Durchsuchung (...) angeordnet.« Erste Maßnahme der Sachsen: einen Dolmetscher organisieren.

Vier Minuten nach dem Betreten fangen die Ermittler an, das Geschäft und die angrenzende Wohnung auf links zu drehen. Die Beamten suchen Kassenbücher und Vertragsunterlagen. Sie wollen Informationen, wann die Juwelen-Einbrecher oder ihre Helfer die SIM-Karten gekauft haben. Der Jackpot wären Videobilder. Rechts und links vom Eingang hängen Schilder mit dem Hinweis, dass der Kiosk rund um die Uhr von einer professionellen Firma videoüberwacht wird.

Die Beamten stellen drei Handys, ein iPad, einen defekten Laptop und fünf Telefonkarten sicher. Hinweise auf die Dresdner Einbrecher findet sie nicht. Aber die Dienstreise in den tiefen Westen lohnt sich dennoch. Denn sie kommen zu der Erkenntnis, dass die Juwelendiebe wahrscheinlich nie in Bochum waren. Auf die Daten der Telefonkonzerne ist kein Verlass, weil es in dem Business um schlichte Masse geht und viele Akteure auf das Telekommunikationsgesetz (TKG) einfach pfeifen. Einblicke liefert der Kioskbesitzer, als er mit seinem alten Audi vom Einkauf zurückkommt. Seine Vernehmung beginnt laut Protokoll um 11.59 Uhr.

Der Tamile gibt freimütig zu, dass er SIM-Karten verkauft, die bereits aktiviert sind. Kunden erwerben bei ihm eine Handynummer, ohne dass sie ihre Daten angeben. »Die Kunden kommen zu mir ins Geschäft und kaufen die aktivierten Karten. Manche Leute schauen sich auch die nicht aktivierten Karten an. Dann muss ich aber nach dem Ausweis fragen und dann wollen sie die Karten nicht mehr«, sagt der Kioskbetreiber aus. In Bochum gehen nach seinen Angaben fast nur SIM-Karten über die Theke, die bereits auf Männer wie den Albaner Rudi B. oder das Essener Phantom registriert sind.

Doch wer manipuliert die Anmeldungen? Wie gelangen die falschen Angaben in die Datenbanken der Telefonkonzerne? Der Tamile aus Bochum reicht den schwarzen Peter weiter an einen Landsmann: »In Castrop-Rauxel gibt es einen Mann namens S. Dieser aktiviert die SIM-Karten und verkauft sie an mich für 15 Euro weiter. (...) Diese verkaufe ich für 25 bis 30 Euro. Das ist Verhandlungsbasis.«

Der tamilische Landsmann ist kein Phantom. Der Kioskbetreiber zeigt den Polizisten ein Facebook-Profil und Chatverläufe bei WhatsApp. Die Dresdner haben eine neue Destination. Die Soko zieht weiter.

SIM-Karten aus Castrop-Rauxel

Vier Tage später stehen sechs Beamte vor einer Zweizimmerwohnung in Castrop-Rauxel. Das Mehrfamilienhaus liegt am Bahnhof. Bei offenem Fenster fahren die Züge direkt übers Kopfkissen. Die Soko Epaulette ist diesmal vorbereitet. Sie hat eine Dolmetscherin dabei.

Die Frau des mutmaßlichen SIM-Karten-Aktivisten will die Tür nicht aufmachen, sondern über den Balkon mit der Polizei reden. Als die Übersetzerin erklärt, dass die Polizei nicht geht und notfalls die Tür mit Gewalt öffnet, lenkt die Frau ein. Vielleicht ist ihr die Wohnung peinlich. Es gibt nur zwei Räume für die vierköpfige Familie. Die Einwanderer haben zwei Töchter im Grundschulalter. Gesellschaftsspiele, Flamingo-Tapete und ein Spieltisch der beliebten Disney-Eiskönigin. Die Bleibe ist gleichzeitig das Logistikzentrum eines SIM-Karten-Vertriebs. Im Schlafzimmer stapeln sich Kartons mit Prepaid-Karten. Dazu Kisten voller Billighandys.

Der Vater der anwesenden Mädchen ist nicht da. Gerade unterwegs in Hannover. Seine Vernehmung beginnt erst um 21.52 Uhr auf dem Polizeirevier in Datteln. Wohl auch etwas spät für die Sachsen. Im Protokoll steht »Daddeln« statt »Datteln.« Die Befragung dauert fast eine Stunde. Doch das Protokoll gibt später nicht viel her. Nur eine wichtige Passage:

> Frage: »Der Trinkhallenbesitzer sagt, dass er die Karten von Ihnen teilweise aktiviert bekommt. Wie erklären Sie sich das?«
> Antwort: »Nein, das macht der alles selber.«

Einer der beiden Tamilen lügt. Aber die Polizei weiß nicht, ob der aus Bochum oder der aus Castrop-Rauxel. Auf jeden Fall steckt die Soko in einer weiteren Sackgasse.

Immerhin beseitigt die Soko letzte Zweifel, dass es sich bei den beiden fraglichen Nummern um die Geräte der Einbrecher handelt: Sie synchronisiert die Verbindungsdaten des Netzbetreibers Telefonica mit den Videobildern aus der Überwachungskamera 335 auf dem Zwinger. Laut Telefonica kommunizieren die beiden Handys um exakt 4.47 Uhr und 32 Sekunden miteinander. Und genau zu dieser Sekunde ist auf den Videobildern zu sehen, wie einer der beiden Männer, die sich auf dem Bürgersteig neben der Werbetafel befinden, einen leuchtenden Gegenstand aus der Jacke zieht und an sein Ohr hält. 74 Sekunden später wird das Gespräch gemäß Telefonica-Daten beendet. Und sekundengenau senkt auch der Mann auf dem Video seinen Arm.

Um 4.49 Uhr und 47 Sekunden kommunizieren beide Handys erneut. Dieses Mal in umgekehrter Richtung. Das angerufene Telefon befindet sich jetzt hinter der Mauer unter dem Einstiegsfenster zum Grünen Gewölbe. Und wieder ist auf den Kamerabildern sekundengenau ein »leichter und kurzer Lichtschein« zu erkennen, wie der auswertende Kriminalkommissar in seinem Bericht kommentiert.

Damit steht zweifelsfrei fest, dass die Soko jetzt die Nummern der Tathandys hat. Umso dringender wird es, endlich zu ermitteln, wer den Einbrechern die SIM-Karten verkaufte. Die einzige nicht tot recherchierte Spur führt zum Panzerketten-Träger Ihab M. aus Berlin, dessen Handynummer ebenfalls auf das Essener Phantom James Ryan Hendy angemeldet war.

Der Handy-Shop in der Hermannstraße

Am 5. Februar um fünf Uhr steuert die Dresdner Polizei dessen Wohnung an. Mit dabei ist auch Staatsanwalt Christian Weber, was ziemlich ungewöhnlich ist. Offenbar haben die Sachsen große Erwartungen an die Vernehmung des Mannes.

Der junge Taxifahrer hat allerdings kein Problem, mit der Staatsmacht zu kooperieren. Um 6.30 Uhr beginnt seine Zeugenvernehmung auf dem Abschnitt 21 der Berliner Polizei.

Frage: »Können Sie die Handy-Shops benennen, in welchen Sie Ihre Karten für gewöhnlich kaufen?«

Antwort: »XPhone in Berlin, Neuendorfer Straße, dann zwei Shops auf der Erkstraße. Ein Spätkauf in der Hermannstraße, zwischen Jonasstraße und Emserstraße. Den Shop kann ich Ihnen aber zeigen.«

In welchem der vier Shops der junge Mann die SIM-Karte gekauft hat, die auf das Essener Phantom registriert ist, weiß er nicht mehr. Dafür wechselt er seine Nummern leider zu häufig.

Am selben Tag zur selben Uhrzeit. Auch der albanische Bauarbeiter Gezim D. wird von der Soko Epaulette vernommen. Auch er telefonierte Ende 2019 mit einer SIM-Karte, die auf James Ryan Hendy registriert war.

Frage: »Wo kaufen Sie sich die Karten?«

Antwort: »Im Tabakshop. Da ist ein Club auf der Hermannstraße. Dort essen wir Döner Kebab. Es ist der erste Laden. Da steht auch Tabak drauf.«

Frage: »Und dort kaufen Sie immer Ihre SIM-Karten.«

Antwort: »Ja, das ist das dritte Mal jetzt. Es ist der erste Laden auf der rechten Seite. Da verkauft ein Junge mit Glatze SIM-Karten.«

Beide Zeugen benennen einen Handy-Shop auf der Hermannstraße im Stadtteil Neukölln. Besonders spannend für die Ermittler ist: Die Gegend dort um den S-Bahnhof ist Rammo-Land. Im Radius von einem Kilometer leben Dutzende Angehörige der weit verzweigten Großfamilie: zum Beispiel der Dieb der Goldmünze Wissam Remmo. Oder seine drei Cousins Ahmed, Abdul Majed und Mohamed.

Also beratschlagen die sächsischen Ermittler zusammen mit Kollegen der Berliner Polizei den nächsten Schritt. Ergebnis der

Besprechung: Razzia im Handy-Shop. Staatsanwalt Weber beantragt beim Amtsgericht Dresden den nötigen Beschluss. Nach etwas mehr als einer Stunde kommt er genehmigt und unterschrieben zurück.

Die Sachsen beginnen aber nicht direkt mit der Durchsuchung. Solche Maßnahmen ohne den Schutz »breiter Schultern« können in Neukölln schnell im Desaster enden. Oft genug beugen sich die Clans nur dann den Regeln des Staates, wenn dieser mit genügend »Stiefeln« anrückt. Die Leitstelle des Berliner LKA fordert deshalb eine Hundertschaft der Bereitschaftspolizei an.

Um 13.17 Uhr springen 21 Uniformierte aus ihren blauen Mercedes-Transportern und besetzen sofort den Handy-Shop auf der Hermannstraße. Als der Laden gesichert ist, betritt Staatsanwalt Weber das kleine Geschäft und präsentiert den Durchsuchungsbeschluss. Anwesend ist nur der 16-jährige Sohn des Besitzers, der aber eilig seinen Vater anruft.

Die Bereitschaftspolizisten finden im Shop einen verbotenen Teleskop-Schlagstock an der Kasse. Außerdem tauchen ein paar geklaute Rucksäcke auf. Kieztypisches Grundrauschen, für das sich die Soko nicht interessiert. Sie suchen Kundendaten und Verkaufsunterlagen. Listen mit Handynummern, die auf Fake-Personalien registriert sind. Zwischen Kirsch-Lollis und Butterkeksen entdecken die Beamten dutzende SIM-Karten, Wegwerf-Handys, Festplatten und USB-Sticks. Quittungen stecken lose dazwischen. Eine saubere Analyse vor Ort ist nicht möglich. Die Soko nimmt alles mit, was in irgendeiner Form vielversprechend aussieht.

Trotzdem kommen die Dresdner auch an diesem Februartag noch einen Schritt weiter. Es passiert bei der Vernehmung eines Mitarbeiters des Handy-Shops und es geht um die Frage, wie die vorregistrierten SIM-Karten in den Laden kommen:

Frage: »Können Sie genau Personen benennen, welche Ihnen die SIM-Karten verkaufen?«

Antwort: »Es gibt Leute, die kommen ab und zu, und eine Person kommt öfters. Es ist der Erhan.«

Frage: »Wie ist Erhan zu erreichen?«

Antwort: »0152 599****. Ich kenne nur seinen Vornamen.«

Zu diesem Erhan passt ein Lieferschein, den die Beamten im Handy-Shop finden. Drei Wochen vor dem Einbruch ins Grüne Gewölbe verkaufte der Mann 60 SIM-Karten an den Laden. Durchaus möglich, dass die gesuchten SIM-Karten der Täter dazugehörten.

Ein weiterer Puzzlestein ist Erhans aktuelle Handynummer. Die Analyse-Software in Dresden findet sie auch in den Daten des tamilischen SIM-Karten-Händlers aus Castrop-Rauxel. Zwölf Mal innerhalb von zwei Wochen telefonierte Erhan mit dem Mann aus dem Ruhrgebiet. Damit ist die vermutete Neukölln-Castrop-Rauxel-Connection verifiziert.

Weitere Recherchen ergeben, dass der Tamile die SIM-Karten mit geklauten Pass-Daten von real existierenden Personen freischaltet. Auf seinem Handy entdecken die Ermittler dutzende Bilder von echten Reisepässen aus der ganzen Welt.

Castrop-Rauxel registriert – Erhan verkauft in Berlin, so die fundierte Hypothese der Ermittler.

Der Mann ist 39 Jahre alt, in Berlin geboren, hat aber die türkische Staatsbürgerschaft. Bei der Berliner Polizei hat er schon vor zehn Jahren ordentlich Akten produziert: Sachbeschädigung, Wohnungseinbruch, Raub, Drogen ...

Trotzdem warten die Ermittler noch mit dem Zugriff. Zuerst wollen sie eine gewagte These abarbeiten, die noch im Raum steht: Ist Erhan C. vielleicht sogar der Cheflogistiker der Bande, der neben den SIM-Karten auch die Autos besorgt hat?

Tatsächlich sieht er dem Phantombild ähnlich, das den Abholer des Audis in Magdeburg zeigen soll. Nur das Alter passt nicht so recht. Trotzdem holt die Soko das große Besteck heraus und observiert den Mann. Meistens verlässt er gegen zehn Uhr morgens die

Wohnung in einem schlichten Mehrfamilienhaus in Berlin-Kreuzberg und kommt gegen Mitternacht wieder zurück. Dazwischen finden die Ermittler nichts, was die Hypothese des Cheflogistikers unterfüttern könnte. Die einzige Verbindung zum Einbruch bleiben die Handys.

Erst ein halbes Jahr später besorgt sich die Soko einen Durchsuchungsbeschluss für seine Wohnung. Am 2. September 2020 stürmen neun Polizisten, ein Oberstaatsanwalt und ein Dolmetscher das schlichte Mehrfamilienhaus. Hier wohnt Erhan in einer Vier-Zimmer-Wohnung in Kreuzberg. Zusammen mit zwei Schwestern und seiner Mutter. Weil die Zielperson in den vergangenen Jahren unauffällig war, wird auf die Ramme verzichtet. Um 7.20 Uhr klingelt der Rechtsstaat in der dritten Etage an der Wohnungstür. Die verdutzte Mutter öffnet, den 39-jährigen Sohn müssen die Beamten erst wecken. Er liegt in seinem Etagenbett im kleinsten Zimmer der Wohnung. Überall sind Klamotten verstreut. Dazwischen stehen Plastiktüten, randvoll mit SIM-Karten.

Mal wieder geht es den Ermittlern um schriftliche Unterlagen. Um Beweise, die von den SIM-Karten zu den Tätern führen. Erhan C. will das Jagdfieber bremsen. Er wisse nix von Unterlagen, weder digitale noch schriftliche, behauptet er. Wieder beschlagnahmen die Ermittler einen Haufen SIM-Karten, zwei iPhones und diverse Zettel und Notizen.

Dann zieht der Tross weiter zur Hermannstraße in einen Handyladen, in dem Erhan C. tagsüber arbeitet, wie die Soko im Vorfeld ermittelt hat.

Das Geschäft liegt fünf Minuten zu Fuß entfernt von jenem Shop, den die Polizei im Februar durchsucht hat. Immer noch mitten im Rammo-Land. In einem Tresor findet die Polizei fast 20 000 Euro. Lose in einer roten Plastiktüte. Das Geld scheint den anwesenden Erhan C. aber nicht zu interessieren. Er hat andere Sorgen. Auf Türkisch zischt er einem Mitarbeiter zu: »Lösch die Sachen auf dem Computer.« Dummerweise steht neben ihm ein Bereitschaftspolizist, der Türkisch versteht.

Wieder beschlagnahmt die Soko Epaulette Computer, Festplatten, Handys und SIM-Karten und bringt sie nach Dresden, um sie dort auszuwerten. Weil auch hier die immense Datenmenge menschliche Kapazitäten sprengt, nutzt die Polizei die Software »Cellebrite UFED« einer israelischen Firma. Das Tool liest digitale Datenträger aus und macht sie für den Ermittler recherchierbar. Ein erfahrener Beamter stößt mit den richtigen Suchwörtern innerhalb von Minuten auf Inhalte, für die er ohne Cellebrite Monate bräuchte, um sie zu lokalisieren.

Interessant sind zum Beispiel die Inhalte, die Erhan C. mit seinem iPhone googelte, kurz nachdem die Soko den ersten Handy-Shop auf der Neuköllner Hermannstraße durchsucht hatte. Seine Suchbegriffe waren: »razzia berlin neukölln«, »verkauf von aktiven sim karten strafbar« und »museums anschlag dresden«.

Strafrelevant sind solche Google-Suchen natürlich nicht. Handfester ist da schon eine Excel-Tabelle mit gelisteten SIM-Karten, die die Software später entdeckt. Diese frischen Daten gleicht sie mit allen Telefonnummern ab, die die Soko bereits früher ermittelt hat. Dabei filtert sie wieder einen Kreuztreffer heraus: Eine der »Erhan«-Nummern mit Fake-Profil wurde wenige Monate zuvor von Abdul Majed Remmo benutzt. Das ist die erste Querverbindung zwischen dem SIM-Karten-Dealer, dem Rammo-Clan und den Einbrechern im Grünen Gewölbe.

Außerdem extrahieren die Ermittler einen bulgarischen Bauarbeiter aus der Datenhalde, der ebenfalls eine SIM-Karte mit der identischen Fake-Personalie genutzt hat. Auf Google Streetview zeigt der Mann den Ermittlern, wo er die Karte erworben hat. Es ist wieder der Handyshop auf der Hermannstraße, den die Polizei als Erstes durchsucht hat. Damit steht für die Polizei und die Staatsanwaltschaft fest: Abdul Majed Remmo hat in diesem Laden auch die Rufnummern für den Einbruch ins Grüne Gewölbe besorgt.

Das ist eine gewagte These. Harte Beweise fehlen dafür. Dennoch tippt Staatsanwalt Christian Weber in seine Anklageschrift: »Im Ergebnis der Ermittlungen ist davon auszugehen, dass die SIM-Karten durch Abdul Majed Remmo in einem Tele Internet Café auf der Hermannstraße in Berlin-Neukölln erworben wurden.«

Kapitel 9

Die Suche nach dem Insider

Rasterfahndung

Eine der wichtigsten Ermittlungsansätze für die Soko Epaulette ist die Suche nach dem Insider. Irgendjemand muss die Interna aus dem Sicherheitsmanagement des Grünen Gewölbes verraten haben. Davon gehen die Ermittler von Anfang an aus. Wer also hat den Einbrechern gesteckt, wie tief der Außenscanner reicht? Woher wussten die Täter, dass das Einstiegsfenster nicht mit einer Lichtschranke gesichert war und wann im Schloss Schichtwechsel ist? Und wer hat ihnen erzählt, dass sich im Pegelhaus die Stromleitungen für die Straßenbeleuchtung befinden? Der Aufwand, den die Soko Epaulette für die Klärung dieser Fragen betreibt, ist exorbitant.

So bitten die Ermittler das Einwohnermeldeamt um eine umfangreiche Recherche in dessen Datenbeständen. Sie beantragen Einsicht in alle Einträge zu »allen erwachsenen Personen mit Zuzug nach Dresden aus Berlin. Fünf Jahre rückwirkend.«

Die Strategie dahinter ist, dieses sehr allgemeine Personenprofil dann immer weiter zu spezifizieren. Geschlecht, Alter, Herkunft, Vorstrafen können weitere Raster sein, bis am Ende eine bestimmte Personengruppe oder sogar eine bestimmte Person übrigbleibt. Rasterfahndung heißt dieses Prinzip. Der ehemalige BKA-Chef Horst Herold hatte die Fahndungsmethode in den 70er-Jahren im Kampf gegen die RAF entwickelt.

Rechtlich ist ein solches Vorgehen nicht ganz unproblematisch. Die gesetzlichen Vorgaben für die Rasterfahndung sind in Deutschland Ländersache. In Sachsen wird die Datenerhebung durch das Sächsische Polizeivollzugsdienstgesetz geregelt. In § 62 heißt es da:

»Die Polizei kann von öffentlichen und nicht-öffentlichen Stellen die Übermittlung von personenbezogenen Daten bestimmter Personengruppen zum Zweck des automatisierten Abgleichs mit anderen Datenbeständen verlangen, soweit dies zur Abwehr einer

Gefahr für den Bestand oder die Sicherheit des Bundes oder eines Landes oder für Leib, Leben oder Freiheit einer Person erforderlich ist; eine solche Gefahr liegt in der Regel auch dann vor, wenn konkrete Vorbereitungshandlungen für sich oder zusammen mit weiteren Tatsachen die Annahme rechtfertigen, dass eine terroristische Straftat begangen werden soll.«

Ob ein Einbruch im Grünen Gewölbe die Sicherheit des Landes oder Leib und Leben Einzelner gefährdet, darf zumindest bezweifelt werden. Auch einer der Polizisten meldet seine Bedenken an. Getreu dem Motto »des Beamten Stärke sind seine Vermerke« schreibt er eine Mail an die Staatsanwaltschaft: Zugriff auf die Daten darf »nur ein nachvollziehbarer Personenkreis von Ermittlern der Sonderkommission Epaulette haben. ... Ausschließlich zum Abgleich mit den im Verfahren der Sonderkommission Epaulette bisher erfassten Personen werden diese in das Auswerteprogramm InfoZoom importiert. Dort ist es möglich, die Daten zu vereinheitlichen und den Anforderungen entsprechend automatisiert zu vergleichen.«

Bei der Gelegenheit schlägt der Ermittler noch vor, dass auch die »Wegzüge von Dresden nach Berlin ... beigezogen werden« sollten.

Das Einwohnermeldeamt übermittelt der Soko Epaulette insgesamt 8900 Datensätze. Leider stellt sich später heraus, dass falsche Datensätze geliefert wurden. Also schreibt die Soko wieder einen Vermerk. Die falschen Daten werden gelöscht. Dann bekommt die Staatsanwaltschaft offenbar kalte Füße und entscheidet, die »Datenträger vorerst ruhen zu lassen«.

Lauter Sackgassen

In den folgenden Wochen überprüft die Soko auch ohne eine systematische Rasterfahndung unzählige Personen. Die meisten sind junge Männer mit Migrationshintergrund. Es sind aber auch Frauen aus den Ländern des ehemaligen Jugoslawien darunter. Oft polizeibekannt und vorbestraft. Die häufigsten Delikte laut POLIS: Körperverletzung, Drogenhandel, Einbrüche, Ladendiebstahl. Die Ermittler durchforsten ihre Ergebnisse immer nach Schnittmengen mit den einschlägigen kriminellen Großfamilien in Berlin. Aber auch in NRW. Eine Verbindung zu Personen mit Zugang zum inneren Sicherheitszirkel des Grünen Gewölbes liefern all die Recherchen und Befragungen nicht.

Auch die Erkenntnisse, die das LKA Berlin zu den überprüften und einschlägig polizeibekannten Personen beisteuert, helfen nicht weiter. Da geht es zum Beispiel um einen Yassir R. aus Dresden, der mit einem Avni H. aus Berlin befreundet ist. H. ist aktenkundig wegen Ladendiebstahl (2x), Beförderungserschleichung (3x) und Beleidigung (3x). Hauptberuflich arbeitet H. als Ladendetektiv bei Lidl. Die Polizisten haben Vermerke über abgehörte Telefonate vorliegen. In einem Telefonat unterhält sich H. mit einer »unbekannten männlichen Person«. Abgekürzt »UM«. Unbekannte weibliche Personen heißen im Polizeijargon »UW« oder auch »UWP«. »Unbekannte diverse Person« existiert noch nicht im Fundus polizeilicher Kürzel.

In einem der Gespräche geht es auch um Diamanten aus Antwerpen. »Die kosten nichts, die sind zu klein, 15 000 wenn es hochkommt«, sagt die unbekannte Stimme. Das Wort »Diamanten« reicht aus, um die Soko aufhorchen zu lassen. Jetzt will sie wissen, wer der Mann am Telefon ist; weitere Personen werden befragt, Einträge in den Polizeidatenbanken verglichen. Eine Schnitzeljagd quer durch alle Nationalitäten und Deliktsfelder beginnt. Sie endet wie das meiste im Niemandsland.

Die anderen abgehörten Gespräche handeln von Spielschulden beim Pokern und der Masche eines Freundes, der seltene Bücher als Wertanlage an der Haustür verkauft. Vier Bücher für 60 000 Euro. Dabei sind es billig produzierte Faksimiles, maximaler Wert: 250 Euro. Opfer dieser Betrugsmasche sind vor allem gutgläubige Rentner.

Auf dem Tisch der Ermittler landet auch ein 17-seitiger Polizeibericht über Elvir K., einen Kosovaren. K. macht alles, was Geld bringt: Diebstahl mit Waffen, gerne auch mal als Teil einer Bande. Einer seiner Mittäter hat die Ermittler mit einem besonderen Trick in der Spielothek »Elbepark« verblüfft.

Im Bericht dazu steht: »Mit einem Gegenstand wird die Einwurf-Einheit verschoben, so dass sich ab jetzt das durch Unbeteiligte eingeworfene Geld im Sammelbehälter für 20 Cent-Münzen sammelt. Der Betrüger spielt dann, sobald der Automat frei ist, aber nur ein einziges 20-Cent-Spiel. Dann lässt er sich den Rest auszahlen.« Der Automat spuckt alle gesammelten Münzen aus. Wie genau der Hack funktioniert, wird in dem Polizeidossier nicht erklärt.

Auch alle diese Spuren führen ins Nichts. Und müssen trotzdem abgearbeitet und anschließend in einem »Sachstandsbericht« niedergeschrieben werden, mit dem die Soko die Staatsanwaltschaft über ihre Ermittlungen informiert.

Neues vom Insider

Dieses Mal geht es in dem Bericht um das »Herausfinden von möglichen Insidern«, wie es der Verfasser Kriminalhauptkommissar Engel betitelt. In der Soko ist er als harter Vernehmer bekannt. Hier listet er akribisch auf, wer wann vernommen wurde, wer in den Fokus der Soko geriet und bei wem sich der Status von »Zeuge« zu »Beschuldigter« geändert hat. Ein nicht ganz unwesentlicher Unterschied: Als Zeuge muss man aussagen. Als Beschuldigter kann man die Aussage verweigern, weil man sich nicht selbst belasten muss.

Die Einzigen, die in besagtem Bericht immer noch als »Beschuldigte« aufgeführt werden, sind die beiden Mitarbeiter der Sicherheitsfirma DWSI GmbH, die in der Leitstelle Dienst tun, diese zum Zeitpunkt der Tat aber bereits verlassen hatten: Sandra

Kaiser und ihr Kollege Andre Waldmann*. Beide befanden sich schon auf dem Heimweg. Kaiser war es auch gewesen, die den Außenscanner nach dem ausgelösten Alarm am Vorabend nicht wieder scharfgestellt hatte. »Ein möglicher Grund«, vermutet Kommissar Engel allerdings, »könnte Bequemlichkeit sein, damit keine neuen Alarme einlaufen«.

Zu den Vorwürfen äußert sich Sandra Kaiser auf Anraten ihres Rechtsanwaltes nicht. Ihr Kollege schweigt ebenfalls. Beide sind allerdings nicht die Einzigen, deren Handlungsabläufe nicht der Vorschrift entsprachen:

Die beiden diensthabenden Leitstellenmitarbeiter Hahne und Boll zum Beispiel setzten sich, wie beschrieben, in der Tatnacht ebenfalls souverän über die »Dienstvorschriften für den Ernstfall« hinweg. Im Sachstandsbericht steht dazu:

»Laut Dienstanweisung soll das Licht im angegriffenen Objektbereich eingeschaltet werden. Dies erfolgte nicht. Als Begründung gab Markus Hahne an, dass man den Tätern die Sicht erschweren wollte, damit nicht so viel gestohlen werden kann.«

Außerdem wurde der »Überfallknopf« unter der Tischplatte in der Leitzentrale nicht gedrückt. Zum Zeitpunkt des Alarmeingangs saß Hahne an diesem Arbeitsplatz. Er entschied sich stattdessen, direkt telefonischen Kontakt zum Führungs- und Lagezentrum in der Polizeidirektion Dresden herzustellen. Einen ermittlungsrelevanten Tatbestand möchte Kommissar Engel darin nicht erkennen. Hahne hat »in der Betrachtung seiner Handlungsentscheidungen in allen Punkten im Rahmen seines Ermessens gehandelt«, schreibt er. »Der Alarmknopf selbst wurde durch die Leitstellenmitarbeiter noch nie aktiv ausgelöst. In der Handhabung herrschte Unsicherheit.«

Auch das Wachpersonal draußen vor dem Zwinger ist für die Soko ein Ansatz bei der Suche nach dem Insider. Immerhin haben die Männer die späteren Täter in den Stunden vor der Tat immer wieder beobachtet. Ohne auf die Idee gekommen zu sein, es

Die Westfassade des Residenzschlosses in der Dresdner Altstadt. Von hier aus dringen die Einbrecher am 25. November 2019 in das Grüne Gewölbe ein.

Die Täter steuern gezielt das Juwelenzimmer an, wo die wertvollsten Stücke der Sammlung ausgestellt sind.

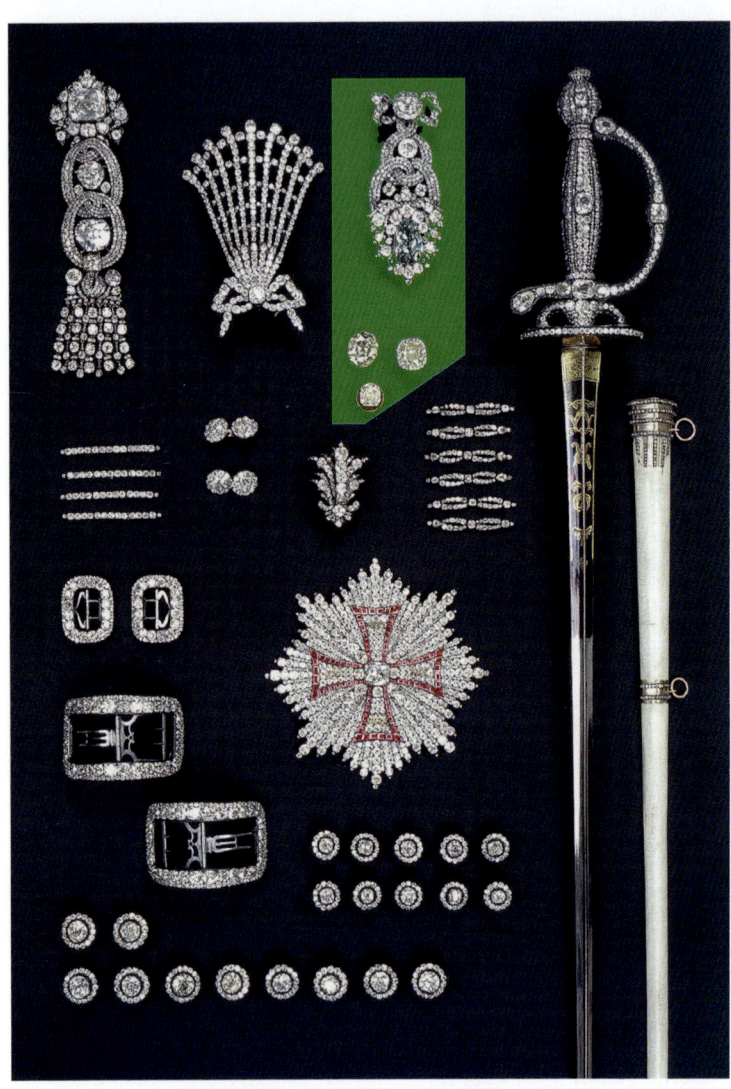

Das wertvollste Einzelstück ist die »Epaulette« mit dem Brillanten »Sächsischer Weißer« (oben links im Bild). Er wiegt 50 Karat. Die Epaulette wurde mit 40 Millionen Euro versichert, als sie 2005 für eine Ausstellung nach Frankreich verliehen wurde.

Die Kamera 228 zeichnet auf, wie einer der Täter mit einer Axt auf die Vitrine im Juwelenzimmer einschlägt. Mehrere Alarme werden ausgelöst, doch die Sicherheitsmitarbeiter greifen nicht ein. Die Täter fliehen, bevor die Polizei eintrifft.

Die Vitrine nach dem Einbruch: Die Täter erbeuten 21 Schmuckstücke mit über 4300 Diamanten und Brillanten. Viele Teile werden beim Rausreißen beschädigt, weil sie mit dünnen Angelschnüren fixiert sind.

Das Einstiegsfenster an der Westfassade des Schlosses: Die Spurensicherung der Polizei hat hunderte Stellen markiert, wo es sich lohnt, nach DNA-Spuren zu suchen. Die penible Tatort-Arbeit des Landeskriminalamts ist die Basis für die erfolgreichen Ermittlungen der Soko Epaulette.

Nach dem Einbruch flüchten die Täter mit einem Audi in eine Dresdner Tiefgarage. Dort zünden sie das Fahrzeug an und gefährden dutzende Menschen, die in dem Haus oberhalb der Tiefgarage leben.

Von Dresden aus fahren die sechs Täter mit einem Mercedes nach Berlin. Zufällig beschlagnahmt die Polizei später das Auto und ordnet es dem Einbruch ins Grüne Gewölbe zu. Im Innenraum findet die Polizei wertvolle DNA-Spuren.

Am 17. November 2020 verhaftet die Polizei Bashir Remmo in einem Wohnblock in Berlin-Kreuzberg. Den Zwillingsbrüdern Mohamed und Abdul Majed Remmo gelingt die Flucht.

Der festgenommene Bashir Remmo liegt im Wohnzimmer, wo normalerweise seine Eltern schlafen. Wegen der Corona-Pandemie hat die Polizei ihm eine Maske aufgesetzt.

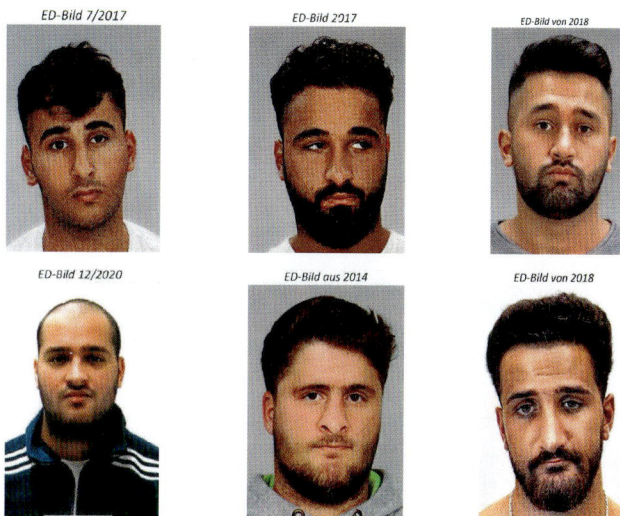

Die Angeklagten von links oben nach rechts unten: Abdul Majed Remmo, Ahmed Remmo, Bashir Remmo, Mohamed Remmo, Rabieh Remo und Wissam Remmo.

Issa Rammo gilt als der mächtigste Mann innerhalb des riesigen Clans. Der Onkel von fünf der sechs Angeklagten bestreitet das.

Prozessbeginn am 28. Januar 2021: Weil zwei Angeklagte zum Zeitpunkt der Tat noch nicht 21 Jahre alt waren, finden die Verhandlungen vor einer Jugendkammer des Landgerichts Dresden unter Vorsitz von Richter Andreas Ziegel statt.

Für hervorragende Ermittlungsarbeit zeichnet der Bund Deutscher Kriminalbeamter die Soko Epaulette im Mai 2023 mit dem Paul-Koettig-Preis aus. Von links nach rechts: Jörg Bozenhard, Karina Hofmann, Olaf Richter.

könnte sich um Vorbereitungen für einen Einbruch handeln. Für Kommissar Engel sind ihre Zeugenaussagen zumindest erstaunlich:

»Befragt, warum niemand daran gedacht hatte, die Polizei von den Beobachtungen in Kenntnis zu setzen, wurde angegeben, dass man auf Grund der bekannten Informationen zum Sicherheitssystem im Residenzschloss nie daran geglaubt hätte, dass ein Einbruch so möglich wäre.«

Die Sicherheitsfirma im Fokus

Ein Indiz für eine Tatbeteiligung ist diese Aussage natürlich nicht. Aber vielleicht ein Hinweis auf die mangelnde Qualifikation und fragwürdige Rekrutierung der Mitarbeiter bei der Sicherheitsfirma DWSI. Das wäre kein Wunder. Security wird gesucht. Wer will schon einen Job machen, der aus 99 Prozent Langeweile und einem Prozent Gefahr besteht und dabei so wenig einbringt?

Die Soko befragt dazu den ehemaligen Sicherheitsmitarbeiter Maxim A., der ebenfalls ein paar Monate lang im Grünen Gewölbe beschäftigt war. Maxim A. ist Kanadier. Was er von seinem Einstellungsverfahren bei DWSI erzählt, hört sich für die Soko an wie ein schlechter Witz: Die einzige Voraussetzung für den Job ist der Nachweis, dass der Bewerber »über eine gute Beherrschung der grammatischen Strukturen und des Grundwortschatzes im mündlichen und schriftlichen Sprachgebrauch verfügt«. Diese ließe sich in einem 40-stündigen Lehrgang erwerben, der mit der »Sprachprüfung B1« abgeschlossen wird.

In den Staatlichen Kunstsammlungen Dresden war der Bedarf an Wachpersonal so groß, dass Maxim A. auch ohne Bescheinigung schon mal anfangen durfte. Der Unterricht begann wenig später. Dort sprach der Lehrer über Napoleon, verglich die Beatles mit dem Koran, und Maxim A. verstand kaum ein Wort. Dann gab es einen Test mit fünf bis sechs Fragen. Die Antworten lieferte der Lehrer gleich hinterher. Als Nächstes musste Maxim A. einen Tageslehrgang bei der Industrie- und Handelskammer absolvieren. »Das sollte bis 15 Uhr – sechs Stunden – gehen. Aber schon nach drei Stunden war dort Schluss, weil es hieß, der Lehrer hat noch was anderes vor.«

Auch die Brandschutzeinweisung im Grünen Gewölbe selbst war, nach Aussage von Maxim A., eine Katastrophe. »Ich bekam einen Schlüssel und mir wurde eine Tür gezeigt, wo ich dann mit den Gästen rausgehen sollte. Und mir wurde ein Feuerlöscher gezeigt. Eine Übung dazu gab es aber nie.« Als Maxim A. sich beschwerte und einen Brief an die Schule und die Sicherheitsfirma schrieb, war er kurz darauf seinen Job wieder los.

Für die Soko sind diese Informationen keine Beweise, aber möglicherweise Indizien, dass das Sicherheitssystem im Grünen Gewölbe so unprofessionell und so wenig hermetisch war, dass es für die Tat vielleicht gar keines Insiders bedurfte. Der Gedanke nimmt spätestens in dem Moment Gestalt an, als die Soko im Präsidium den Zeugen Ronny Richter* verhört.

Richter ist seit 2004 beim Sicherheitsunternehmen DWSI beschäftigt. Der 39-Jährige hat sich hochgearbeitet. Von der einfachen Aufsicht zum bewaffneten Mitarbeiter der Zentrale. Am Tattag hatte er keinen Dienst. Bei seiner Vernehmung erzählt er von seinem ganz normalen Arbeitsalltag: Von Tauben, die immer wieder den Alarm bei den Außenscannern auslösen. Und von den Alarmanlagen vor den Vitrinen, die eine Meldung absetzen, sobald draußen die Straßenbahn über die Gleise rumpelt. Und die dann jedes Mal per Hand wieder scharfgestellt werden müssen.

Was die Außenscanner betrifft, gibt Richter an diesem Tag auch noch zu Protokoll, »dass jeder wusste, dass sie nicht hundertprozentig funktionieren, und das haben wir auch werkschutzmäßig immer notiert und weitergegeben«. »Weitergegeben« heißt, an den DWSI-Chef, von da weiter an die SKD, die Staatlichen Kunstsammlungen Dresden.

»Die Schwachstellen sind bekannt«, erzählt Richter weiter, »dass halt viele Sachen nicht von der Anlage überwacht werden, wo tote Winkel in der Kamera sind. Bestes Beispiel ist zum Beispiel die Eingangstür Schloßstraße. Dort ist kein Magnet, dort ist kein Riegel, dort ist kein Bewegungsmelder und keine Kamera.«

Acht Millionen Euro haben die SKD pro Jahr ausgegeben für ein Sicherheitssystem, das löchrig und fehlerhaft war wie ein verrostetes Nudelsieb. Und von dessen Fehlern offenbar mehr als nur eine Handvoll Leute wusste.

Eine Anleitung zum Stehlen

Es gibt einen Fernsehbeitrag, der bei YouTube und in der MDR-Mediathek über viele Jahre zu sehen war. Und der eine Gebrauchsanleitung ist für einen gefahrlosen und erfolgreichen Einbruch ins Grüne Gewölbe. Die Staatlichen Kunstsammlungen Dresden haben ihn via Twitter am Tag der Ausstrahlung sogar extra empfohlen: »TV-Tipp Geheimsache ›Grünes Gewölbe‹ – Das Sicherheitskonzept einer Schatzkammer, 21.15 Uhr, MDR«.

Mittlerweile ist der Beitrag bei YouTube gelöscht und beim MDR gesperrt. Jetzt können nicht einmal Mitarbeiter des Mitteldeutschen Rundfunks sich den Film im hauseigenen Archiv ansehen. Lange Zeit war das anders.

Gleich zu Beginn der Doku sagen die Macher, dass die »Schmuckstücke im Grünen Gewölbe viele Milliarden Euro« wert seien, um dann das Sicherheitskonzept der »reichsten Schatzkammer Europas« vorzustellen. Beginnend mit einem Flug von oben über Dresdens Altstadt zum Residenzschloss, wo Schätze lagern, die auf dem illegalen »Kunstmarkt heiß begehrt« sind. So der Text. Dann wird über die Mauern des Schlosses geschwenkt mit der Bemerkung, dass »die Fassade mit allen Vorsprüngen eine Einladung für jeden halbwegs geschickten Dieb« sei. Doch wozu klettern? Schließlich lagert der Schatz im Erdgeschoss. »Eigentlich muss man nur über den Eisenzaun steigen, und schon steht man vor dem Grünen Gewölbe.«

Danach wird ein Gitter an einem der unteren Fenster gezeigt. »Nur noch die schweren Eisengitter aus Zeiten Augusts des Starken sichern die Kostbarkeiten«. In den folgenden fast 30 Minuten erklären die Filmemacher so gut wie jedes Detail des Sicherheitskonzeptes. Wo sich die Außenkameras befinden. Wo es Bewegungsmelder gibt. Wie die Scanner als eine Art Schutzschild funktionieren. Das zeigt der MDR noch als Animation vor der Fassade. Auch Jörg Petermann, Geschäftsführer der Security-Firma DWSI, macht mit und gibt Interviews. Genauso wie der Sicherheitchef des Museums Michael John, der im Detail erklärt, wie die Überwachungstechnik im Falle einer Flucht funktioniert. Sogar die lausige Qualität der Überwachungskameras wird dokumentiert. Im Abspann ist ein Originalvideo der Überwachungsanlage während der Dreharbeiten zu sehen. Die Gesichter der Personen darauf sind praktisch nicht zu identifizieren.

Die Antwort des Museums

Die Befragung des »Leiters im Bereich Bautechnik und Sicherheit der Staatlichen Kunstsammlungen« ist für die Soko auch wegen des Films von großem Interesse. Und weil der Mann am Tag des Einbruchs noch in London weilte und für eine Befragung bisher nicht zur Verfügung stand.

Klaus Michael John trägt gerne Schwarz: schwarzes Shirt, schwarzes Hemd, schwarze Weste, schwarze Hose. Dazu eine bronzefarbene Brille, Dreitagebart, kurz geschorener runder Schädel. Typ modisch interessierter Intellektueller. Zu den Schwachstellen des Sicherheitskonzepts kann er wenig beitragen. Gewusst hat er plötzlich darüber nichts.

»Sonst hätte ich sie umgehend beseitigt«, erklärt er. Belegt sei die Aussage durch die Risikoanalysen, die alle paar Jahre durchgeführt würden. 2010 gab es eine und 2017. Wie immer wurden alle möglichen und unmöglichen Gefahren simuliert: Brand, Hochwasser, technische Havarien, Vandalismus, Schädlinge, Schadstoffe, Licht, Klima.

»Gibt es Bereiche, die von den Laserscannern bzw. von den Vorhangmeldern nicht erfasst werden?«, fragen die Ermittler weiter.

»Es gab Flecken« antwortet John und kramt ein Protokoll heraus. »Es gibt Bereiche, die können wir mit unserem Vorhangkonzept, so nenn ich es mal, nicht komplett abdecken. Da gibt es zum Beispiel bestimmte Schattenbereiche. Die gesamten Ecktürme zum Beispiel. Diese Bereiche, die nicht mit Scannern überwacht werden können, sollten dann mit Infrarotmeldern ausgestattet werden. So wurde es in diversen Abstimmungen und Gesprächen 2003 und 2002 besprochen. Das ist sogar in einer Grafik vermerkt.«

Überzeugt hat sich der Sicherheitschef von deren Funktion später nicht. »Ich bin davon ausgegangen, dass diese Kompensation an Stellen, wo die Scanner nicht greifen, auch genauso erfolgt ist.«

Frage: »Was ist mit den Kameras? Haben Sie sich jemals angesehen, nach welchem Qualitätsstandard und wie überhaupt die Kameras funktionieren?«

Antwort: »Zur Übergabe der Anlage. Ja. Stichprobenartig. Danach wurde darauf vertraut, dass sich bei Schwierigkeiten der Techniker bei mir meldet.«

»Hat es seitens der Leitstellen-Mitarbeiter Hinweise gegeben, nach denen die Qualität der Außenkameras als schlecht bzw. unzureichend eingeschätzt wurde?«

»Ich denke, ja«, antwortet John. »2018 wurde wohl festgelegt, dass wir die Kameras im historischen Gewölbe tauschen wollen.«

Die Innenkameras waren allerdings noch viel problematischer. Technisch gesehen. Auflösung 704 x 576 Pixel. Das ist die Qualität des Fernsehens, als es noch im Verhältnis 4:3 gesendet hat. Oder eben, wie gesagt, die eines Fotohandys von vor zwanzig Jahren. Die Außenkameras liefern dagegen ein Bild mit 1920 x 1080 Pixeln. Immerhin Full-HD.

»Die Innenkameras waren auch eher für den Tageinsatz gedacht«, antwortet John. »Nicht für nachts. Nicht wenn alles dunkel ist.«

Die Beschaffung neuer Kameras begann dann – wie immer in Deutschland – erst einmal mit der Klärung der Zuständigkeit für den sogenannten Bauunterhalt. Geregelt in der »Richtlinie Bau Sachsen«. Demnach ist für den Unterhalt bestehender baulicher Anlagen die Planungsfirma, im Falle des Grünen Gewölbes der Staatsbetrieb Sächsisches Immobilien- und Baumanagement (SIB), verantwortlich.

Dort wurde viel geredet. Zum Beispiel über den Handlungsbedarf. Das erweiterte den Personenkreis, der um den Sachverhalt wusste. Mehr passierte nicht. Am Tattag im November 2019 hingen immer noch die alten Kameras mit dem Qualitätsstandard der Jahrtausendwende in den Räumen und lieferten nicht ansatzweise das, was sie liefern sollen: verwertbare Bilder.

Auch die Frage, warum die Fenstergitter nicht überwacht wurden, interessiert die Soko-Ermittler.

»Weil die Laserscanner ja da sind«, antwortet Michael John.

»Das trifft für alle Fenster zu?«

»Ja.«

»Das Einstiegsfenster wird zwar von der Kamera erfasst, hat aber keine Lichtschranke. Was wurde unternommen, um diese Lücke zu schließen?«

Der Sicherheitschef erinnert sich, wenn auch nur »dunkel«. Es muss im »Jahr 2003 gewesen sein, wo das erste Mal festgestellt wurde, wir bekommen keine vollflächige Fassadenüberwachung hin. Die Fenster sollten dann eine alternative Sicherung durch Infrarotschranken erhalten.«

»Wer hat diese Maßnahmen überprüft?«

John holt tief Luft. »Ich bin davon ausgegangen, dass diese Infrarotschranken in allen Fenstern, die betroffen waren, installiert werden. Mehr kann ich Ihnen dazu nicht sagen.«

»Was ist mit den Vitrinen?«, fragt die Soko. »Das LKA Sachsen hatte empfohlen, in den Vitrinen eine Alarmdrahtmatte einzubringen und auf die Einbruchmeldeanlage aufzuschalten. Was ist davon realisiert worden?«

Der Sicherheitschef weiß es nicht.

»Ist die Beleuchtung der Vitrinen während der Schließzeiten geregelt? Gibt es einen festgelegten Schaltrhythmus? Und gibt es Störmeldungen, wenn dieser nicht eingehalten wird? Wenn ja, wo laufen diese ein?«

Antwort: »Ich weiß es nicht.«

Danach schreibt Kommissar Engel in seinen Sachstandsbericht: »Beim derzeitigen Ermittlungsstand liegen keine Beweise für ›Insiderhandeln‹ seitens der Leitstellenmitarbeiter sowie der Aufsichten der Firma DWSI GmbH vor.«

Komplizen in der Tiefgarage

Ein ähnliches Ergebnis liefert die Suche nach einem Komplizen, der den Tätern in der Tiefgarage mit dem abgefackelten Audi geholfen hat. Es geht um die Frage, wie die Einbrecher in das Parkhaus gekommen sind. Mit Gewalt? Mit einem Nachschlüssel? Mit jemandem, der das Tor für sie geöffnet hat?

Die Tiefgarage in der Kötzschenbroderstraße gehört zu einer neuerbauten Wohnanlage. Schicke, große, grau-weiße Stadthäuser, mit Balkon, Fahrstuhl und ebenjener Tiefgarage. Wer direkt vorne an der Straße wohnt, genießt einen traumhaften Blick auf die träge dahinfließende Elbe. Links ist die Silhouette der Dresdner Altstadt zu sehen. Ein ruhiges, übersichtliches Wohnambiente für die gehobene Mittelschicht.

Hier geht die Soko jetzt wieder von Tür zu Tür und sammelt Zeugenaussagen: Wer hat etwas Verdächtiges wahrgenommen? Wem ist etwas Ungewöhnliches aufgefallen? Insgesamt dreizehn Hinweise auf polnische Fahrzeuge laufen ein. Mal hat ein Zeuge drei Sportwagen mit drei männlichen Personen gesehen. Ein anderes Mal steht ein blauer BMW mit polnischem Kennzeichen in der Tiefgarage auf dem Parkplatz eines nicht begeisterten Mieters. Dann meldet ein Anwohner einen »Porsche Jeep«, der vor dem Wohnkomplex parkt. Auch ein Audi A 6, älteres Model, fällt jemandem auf. Blau metallic.

Die Soko-Ermittler besorgen sich die Mieterliste Kötzschenbroderstraße 8–16b. Insgesamt 450 Mieterinnen und Mieter werden überprüft. Keiner ist auf den ersten Blick verdächtig. Der interessanteste Zeuge ist Mike M., der früher als Hausmeister in der Anlage beschäftigt war. In seinem Büro wurde schon einmal eingebrochen. Das war drei Monate vor der Sache im Grünen Gewölbe.

»Unser Hausmeisterbüro befand sich im Keller der Hausnummer 12«, erzählt er. »Damals wurden diverse Schlüssel und mein Samsung Galaxy Tablet entwendet.« Auch der Generalschlüssel war darunter. Irgendwann kriegte Mike M. mit, dass das Tablet wieder benutzt wurde. Offenbar hatte jemand den Code dafür dechiffriert. »Ich weiß, wo ihr seid«, schrieb Mike M. via WhatsApp an sich selbst. Er erhielt keine Antwort. Das Tablet und der Generalschlüssel blieben verschwunden. Auch sonst passierte nichts. Die Schlösser wurden nicht ausgetauscht.

Mike M. ist auch noch wegen eines anderen Sachverhalts für die Ermittler interessant: Er hat Geldsorgen. Angeblich schuldet er einem Mieter eine beträchtliche Summe. Mike M. äußert sich dazu nicht. Privatsache. Er wird das klären.

Neben den Befragungen sichern die Kriminaltechniker der Soko auch noch Spuren an den Türklinken und Türschlössern, die in die Häuser und in die Tiefgarage führen. Spur 43 ist ein »exakter«

Treffer, wie ein Ermittler vermerkt. Als sogenannte Spurenverursacherin wird Heike S. identifiziert. Sie ist mit etlichen Einträgen in der Polizeidatenbank gespeichert. Unter anderem als Drogenkonsumentin. Offenbar, um ihre Sucht zu finanzieren, hat sie auch ab und an einen Einbruch begangen. Als Mittäter und Freund ist dabei ein Atili B. aufgefallen. Soweit ihre Akte.

Die Soko lädt Heike S. ins Präsidium vor. Vielleicht stellt der Freund eine Verbindung zum Grünen Gewölbe dar. »Wann waren Sie das letzte Mal in der Tiefgarage in der Kötzschenbroderstraße«?, fragt die Vernehmerin. »Und aus welchem Grund?«

Heike S. hat darauf keine Antwort. Sie sei noch nie dagewesen, antwortet sie.

»Wie kommt dann ihre DNA an die Türklinke?«

»Meine DNA? An die Türklinke in der Tiefgarage, das ist krass. Das gibt's nicht«, sagt die Zeugin.

Eine Dreiviertelstunde geht das Frage-Antwort-Spiel noch weiter, ohne nennenswertes Ergebnis. Zum Schluss vermerkt die vernehmende Kriminalhauptmeisterin: »Auf die Beamten machte sie zu Beginn der Vernehmung einen sicheren Eindruck. Nach dem Vorhalt, über das Feststellen ihrer DNA am Brandort, wirkte sie fassungslos und beteuerte immer wieder, dass sie sich das nicht erklären kann.«

In den folgenden Wochen wächst die Soko personell ständig weiter an. Vieles läuft zwangsläufig dezentral. Die Ermittler sind überall im Dresdner Polizeipräsidium verstreut. Jeden Morgen um acht Uhr trifft sich die Soko-Führung mit Kripo-Chef Volker Lange zur Besprechung im Turmzimmer. Lange ist eher unruhig, trommelt gerne mit den Fingern auf den Tisch. »Manche dachten, das ist in 14 Tagen vorbei. Uns war allen klar, dass das der Fall des Jahrhunderts ist. Das geht nicht so schnell. Das muss ja alles gerichtsfest werden.«

Die Polizeiführung beschließt die Soko auszulagern. Eine leerstehende Liegenschaft muss gefunden werden. Einer schlägt ein

Objekt in Dresden-Cotta vor. Viereinhalb Kilometer vom Grünen Gewölbe entfernt, steht in der Julius-Vahlteich-Straße gegenüber der Straßenbahnhaltestelle ein typischer DDR-Plattenbau. Sechs Etagen, von außen rot-grau gestrichen. Keine Balkone, aber Fahrstühle. Im rechten Gebäudeteil sitzt noch nicht so lange das Polizeirevier Dresden-West. Der linke Teil ist komplett leer, hat Rohbau-Charme. Ein paar Monate lang baut die Polizei drei Etagen aus. Von der Glasfaser-Datenleitung bis zum Teppichboden, von den Möbeln bis zu neuen Toiletten. Sogar neue Rechner werden angeschafft. Einziges Problem: Es gibt keine Datenverbindung zum LKA. Die brauchen die Ermittler aber – im LKA steht der Server. Also bauen die Techniker einen Lichtwellenleiter oben aufs Dach. Nun steht die Verbindung mit dem LKA. Mehr Platz, schöne Räume, neue Technik. Die Stimmung in der Soko hebt sich. Trotz des Ermittlungsstands. Und trotz Corona.

Kapitel 10

Sackgassen

Die Israelis

Wo die Soko Epaulette immer noch im Dunkeln tappt, ist bei der Suche nach den Juwelen. Kein ernstzunehmender Hinweis auf den Verbleib der Beute. Keine Idee, wo man suchen könnte. Kein einziges Stück der Beute ist bisher aufgetaucht. Bei ihrem immensen Wert ist es kein Wunder, dass andere Akteure mitmischen wollen in diesem Spiel.

Da ist zum Beispiel ein »DarkGrimReaper«, ein »Dunkler Grimmiger Sensenmann«, der sich Anfang Januar bei einer israelischen Sicherheitsfirma meldet. Diese heißt »CGI Group« und ihre Geschäftsfelder sind laut Eigenwerbung auf der Internetseite: »Informationsbeschaffung, Forschung, strategische Planung und Ermittlungen«. Die Mitarbeiter rekrutieren sich im Wesentlichen aus ehemaligen hochrangigen Mitarbeitern des »Allgemeinen Sicherheitsdiensts« Schin Bet und des Mossad – den beiden wichtigsten Geheimdiensten Israels. Warum sich der »Sensenmann« ausgerechnet an diese Firma wendet, ist anfangs nicht wirklich ersichtlich. Auf jeden Fall ist in der Welt der Geheimdienste – genauso wie im Geschäft mit der Sicherheit – ein spezieller Ruf durchaus von Vorteil. Der Mossad hat definitiv einen solchen Ruf. Die Killerkommandos des Auslandsgeheimdienstes sorgen seit Jahren dafür, dass die Feinde Israels nicht ruhig schlafen können. Legendär ist zum Beispiel der Einsatz in Dubai, als ein Mossad-Trupp im Hotel Bustan Rotana, Zimmer 230, einen Hamas-Waffenhändler liquidierte. Mit Rechtsstaatlichkeit, wie wir sie kennen, hat das wenig zu tun. Israel sagt »Selbstverteidigung« dazu.

Der Chef des Inlandsgeheimdienstes Schin Bet – vor allem zuständig für Spionageabwehr und Terrorismusbekämpfung – hieß von 1988 bis 1994 Ja'akov Peri, englisch auch Jacob Perry. Nach seiner Karriere im Geheimdienst war er viele Jahre Abgeordneter in der Knesset. Jetzt führt er als Präsident die Sicherheits- und Ermittlungsfirma CGI Group.

Am 3. Januar 2020 läuft über die Webseite dieser Firma eine Nachricht des »DarkGrimReaper« ein, wonach er sich im Besitz der Juwelen befände. Ein GCI-Mitarbeiter verspricht, den Präsidenten der Firma darüber zu informieren. Einen Tag später meldet sich der »Sensenmann« erneut. Er schreibt: »Es sieht so aus, als sei Ihnen nicht klar, wie das hier läuft. Wir wollen nicht verhandeln. ... Wir wollen nur wissen, ob Ihr die restlichen Juwelen kaufen wollt.«

Die Sicherheitsfirma verlangt daraufhin »einen Beweis, dass die Diamanten in Ihren Händen sind. Bitte fügen Sie ein Bild bei.«

Wieder einen Tag später kommt die nächste Nachricht des »Sensenmanns«: »Es scheint, Ihr meint es nicht ernst. Die Juwelen sind derzeit in einem Umkreis von 40 Meilen um diesen Ort vergraben.« Es folgen die Koordinaten: 52.3705238 Nord, 13.3293483 Ost. Der Punkt befindet sich südlich von Berlin kurz hinter der Stadtgrenze, in der Mitte zwischen Potsdam und Schönefeld. An einem kleinen wasserführenden Graben. Die Anbieter verlangen 1351 Bitcoins, was damals einem Wert von neun Millionen Euro entspricht. Sobald die Summe auf ein Wallet – eine digitale Brieftasche – eingezahlt sei, würde es weitergehen. »Dann teilen wir Ihnen einen genauen Standort, wo die Juwelen sind, mit. Das ist ihre letzte Chance.«

Danach versuchen die israelischen Ex-Geheimdienstler die Staatsanwaltschaft in Dresden zu erreichen. Erst telefonisch. Dann per Mail. Ihre Korrespondenz mit dem »DarkGrimReaper« fügen sie bei. Ohne Resonanz. Der zuständige Oberstaatsanwalt Schmidt ist im Urlaub. Am 9. Januar, einem Freitag, greift die BILD-Zeitung das Thema auf. Die Titelzeile der Geschichte lautet: »Juwelen für neun Mio im Darknet angeboten!« Detailliert erzählt der Artikel von der Spur nach Israel zur CGI Group.

Am nächsten Morgen steigt auch die Lokalpresse in die Geschichte ein. »Sind die Schmuckstücke in Israel?«, fragen die *Dresdner Neuesten Nachrichten*. Weiter heißt es dort: »Die Firma ist nach eigenen Angaben mit der Überprüfung der Sicherheitsmaßnahmen im Grünen Gewölbe und der Untersuchung des Einbruchs beauftragt.«

Jetzt reagieren auch die Ermittler der Soko und bestellen erneut den Sicherheitschef der Staatlichen Kunstsammlungen Dresden, Michael John, ein. Um 11.30 Uhr beginnt die Zeugenvernehmung. Doch John weiß von nichts. Er sagt: »Ich hatte zu keinem Zeitpunkt, insbesondere im November/Dezember 2019 oder Januar 2020, Kontakt in das Land Israel, zu einer israelischen Firma oder geschweige denn zur Firma CGI. Mir ist nicht bekannt, dass die Firma CGI durch die SKD beauftragt wurde.«

Nach fünf Minuten wird der Zeuge entlassen. Wenn es stimmt, was er sagt, wer hat dann die Sicherheitsfirma beauftragt? Am nächsten Montag ist der Oberstaatsanwalt aus dem Urlaub zurück und fragt sofort beim Chef der CGI nach. Außerdem möge die Firma doch bitte den vollständigen Mailverkehr übersenden.

Die Antwort der Israelis ist überraschend. »CGI führte die Untersuchung im Auftrag eines europäischen Anwalts durch. Verständlicherweise kann CGI nicht näher auf die Identität ihrer Kunden eingehen.«

Die Dresdner Staatsanwälte lassen trotzdem nicht locker. Vor allem, weil in einem weiteren BILD-Artikel erwähnt wird, dass ein Museumsmitarbeiter sicherheitsrelevante Informationen weitergegeben hätte. Und zwar an einen der Verdächtigen, gegen den die Polizei derzeit ermittelt. Das würden Handy- und Kameradaten belegen. Ob denn die CGI mehr wisse. Zum Beispiel den Namen des Mitarbeiters.

Aber die israelischen Sicherheitsleute können nicht helfen. Oder wollen es nicht: »Die Informationen über den Mitarbeiter kamen nach einem Gespräch zwischen einer unserer Quellen mit einer Person, die mit den Sicherheitsvorkehrungen im Museum vertraut war«, schreiben sie zurück. Mehr könne man nicht beitragen. Gegenüber dem MDR ist man da auskunftsfreudiger. In einem Interview erklärt Perry, dass er interessante Infos hätte. Die Soko vermerkt, »dass ein Museumsmitarbeiter sicherheitsrelevante Informationen an einen Verdächtigen weitergegeben hat sowie die Kontaktdaten der CGI Group zu einem möglichen Besitzer der vorgenannten Aufzeichnungen vorliegen«.

Nur wie kommt man an CGI-Chef Perry ran? Vielleicht über das BKA. Die Beamten dort wenden sich an Interpol Jerusalem. Und die wiederum machen sich vor Ort ein Bild und teilen dann mit, »dass die Fa. CGI Group in Israel registriert ist, jedoch keine Informationen bezüglich israelischer Firmen weitergegeben werden, solange diese nicht verdächtigt und Teil polizeilicher Ermittlungen sind«.

Die Dresdner Staatsanwälte lassen trotzdem nicht locker. Auch die Soko Epaulette entwirft Ideen, wie man die Angelegenheit vorantreiben könnte. Ein Rechtshilfeersuchen ist eine Option. Vielleicht könnte man in Israel die Firma ja auch durchsuchen und Perry als Zeugen vernehmen. Die Soko möchte mit »zwei Beamten der sächsischen Polizei an den Durchsuchungsmaßnahmen und der Zeugenvernehmung« dabei sein. Nichts davon lässt sich am Ende realisieren. Sechs Wochen später wird die Spur nach Israel zu den Akten gelegt.

Ein Privatdetektiv aus Schleswig-Holstein

Aber es gibt weitere Versuche, die Beute aufzuspüren. Auf YouTube wird ein Jahr nach dem Raub ein zweieinhalb Minuten langes Video online gestellt. Darauf ist ein kräftiger älterer Mann zu sehen. Volles Haar, weißes Hemd, schwarzer Anzug. Vor ihm auf einem Tisch liegt Geld. Sehr viel Geld. Teilweise abgepackt in Plastikfolie. »Mein Name ist Josef Resch. Sie sehen hier 1,3 Millionen in bar«, sagt er mit einer sonoren, bairisch gefärbten Stimme. »Dieses Geld hat ein Kunstmäzen zur Verfügung gestellt. ... Ihm geht es ausschließlich nur um die Rückführung des Kunst-Schmucks. Und nicht um die Täter.«

Josef Resch, 70, ist gelernter Koch, arbeitet aber hauptberuflich als Privatdetektiv. Es ist nicht das erste Mal, dass er in einem Video Millionen Euro gegen Informationen bietet. Seine Spezialität: Gangster finden. Und verschwundenes Geld. Gerne auch beides zusammen. So wie in seinem wohl bekanntesten Fall 2012. Da lobte Resch via YouTube-Video 1,1 Millionen Euro für die Ergreifung eines gewissen Florian Homm aus. Homm, der sich selbst »der Krieger« nannte, war mal Deutschlands lautester Hedge-Fonds-Manager. Zeitweise auch Großaktionär bei Borussia Dortmund. Nach einem rauschenden Abend in einem Zürcher In-Club soll er seinen Gästen gesagt haben: »Ich gehe schlafen, damit ich morgen frisch bin.« Am nächsten Morgen hatte er sich dann aus dem Staub gemacht. Und mit ihm zig Millionen Euro seiner zahlungskräftigen Kunden.

Irgendwann erhielt Resch den Auftrag, nach Homm zu fahnden, und damit es auch alle mitbekommen, veröffentlichte er ein YouTube-Video mit dem Titel »Die Welt sucht Florian Homm. Sucht mit!«. Der Boulevard verleiht Resch den Titel »Kopfgeldjäger«. Homm aufzuspüren gelingt ihm trotzdem nicht.

Nachdem er auch erfolglos blieb bei dem Versuch, den Abschuss der malaysischen Boing 777, Flugnummer MH17, 2014 aufzuklären, konzentrieren sich Reschs Aktivitäten auf die Wiederbeschaffung der sächsischen Kronjuwelen. Nachdem er das 1,3-Millionen-Video hochgeladen hat, meldet sich angeblich ein Informant, der behauptet, Zugriff auf die Juwelen zu haben. Publik werden die neuen Entwicklungen am 1. Februar 2020. An jenem Tag schlagzeilt BILD: »Hat Privatdetektiv Kontakt zu den Juwelen-Räubern?«

Im Interview mit einem Springer-Journalisten erklärt Resch dann: »Ich bin persönlich kontaktiert worden.« Außerdem sei die Belohnung jetzt auf 5 Millionen Euro erhöht worden. Und die unbekannten Anbieter würden darauf bestehen, dass die Öffentlichkeit in Form der BILD-Zeitung anwesend ist, wenn die Sache über die Bühne geht. Ein Plot, der an sein Angebot im Zusammenhang mit MH17 erinnert. BILD fragt bei der Staatsanwaltschaft nach. Die antwortet schmallippig. »Dem Privatermittler Josef Resch wird zeitnah Gelegenheit gegeben werden, als Zeuge bei den Ermittlern auszusagen.«

Doch zeitnah ist relativ. Die Polizei lädt ihn erst sechs Wochen später zur Zeugenvernehmung in die Bezirkskriminalinspektion Lübeck. Resch, der in der Nähe wohnt, gibt sich dort kooperativ: »Ich bin gern bereit mit der Polizei zusammenzuarbeiten. Ich habe von dem Mittelsmann zwei Fotos. Diese werde ich Ihnen geben. Ich kann Ihnen die Treffpunkte nennen und Ihnen sagen, wo das nächste Treffen stattfindet wird.«

Der Mann, den er beschreibt, ist »auf jeden Fall kein Araber«: Etwa 50 Jahre alt, glattrasiert, schlank, markantes Gesicht, kurze Haare, goldenes Handy. Und er spricht perfekt Deutsch. Vom zweiten Mann, der bei dem Treffen anwesend war, schickt Resch der Soko ein Foto. Zu sehen ist ein schmales Bürschchen mit sorgsam gestutztem Bart, schwarzer Jacke, Röhrenhosen und braunen Schuhen. Er trägt eine dunkle Aktentasche. Die schwarzen Haare sind frisch frisiert, über den Ohren ist alles zweifingerbreit ausrasiert. Auch vom Gespräch mit den Mittelsmännern in einer Kneipe präsentiert Resch ein Bild. Damit ist der offizielle Teil der Vernehmung für ihn beendet.

Es gibt aber noch ein paar Nachsätze, die Resch nicht im Protokoll haben will. Der zuständige Soko-Ermittler fertigt trotzdem einen Aktenvermerk. Es geht um Reschs Ideen, wie der Austausch von Geld und Juwelen stattfinden soll. Geplant ist eine Übergabe im Hamburger Hafen in einem U-Boot, das einem äußerst wohlhabenden Bekannten des Privatdetektivs gehört. Außerdem äußert Resch laut Aktennotiz »mehrfach im Laufe der Vernehmung, dass dieser Mittelsmann glaube, von inländischen und ausländischen Geheimdiensten observiert und abgehört zu werden. Auf Nachfrage wurde Herr Resch jedoch nicht konkreter.«

Man kann nicht behaupten, dass die Ermittler von Reschs Performance beeindruckt waren. Der örtliche Polizeibeamte, der bei der Vernehmung anwesend ist, gibt zu bedenken, dass Resch immer wieder in unterschiedlichen Verfahren behauptet hat, irgendwelche Täterkontakte zu haben. Aber bisher sei noch jede Übergabe gescheitert. Auch der Soko-Ermittler glaubt, dass »97 Prozent der Aussagen des Herrn Resch dessen überaus ausgeprägter Fantasie entspringen«.

Trotzdem lässt die Staatsanwaltschaft drei Telefonanschlüsse von Resch abhören. Das Ergebnis ist ernüchternd: Resch telefoniert viel, aber ohne jeden Bezug zum Grünen Gewölbe. Die meisten Gespräche sind privater Natur.

Wie immer wird ein Vermerk geschrieben. »Abgesehen von den Presseinterviews gibt es in der TKÜ [Telekommunikationsüberwachung] keinerlei Bezüge zum Grünen Gewölbe. Aufgrund der konspirativen Lebens- und Arbeitsweise des Herrn Resch ist es als sehr unwahrscheinlich zu werten, dass über die TKÜ relevante Informationen bekannt werden.« Um Personalressourcen besser auszulasten, »wird die Abschaltung der TKÜ« empfohlen.

In den folgenden Wochen ist der Kontakt zwischen Resch und den Ermittlern eine relativ einseitige Angelegenheit. Zehnmal ruft der Detektiv seinen Kontaktmann bei der Polizei Dresden an, ohne dass es inhaltlich vorangeht. Resch berichtet immer von neuen Artikeln und neuen Interviews in Print- und Onlinemedien. Das angekündigte Treffen mit dem Mittelsmann verschiebt sich dagegen in den August. Die Soko vermerkt: »Für das Stattfinden eines Treffens zwischen Herrn Resch und dem Mittelsmann konnte Herr Resch keine Beweise vorlegen.«

Danach ist erst einmal Funkstille. Zwei Wochen vergehen, bis die BILD-Zeitung nachlegt: »Staatsanwalt verhört Privatermittler«, titelt sie in der Regionalausgabe, auch wenn das »Verhör« bereits drei Monate zurückliegt. Darunter steht: »Drei Staatsanwälte und vierzig Sonderermittler haben weiterhin keine heiße Spur! Doch nun interessieren sie sich für Privatdetektiv Josef Resch (70), der behauptet, Kontakt zu Mittelsmännern der Gangster zu haben. Nach eigenen Aussagen hatte Resch mehrfach Kontakt mit Mittelsmännern der angeblich aus Europa stammenden Kriminellen.« Allerdings arbeitet er jetzt, »um den Deal nicht zu gefährden, nicht mit dem Staat zusammen«.

Ein Jahr später, Ende November 2021, ist Resch immer noch dabei, Kontakt herzustellen. Und ihn in den Medien zu annoncieren. Dieses Mal erzählt er es dem Sender 3sat. Titel der Dokumentation: »Das Schweigen der Clans – Das Schicksal der gestohlenen Dresdner Juwelen«. Die Geschichte des Treffens mit dem Mittelsmann unterscheidet sich allerdings etwas von der Version bei der Polizei. Im Film sagt er jetzt: »So nach einer halben Stunde hat er mir dann von [der aktuellen Ausgabe] einer sehr bekannten Zeitschrift in Deutschland ein Foto gezeigt, wo die Hand drauf war, und in dieser Hand waren die Schmuckstücke gelegen.«

Kurz danach brechen die Kontakte zu den Mittelsmännern endgültig ab.

Aber Resch wäre nicht Resch, wenn die Nummer nicht doch weiterginge. Vor laufender Kamera spricht er bei 3sat noch mit einer anderen Hinweisgeberin. Sie bietet ebenfalls Teile der Juwelen an, hat als Beleg Fotos geschickt. Man könne sich ja in der Türkei treffen, sagt sie. Aber diese Geschichte ist selbst Resch zu dubios.

Der Diamantenhändler

In der Geschichte, die danach folgt, spielt auch SPIEGEL TV eine tragende Rolle. Seit der Veröffentlichung des Buches *Die Macht der Clans* und den vielen Filmen zum Thema melden sich immer wieder Informanten bei uns. Meist sind es Männer aus dem Milieu, die uns einerseits hassen und andererseits instrumentalisieren wollen, indem sie uns gezielt mit Informationen versorgen. Manchmal sind es Berichte über die Konkurrenz, manchmal Interna über den eigenen Clan: Wer hat wen abgestochen, wo wird das nächste große Ding geplant, wer hat welchen Bruch gemacht. Das Wenigste davon lässt sich medial verwerten, die meisten Informationen sind nur für den Hintergrund.

Manchmal ist es auch besser, sich überhaupt nicht zu treffen, weil dann eine Unterweltgröße herauskriegen will, warum wir Dinge wissen, die wir eigentlich nicht wissen dürften.

Der Mann, der sich Mitte des Jahres 2021 meldet, fällt in keine der Kategorien. Er nennt sich Marcus. Er hätte da ganz heiße Infos, für die er auch nichts haben wolle. Es ginge um den Einbruch ins Grüne Gewölbe. Marcus, der angeblich Holländer ist, lebt mal in Maastricht und mal in der Schweiz, zurzeit treibt er sich im deutsch-belgisch-holländischen Dreiländereck herum. Das erste Treffen findet im Aachener Kneipenviertel statt.

Dort scheinen ihn alle zu kennen. »Hey Marcus, wie geht's?«, rufen die Leute, egal wo er auftaucht.

Marcus erklärt: »Das fragen sie nur, weil ich todkrank bin. Ich habe einen künstlichen Darmausgang, schleppe immer die Beutel mit meinen Ausscheidungen mit mir herum.«

An seinem rechten Handgelenk trägt er eine Richard-Mille-Uhr, deren Wert mindestens sechsstellig ist.

Das Geschäft, das er vorschlägt, klingt verlockend. Und nach einer echten Räuberpistole: Es gebe da Leute, die Teile aus dem Schatz der Sachsen verkaufen wollten. Erzählt er. Und seine Idee sei jetzt, gemeinsam mit SPIEGEL TV diese Juwelen zum Schein anzukaufen, um sie danach den Sachsen zurückzugeben. Klar, die Verkäufer würden natürlich ein paar Euro verlangen: 40 000, um genau zu sein. Dafür gebe es den Degen aus der Rosengarnitur. Für sich selbst hätte Marcus gerne einen Lohn von 100 000 Euro. Die könnten wir mit der Wiederbeschaffungsprämie verrechnen.

Das alles sei ohne Risiko. Er würde einen Vertrag machen und auch seinen Ausweis vorlegen. Über die Bühne gehen würde das

Ganze dann auf einer Raststätte an der Autobahn. Er würde mit den 40 000 Euro hineingehen und mit dem Schwert wieder herauskommen. Nur eins würde er nicht: zur Polizei gehen damit. Auf gar keinen Fall. Obwohl es mittlerweile doch eine hohe Belohnung für sachdienliche Hinweise gibt? Nein, sagt Marcus, darum ginge es nicht.

Auffällig dabei ist: Der Mann, der sich Marcus nennt, kennt sich offenbar aus in der Szene. Er kann genau erklären, was das Besondere an den gestohlenen Stücken ist. Welcher Schliff, welcher Wert, welche Probleme es mit dem Verkauf der Ware gibt. Ist er ein Profi mit guten Kontakten in die verschwiegene Szene der Diamantenhändler?

Das macht die ganze Sache nicht unbedingt vertrauenserweckender. Was ist, wenn er mit dem Geld einfach wegrennt? Dann haben wir zwar einen Vertrag. Und seinen Namen und vielleicht noch ein Foto seines Ausweises. Aber kein Geld. Und keinen Degen. Ein paar Telefonate später beerdigen wir den Deal. Von Marcus kommt eine letzte Mail: »Hallo, weiterhin viel Erfolg mit Ihrer Arbeit. Mfg Marcus«.

Hier könnte seine Geschichte zu Ende sein. Ist sie aber nicht. Im Dezember 2021 nimmt er Kontakt zu dem bekannten niederländischen Kunstdetektiv Arthur Brand auf. Brand ist in der Branche eine Legende. Er enthüllte 2014, dass Juliana, die frühere Königin der Niederlande, in den Siebzigern Naziraubkunst gekauft hatte. Das war damals ein Riesenskandal. Ein Jahr später half er der Berliner Polizei, tonnenweise Nazi-Kunstwerke sicherzustellen. Darunter Arno Brekers Monumentalplastik »Die Wehrmacht« und zwei Bronzepferde von Josef Thorak.

Damals arbeitete der Detektiv mit René Allonge, dem Chef-Kunstfahnder des Berliner Landeskriminalamts, zusammen. Bei der Suche nach der gestohlenen Goldmünze aus dem Bode-Museum kreuzen sich ihre Wege Jahre später erneut. Nun also die sächsischen Kronjuwelen.

Im Dezember 2021 nimmt Marcus, der sich jetzt auch mit seinem Nachnamen »van Huren«* vorstellt, Kontakt zu Arthur Brand auf. Sie telefonieren, reden über Gott und die Welt, über Diamanten und den Einbruch ins Grüne Gewölbe. »Ich kenne einen Händler, der bietet den Bruststern des Weißen-Adler-Ordens an. Für 40 000 Euro«, sagt Marcus. Araber würden bei der Nummer auch mitmischen. Brand fragt, ob »Polizei ein Problem« sei. Kein Problem, sagt Marcus van Huren. Nur bei der Übergabe können keine Ermittler dabei sein. Logisch.

Der Kunstdetektiv nimmt Kontakt zu Rechtsanwalt Unger in Berlin auf. Unger vertritt eine Initiative, die eine Million Euro für die Wiederbeschaffung der Kronjuwelen ausgelobt hat. Die Geldgeber dieser Initiative wollten ungenannt bleiben und stellten die Summe aus ihrem Privatvermögen zur Verfügung, sagt Unger im Juni gegenüber der Presse. Auch das LKA Sachsen und die Staatlichen Kunstsammlungen Dresden (SKD) werden von ihm informiert und mischen jetzt mit in dem Krimi.

Am 27. Dezember treffen sich Brand und drei SKD-Mitarbeiter, unter ihnen der kaufmännische Direktor Dirk Burghardt und die SKD-Chefin Prof. Marion Ackermann, mit Marcus van Huren in Antwerpen. Dieser Ort ist kein Zufall. Gleich hinter dem Hauptbahnhof beginnt das Diamantenviertel. Jahrhundertelang haben orthodoxe Juden hier den Handel mit Diamanten bestimmt. Überall in den Straßen haben Diamantenhändler und Juweliere ihre Geschäfte. Oft Tür an Tür. Laden an Laden. Nicht jeder davon sieht vertrauenserweckend aus. Das Big Business läuft an den vier berühmten Diamantenbörsen der Stadt. Unfassbare 34 Milliarden Euro Umsatz machten die Händler allein 2021. Bis vor ein paar Jahren wurden 80 Prozent aller Rohdiamanten weltweit über Antwerpen gehandelt. Heute sind es noch 60 Prozent. Seit ein paar Jahren laufen ihnen indische Geschäftsmänner ein bisschen den Rang ab.

Arthur Brand trifft sich mit Marcus van Huren vor einem Diamantengeschäft. Der Laden hat zu, aber die Leute auf der Straße erkennen Marcus. Offenbar ist er auch hier zu Hause. »Hallo, hast du dir das mit der Uhr überlegt?«, fragen sie. Zusammen mit dem Detektiv betritt Marcus van Huren ein Hotel im Viertel. Dort zeigt er dem Detektiv seinen Ausweis. Auch seine tödliche Krankheit ist kurz ein Thema. An den Decken hängen Kameras. Die Vertreter der Staatlichen Kunstsammlungen sind ebenfalls da. Nur die Soko ist nicht vor Ort.

Bevor das Geschäft über die Bühne geht, wollen die Museumsleute von Marcus van Huren alles ganz genau wissen: Welche Stücke hat er gesehen? In welchem Zustand waren sie? Ist ihm irgendwas aufgefallen an ihnen? Eine halbe Stunde dauert die Befragung. Dann gibt der kaufmännische Direktor Burghardt sein Okay zu dem Deal.

Brand und der 53-jährige van Huren gehen zuerst in die Wohnung des Informanten. Eine Nachbarin grüßt. In der Wohnung zeigt van Huren den Beutel seines künstlichen Darmausgangs. Er weint. Die Millionen wollte er erst, wenn die ganze Beute wieder in Dresden ist, sagt er. Der Detektiv erklärt, dass die belgische Polizei in der Nähe sei und ihn beschützen werde, falls etwas passiert. Marcus van Huren nickt. »Lauf nicht davon, du gehst in den Knast«, mahnt Brand noch. »Nein«, sagt van Huren »ich bin kein Idiot«. Dann macht er sich auf den Weg. Mit 40 000 Euro in seiner Tasche.

Brand sitzt in der Wohnung und wartet. Die SKD-Vertreter warten im Hotel. Irgendwann alarmieren sie die Polizei. Die weiß immerhin, dass van Huren in Holland polizeibekannt ist. In der Regel geht es bei ihm um Betrug. Wenige Tage später verhaftet die Polizei Marcus van Huren auf einem Campingplatz. Nach der Verhaftung wird er auf Grundlage eines Europäischen Haftbefehls des Amtsgerichts Dresden in die sächsische Landeshauptstadt gebracht. Zu den Vorwürfen schweigt er. Mitte Juni 2023 ergeht gegen van Huren das Urteil: zwei Jahre und sieben Monate Haft. Ohne Bewährung. Die 40 000 Euro tauchen nicht wieder auf.

Kapitel 11

Der Durchbruch

Der erste große Fehler der Täter

Der Wagen, der am 17. Dezember 2019 am Schmollerplatz in Ostberlin direkt vor einem der Plattenbauten parkt, ist das, was man in
der Schrauber-Szene ein »Adrenalin-Geschoss« nennt. Der Vorbesitzer hat das Fahrzeug beim Verkauf mal als »Wolf im Schafspelz«
bezeichnet: Eine silberne Mercedes E-Klasse, 550 PS, 890 Newton-
meter Drehmoment, abgeriegelt auf 320 km/h – das hat fast For-
mel-1-Niveau.

Am Schmollerplatz ist so ein Wagen kein gewöhnliches Auto.
Noch ungewöhnlicher ist, dass das linke hintere Fenster offensteht. Was ist, wenn es regnet? Außerdem könnte es sich jetzt jeder
darin gemütlich machen. Um 12.30 Uhr meldet sich deshalb eine
29-jährige Frau bei der Polizei. Sie schildert den Sachverhalt und
gibt das Kennzeichen durch.

Die Wache vom Polizeiabschnitt 65 ruft danach den Halter des
Mercedes an. Sie erreicht ihn in Westberlin, weit weg vom Schmol-
lerplatz im Osten. Gerade befindet er sich auf dem Weg zur Arbeit.
Am Steuer seines Mercedes mit ebendiesem Nummernschild.

Könnte es sich um einen Kommunikationsfehler handeln, fragt
sich der Polizist von Abschnitt 65. Vielleicht ein Zahlendreher bei
der Übermittelung. Oder einfach verhört? Erneut ruft der Beamte
die aufmerksame Frau an, die immer noch auf der Straße steht.
Neben dem geparkten Mercedes. Sie spricht die Zahlen und Buchstaben ein zweites Mal in ihr Handy: »B-UY 8898«.

Also kein Kommunikationsfehler. Dann bleibt als Erklärung
nur noch eine Kennzeichen-Doublette übrig. Rechtlich betrachtet
ist das ein Straftatbestand. Nummernschilder sind juristisch gesehen eine Urkunde. Wer sie fälscht, verstößt gegen Paragraf 267 des
Strafgesetzbuchs.

Deshalb schickt Abschnitt 65 einen Streifenwagen zum Schmollerplatz. Die beiden Oberkommissare inspizieren das Nummern-

schild, aber auf den ersten Blick ist alles korrekt. Auch die Siegel sehen offiziell aus. Weder gefälscht noch beschädigt.

Jetzt hat die Polizei ein Problem. Welcher Mercedes ist der echte? Wieder telefonieren sie mit dem Halter des Wagens im Westen und bestellen ihn ein. Um 15 Uhr erscheint er auf einer Westberliner Wache und präsentiert den Beamten das Auto und den dazugehörenden Fahrzeugschein. Nummernschild, Fahrgestellnummer, Fahrzeugschein, es passt alles zusammen. Ergo muss der Mercedes am Schmollerplatz eine Doublette sein. Die Beamten beauftragen einen Abschlepper, der das Fahrzeug dann zur polizeilichen Sammelstelle in der Cecilienstraße in Berlin-Marzahn verfrachtet. Tief im Osten der Stadt.

Dort wird das Auto erst einmal nicht untersucht. Weil die Kapazitäten der Polizei in der klammen Hauptstadt überdehnt sind, haben Autos, die bei schweren Verbrechen benutzt wurden, Priorität. Die Mercedes-Doublette ist nur eine Urkundenfälschung. Pillepalle. Kein Grund, nach Fingerabdrücken oder DNA-Material zu suchen.

Eine Woche lang steht der Mercedes unberührt in der Kfz-Sammelstelle in Ostberlin. Dann passiert etwas auf der zweiten Sammelstelle der Polizei in Westberlin. Der Platz ist ein ehemaliges Straßenbahndepot aus dem 19. Jahrhundert. In der dreiteiligen Halle standen früher bis zu 280 Waggons auf 24 Gleisen. Obwohl die Polizei hier sensible Beweismittel abstellt, wird die Halle nur von einer privaten Security-Firma bewacht.

Für den 24. Dezember ist ein 52-jähriger Ägypter zum Dienst eingeteilt. Zusammen mit einem Kollegen. Zwei Leute für ein fast 16 000 Quadratmeter großes Gelände. Um 23 Uhr läuft der Ägypter durch Halle 1, als er zwei Personen entdeckt, die sich hinter einem weißen Transporter verstecken.

»Rauskommen«, ruft der Security-Mann zu den schwarz gekleideten Gestalten und alarmiert über Funk seinen Kollegen. Der größere Eindringling hat einen Feuerlöscher dabei. Der kleine ist mit Pfefferspray bewaffnet. »Möchtest du blind werden«, zischt der Kleinere. Dann rennen beide Männer auf direktem Weg zum Notausgang.

Der Ägypter rennt hinterher, wird aber mit Pfefferspray eingedeckt und muss die Eindringlinge am Ende ziehen lassen. So plötzlich, wie die Gestalten aufgetaucht sind, sind sie auch wieder verschwunden.

Bleibt die Frage: Was wollten sie auf dem riesigen Areal? »Auf jeden Fall müssen sie sich da ausgekannt haben«, sagt der Ägypter, »weil die ja genau gewusst haben, dass da eine Fluchttür ist.«

Die Antwort geben die Täter vier Stunden später selbst. Dieses Mal nehmen sie sich die zweite Berliner Kfz-Sammelstelle im Osten vor. Für Profi-Einbrecher ist das Gelände ein Kinderspiel: Rostiger Stacheldraht, ein niedriger Zaun, kein Sichtschutz, keine Kameras, kaum Beleuchtung, nur bewacht von einem privaten Sicherheitsdienst. Schwarz gekleidete Menschen sind auf dem Areal praktisch nicht zu erkennen. Die Einrichtung ist eine Berliner Lachnummer, um die jeder weiß, die aber keiner abstellt.

Der »sichergestellte« Mercedes steht von der Straße aus gesehen ganz vorne in der ersten Reihe, unter einer Laterne, die das Heck ausleuchtet, aber die Fahrertür im Dunkeln lässt. Besser geht es nicht für die Eindringlinge. Sie haben die Chuzpe – und die Zeit –, noch das Navigationsgerät auszubauen. Dann kippen sie großzügig Benzin ins Fahrzeug und legen die Lunte.

Als um 3.05 Uhr das Benzin-Luft-Gemisch explodiert, ist der syrische Security-Mitarbeiter gerade auf der Anlage unterwegs. Auch ein Polizist vom nahe gelegenen Abschnitt 62 wird aufmerksam. Er schnappt sich einen Feuerlöscher und rennt zum Brandherd, die Flammen sind schnell gelöscht, nur die linke hintere Tür ist ein Opfer des Feuers. Dafür brennt jetzt die Berliner Polizei: Warum sollte der Mercedes vernichtet werden? Kein Mensch betreibt einen solchen Aufwand und geht solch ein Risiko ein für ein gefälschtes Nummernschild.

Die DNA aus dem Mercedes

Das Auto wird zur Berliner Kriminaltechnik am Tempelhofer Damm gebracht. Mit speziellen Folien kleben die Spurensucher jeden Quadratzentimeter des Innenraums des Autos ab. Sie suchen Hautschuppen oder Haare. Biologische Hinterlassenschaften, aus denen sich im Labor DNA-Profile extrahieren lassen. Die Spezialisten haben Erfolg: Es finden sich diverse Spuren. Und noch besser ist: Zu diesen Spuren sind bereits Profile in der bundesweiten Datenbank hinterlegt. Sie gehören zu Mitgliedern des Rammo-Clans. Auf der Kopfstütze des Beifahrersitzes sichern die Experten die DNA von Abdul Majed Remmo. Und in der Mittelkonsole die seines Cousins Rabieh Remo.

Beide sind Männer aus der dritten Generation des Clans. Bei welchem Verbrechen sie den Mercedes benutzt haben könnten, wissen die Berliner Einbruchsspezialisten vom LKA 44 zu diesem Zeitpunkt noch nicht. Eigentlich denken sie bei den Rammos immer zuerst an spektakuläre Einbrüche in der Hauptstadt. Von denen stapeln sich auch einige ungeklärte Fälle auf ihren Schreibtischen. Deshalb durchforstet das LKA 44 zunächst die eigenen Akten und wird auch schnell fündig.

Im August 2019 hatte ein Zeuge vier schwarz gekleidete Männer fotografiert, die auf dem Ku'damm hektisch in einen silbernen Mercedes gesprungen und dann geflüchtet waren. Zuvor hatten sie sich nachts durch den Betonboden eines Juweliergeschäfts gebohrt. Eine typische Rammo-Tat. Allerdings wurden sie damals von einer Zeugin gestört.

Der silberne Mercedes vom Foto ist auf den ersten Blick derselbe wie das Exemplar vom Schmollerplatz. Karosserie passt, Felgen identisch. Das Kennzeichen war kurz vor der Tat beim Juwelier gestohlen worden.

Damit haben die Berliner eine Straftat identifiziert. Ob es die einzige ist, da haben die Berliner Ermittler allerdings Zweifel. Für einen versuchten und nicht vollendeten Einbruch ist der Aufwand bei der versuchten Zerstörung des Autos immer noch viel zu hoch.

Also recherchiert eine Kriminalhauptkommissarin die Herkunft des Mercedes. Über die Fahrgestellnummer ist es dieses Mal ziemlich einfach: Das Auto wurde im Juni 2019 in Essen für 18 900 Euro verkauft. Die Befragung des Verkäufers ergibt, dass der Abholer des Fahrzeugs wie ein »syrischer Flüchtling« gewirkt hat. »Anfang 20, schlechtes Deutsch.« Wieder ist dessen Handynummer auf einen Fake-Account registriert. Weiter kommt die Polizistin nicht mit ihrer Recherche. Allerdings hat sie noch einen Geistesblitz.

Am 18. März 2020 schreibt die Kriminalhauptkommissarin einen dreiseitigen Bericht mit der Überschrift »Hinweis zum Ermittlungsverfahren der Staatsanwaltschaft Dresden (Einbruch Grünes Gewölbe)«. Der wichtigste Satz darin lautet: »Die Art und Weise des verschleierten Ankaufs eines hochmotorisierten Fahrzeugs ..., die Verwendung aufwendig hergestellter Doubletten-Kennzeichen sowie die hohe kriminelle Energie bei der Vernichtung des Fahrzeuges, lässt Parallelen zum Dresdner Verfahren erkennen.«

Den Bericht schickt die Beamtin nicht direkt an die Soko Epaulette, sondern an den »Single Point of Contact«, so wie es die Behörden vereinbart haben. Übernommen hat die Aufgabe, wie gesagt, André Bluhm, stellvertretender Leiter des LKA 444, zuständig für Kunstdelikte. Zur Erinnerung: Der fast zwei Meter große Mann ist Rammo-Experte. Er überführte schon die Täter beim Diebstahl der 100 Kilogramm schweren Goldmünze 2017 aus dem Bode-Museum. Kaum einer kennt den Clan besser als er.

Einen Tag nach Erhalt des Schreibens sendet er um 10.52 Uhr eine E-Mail nach Dresden. Neun Minuten später wird sie im Bearbeitungssystem als Hinweis 1327 angelegt. Jetzt brennt es auch in der Soko Epaulette.

Das Erste, was die Ermittler tun, ist, alle bisherigen Informationen über das Flucht-Taxi abzugleichen mit den Bildern aus Berlin. Es gilt auszuschließen, dass es sich bei dem Berliner Fahrzeug nicht um ihr Fluchtauto handelt. Es könnte durchaus einen zweiten Mercedes geben, den die Täter benutzt hätten auf ihrer Diebestour. Deshalb analysiert die Soko noch einmal die Bilder aus den Überwachungskameras in der Tatnacht. Aber alles passt. Beide Bilder zeigen eine E-Klasse-Limousine der Baureihe W212, gebaut zwischen 2009 und 2016. Ältere Modelle haben andere Scheinwerfer. Neuere E-Klassen sind »runder und geschwungener«. Noch wichtiger sind die Felgen. Das Flucht-Taxi aus dem Video und der Berliner Wagen sind mit denselben silbernen »Fünf-Arm-Doppelspeichenfelgen« ausgerüstet. Die stammen original nicht von Mercedes. Das macht die Wahrscheinlichkeit noch einmal kleiner, dass es sich um zwei unterschiedliche Autos handelt.

Der Bericht der Soko dazu ist vier Seiten lang. Einen Beweis, dass es wirklich das Flucht-Taxi ist, liefert die Analyse nicht. Aber sie stellt klar, dass es an diesem Auto auch nichts gibt, was gegen die Hypothese spräche.

Ein Auto auf Reisen

Deshalb schlägt die Soko Epaulette dem ermittelnden Staatsanwalt Christian Weber vor, die Berliner E-Klasse nach Sachsen zu holen. In den Antrag für das Gericht soll der Jurist schreiben: »Eine umfangreiche Suche und Sicherung von biologischen, chemischen, physikalischen, botanischen und anderen Spuren sowie die Sicherung von elektronischen Fahrzeug-Daten erscheinen im Sinne hiesiger Ermittlungen notwendig, angemessen und unumgänglich.« Dresden will die volle Kontrolle. Der Transport soll »spurenschonend« und »sichtgeschützt« ablaufen. Ein geeigneter Lkw fehlt allerdings bei der Behörde. Deshalb hat die Soko schon mal einen Kostenvoranschlag bei einem Spediteur eingeholt: 749,70 Euro inklusive Mehrwertsteuer.

Am 1. April fahren zwei Dresdner Beamte des Kommissariats 43 (Operative Fahndungsgruppe) nach Berlin. Sie sollen den Transport vorbereiten. Bloß keine Fehler, lautet die interne Devise. Der Benz steht mittlerweile auf dem Sicherstellungsgelände in Westberlin. Etwas besser geschützt als im Osten. Die Risikobereitschaft des Rammo-Clans ist grenzenlos. Den Männern ist zuzutrauen, dass sie nachts noch ein drittes Mal kommen, um ihr Werk zu vollenden, falls ein Informant im Polizeiapparat ihnen steckt, dass der Mercedes nicht vollständig ausgebrannt ist.

In Berlin knipsen die Dresdner die halbe Speicherkarte voll und fertigen einen achtseitigen Bildbericht an. Gesteigertes Interesse weckt ein Foto von einem schwarzen Plastikteil, das auf das Dach des Mercedes montiert ist. Es ist die Halterung für ein Taxischild. Ein Hinweis, der das Jagdfieber in der Soko noch weiter anfacht.

Allerdings haben die Zeugen in der Tatnacht am 25. November ein beiges Taxi gesehen. Und kein silbernes Fahrzeug. Bei den Rammos ist das kein Widerspruch, wie die Berliner Polizei mitteilt. Der Clan verpasst seinen Autos mit einer Folie gerne mal ein neues Gesicht.

Nach dem Diebstahl der Goldmünze im Jahr 2017 beispielsweise observierte die Polizei die später verurteilten Wissam und Ahmed Remmo dabei, wie sie in einem Mercedes AMG E 63 durch die Hauptstadt cruisten. Im Mai 2017 ist das Auto silberfarben, einen Monat später blau. (Noch später verunfallt der – blaue – AMG dann bei einem illegalen Straßenrennen auf der Yorkstraße im Stadtteil Schöneberg. Eine unbeteiligte Person ist verletzt, der Wagen wird sichergestellt, die Raser flüchten. Genau vier Stunden später dringen Unbekannte in das Westberliner Sicherstellungsgelände der Polizei ein. Sie bauen die Airbags aus. Danach sprühen sie Löschschaum in den frisch einkassierten AMG. Wahrscheinlich um die DNA-Spuren zu vernichten. Die Polizei wird nie klären, wer wirklich am Steuer saß.)

Der 8. April 2020 ist dann der große Tag der Überführung des Autos nach Dresden. Um 7.30 Uhr treffen sich zwei Kriminaltechniker und zwei Mitglieder der Soko Epaulette auf dem ehemaligen Straßenbahndepot in Westberlin. Drei Stunden später rollen ein Kran und ein Lkw auf das Gelände. Motto der ganzen Aktion: Keine Spur bleibt in der Hauptstadt.

Als Erstes legen die Kriminaltechniker auf dem Lkw eine »reißfeste Industriegewebeplane« aus, damit kein Schmutz von der Ladefläche den Mercedes kontaminiert. Hört sich übertrieben vorsichtig an, könnte in einem späteren Prozess aber eine wichtige Rolle spielen. Anwälte lieben es, die Arbeit der Polizei bis ins kleinste Detail zu hinterfragen. Danach werden alle Reifen mit einer Plastikfolie ummantelt. Der Dreck im Profil ist für die Kripo kein Dreck. Er ist eine Spur, die zu einem Indiz werden könnte. Erde aus Berlin sieht unter dem Mikroskop anders aus als Erde aus Dresden. Falls die Kripo also Rückstände von sächsischem Boden im Reifenprofil findet, wird kein Verteidiger später behaupten, der Benz habe Berlin nie verlassen. Der Dreck darf beim Transport nicht verloren gehen.

Als der Mercedes vom Kran angehoben wird, fällt ein verdrecktes Plastikstück ab. Das Teil und der Schmutz werden sofort fotografiert und gesichert. Es sind die Spuren BER024.1 und BER024.2. Kriminaltechnik ist nix für Ungeduldige. Auch die Abstellfläche suchen die Dresdner noch einmal penibel ab. Dort, wo der Benz gestanden hat, finden die Beamten zwei Ahornsamen (Spur BER003). Bäume haben schon Verbrecher hinter Gitter gebracht. 2004 war es eine Eiche, die einen Totschläger aus Wuppertal überführte.

Als der silberne Benz auf der Ladefläche steht, verhüllen ihn die Arbeiter mit einer roten Plane. Niemand soll auf der Straße zufällig beobachten, wie die heiße Fracht die Hauptstadt verlässt.

Die Geheimnisse des Mercedes

In Dresden landet der Mercedes am Stadtrand in der Untersuchungsgarage 07 beim sächsischen Landeskriminalamt. Weiße Fliesen an den Wänden, graue Fliesen auf dem Boden, die Garage ist so clean wie ein Sektionsraum in der Gerichtsmedizin.

Die Marathon-Operation beginnt am 14. April. Zuerst werden Gegenstände wie Verbandskasten oder Fußmatten in Tüten verpackt. Die Spezialisten finden zwei Münzen mit der Aufschrift »Casino« (Spuren BER043 + BER044). Danach kommt »Superboy« zu seinem Einsatz. Der »Spurenstaubsauger« atmet feinste Partikel ein. Über sieben Stunden brauchen die Kriminaltechniker am ersten Tag. Dann sind 70 Komplexspuren (Gegenstände, Pflanzenreste, Saugproben) eingetütet.

Am zweiten Tag bedampfen die Experten jeden Winkel des Mercedes mit Lumicyano. Die Chemikalie macht Fingerabdrücke unter UV-Licht sichtbar. Aber das LKA findet nichts. Nur Handschuhspuren. Offenbar haben die Täter streng darauf geachtet, nichts ohne Gummi zu berühren. Am dritten Tag kommen die Mitarbeiter vom Fachbereich 65. Sie sind die DNA-Spezialisten, die über 200 Proben sichern. Obwohl die Berliner bereits genetische Reste gesucht haben. Auf den Wattestäbchen ruhen die größten Erwartungen.

Chef der »65er« ist Dr. Ralf Nixdorf – ein kantiger Hüne, Anfang fünfzig. Er kombiniert gerne dunkelblaue T-Shirts mit grauem Sakko. Seine Präsenz hätte ihn auch auf Bühnen erfolgreich gemacht. Der Mann ist später einer der wichtigsten Zeugen im Prozess am Dresdner Landgericht.

Zusätzlich holen die Sachsen noch Hilfe von außen ein. Am 20. April 2020 betritt ein Schwabe die Untersuchungsgarage 7. Der Mann ist Experte für Kfz-Forensik. Er entlockt Autos digitale Spuren, die sonst keiner findet. Allerdings ist die wichtigste Quelle nicht mehr vorhanden, weil die Eindringlinge auf dem Sicherstellungsgelände das Navigationsgerät ausgebaut haben. Neuere E-Klassen sind trotzdem noch Datenkraken, die alles Mögliche speichern.

Um diese Daten zu heben, hat der Forensiker sein Analysegerät mitgebracht. Anfangs ist die Spannung in der Bordelektronik etwas schwach, aber das Problem ist mit einer externen Überbrückung schnell gelöst. Dann schafft es das Analysegerät, mehrere Steuerungselemente im Fahrzeug anzusprechen. Der Schwabe saugt wertvolle Infos aus dem Mercedes. Am wichtigsten sind die Daten zu den Fahr- und Standzeiten des Mercedes. Sie existieren auch aus der Tatnacht noch.

Diese Zahlen wertet dann »The Brain« aus, wie Kriminalhauptkommissar Jörg Bozenhard von seinen Kollegen genannt wird. Bozenhard, der Triathlet, löst normalerweise Morde in Dresden und gilt als äußerst fähiger Kriminalist. Hier filtert er aus den Fahrzeugdaten, dass der Mercedes in der Tatnacht exakt um 1.34 Uhr gestartet wurde. Dann ist das Auto zwei Stunden lang in Bewegung. Diese Information gleicht Bozenhard mit Bildern aus den Überwachungskameras ab. Dort wurde der Mercedes um 3.41 Uhr am Ballhaus Watzke abgelichtet, als er sich laut Steuerungsgerät im »Fahrzyklus« befindet.

Auch sonst entdeckt Bozenhard keine Widersprüche. In der Tatnacht bleibt der Benz genau 86 Minuten im »Standzyklus«. Es ist die Phase, in der die Täter mit dem Audi A6 in die Altstadt fahren und ins Grüne Gewölbe einsteigen. Um 5.12 Uhr startet der Motor wieder. Ziemlich genau der Moment, an dem der Audi in der Tiefgarage in Flammen aufgeht. Danach beginnt der zweite Akt der Flucht. Dieser Fahrzyklus dauert 100 Minuten. Die Bordelektronik zeichnet 183 Kilometer auf. Auch wieder genau die Distanz von der Tiefgarage nach Neukölln.

Interessant für die Ermittler ist auch, dass der Mercedes nur während der Tat und ihrer Vorbereitung bewegt wurde. In diesen acht Tagen vom 18. bis 25. November fuhr der Wagen 1707 Kilometer. In 73 Tagen davor lediglich 201 Kilometer. Vor dem 18. November stand er sogar drei Wochen lang.

Das alles lässt keinen Raum für Zweifel: In der Untersuchungsgarage 7 des Landeskriminalamts steht das Fluchtfahrzeug. In diesem Auto sind die Juwelen von Dresden nach Berlin gereist.

Vielleicht, so hofft die Soko jetzt, zeigt das Auto ihnen auch, wo die Beute ist. Mercedes verbaut nämlich in seinen modernen Modellen SIM-Karten, die den Konzern ständig mit Daten beliefern: Standort, Reifendruck, Kilometerstand, Anzahl der Insassen. Über seine Kunden weiß Mercedes alles. Und zwar in Echtzeit. Unklar ist nur, ab welchem Baujahr die Autos das tun und wie der Konzern die Informationen dann speichert.

GPS-Standortdaten aus der Tatnacht wären für die Soko der Jackpot. Damit könnten die Ermittler exakt bestimmen, welches Ziel die Rammos nach ihrem Coup ansteuerten. Und wohin sie die Beute brachten.

Also telefoniert ein Mitarbeiter der Soko mit den Stuttgartern. Ohne Erfolg. Nüchtern vermerkt der Beamte: »Laut Auskunft vom Mercedes-Sicherheitsverantwortlichen Herr G. war für dieses Fahrzeug kein Kommunikationsmodul mit SIM-Karte verbaut. Das Navigationssystem sendet auch keine Daten an die Zentrale.«

Skepsis bei dieser Aussage ist allerdings angebracht. Der Konzern erlaubt nur äußerst ungern Einblicke in seine Sammelwut. 2021 verweigerte Daimler-Benz beispielsweise in Berlin die Herausgabe des aktuellen Standorts eines gestohlenen Fahrzeugs und musste von der Staatsanwaltschaft, der Abteilung 255, zuständig für organisierten Kfz-Diebstahl, erst dazu gezwungen werden. Obwohl die Strafprozessordnung (§ 100 k) dabei keine zwei Meinungen zulässt. Mittlerweile ist der Konzern eingeknickt. Aber erst nach zähem Ringen mit dem Rechtsstaat.

Beim Grünen Gewölbe hilft Daimler Benz keinen Millimeter weiter. Die Soko muss dem silbernen Mercedes ohne Support aus Stuttgart die letzten Geheimnisse entlocken.

Die taxi-beigefarbene Folie

Eines davon findet ein Kriminaltechniker an der Innenseite der Motorhaube. Es ist der winzige Überrest einer beigefarbenen Folie (Spur BER105). Damit ist bewiesen, dass der Mercedes schon einmal als Taxi foliert war. Wieder ein Puzzlestein in der Beweiskette, dass es sich hier um das Fluchtauto handelt.

Mit den Schnipseln verbindet die Soko aber noch eine andere Hoffnung. Vielleicht lässt sich über sie die Werkstatt ermitteln, die die Folie verarbeitet hat, und die Werkstatt führt die Ermittler dann direkt zu den Rammos. Ziel wäre eine weitere Indizienkette, die vor Gericht Bestand hat.

Dafür will die Soko von den Berliner Kollegen als Erstes wissen, welche Autowerkstätten sie im System haben, die in irgendeiner Verbindung zu diesem Clan stehen. Der Polizeicomputer bietet allerdings nur magere Kost. Der älteste Sohn des Clanbosses Issa Rammo ließ 2018 sein Auto in einer Werkstatt auf der Ullsteinstraße im Stadtteil Mariendorf reparieren. Aktenkundig wurde die Geschichte, weil es dabei zum Streit kam. Vielleicht war der Sohn unzufrieden mit der geleisteten Arbeit. Oder er versuchte mal wieder den besonderen Klang seines Nachnamens zu nutzen, um den Preis zu drücken. Jedenfalls eskalierte die Situation mit den kurdischen Betreibern, und der Rammo hatte plötzlich ein Messer im Bein. Das wiederum alarmierte die Berliner Polizei. Sie fürchtete das vorzeitige Aus der Werkstatt, denn eine Messerattacke lassen die Rammos in der Regel nicht unbeantwortet.

Das Unternehmen existiert noch. Wahrscheinlich wurde sich im Hintergrund geeinigt. Mit Tee, Küsschen links, Küsschen rechts, bisschen Allah und Blutgeld für das Opfer. »Arabische Politik« heißt das unter Insidern.

Jedenfalls hilft der kurze Ausflug in die Parallelgesellschaft der Soko Epaulette nicht weiter. Ziemlich unwahrscheinlich, dass das Flucht-Taxi bei den kurdischen Schraubern foliert wurde. Die

Dresdner starten eine Eigenrecherche. Sie besorgen sich Folienmuster bei Herstellern und Zwischenhändlern. Darunter so klangvolle Namen wie »Satin Pearl«, »Diamond White« und »Hellelfenbein«. Das Labor des LKA, Fachbereich Mikrospuren, schaut sich die neun Muster unter dem Mikroskop an und vergleicht sie mit den Schnipseln aus dem Flucht-Taxi

Nur eine Folie stimmt in Farbe und chemischer Zusammensetzung mit der Spur BER105 überein. Es ist »Taxibeige« des Zwischenhändlers Bruxsafol aus Unterfranken. Hersteller ist die Firma KPMF in Wales.

Das Ergebnis reicht den Ermittlern noch nicht. Die Leiterin des Soko-Abschnitts »Objektive Beweisführung« schickt einen Mitarbeiter auf Shoppingtour. In einem Folienfachgeschäft im Dresdner Stadtteil Löbtau ordert der Kriminalhauptmeister fünf weitere Proben von verschiedenen Herstellern. Den Lieferschein heftet er an seinen Bericht, den er einen Tag später tippt.

Auch das neue Vergleichsmaterial landet unter den Mikroskopen des LKA. Und die Experten finden eine zweite Folie, bei der die Chemie stimmt. Und die Farbe. Hersteller ist wieder KPMF.

Es vergehen fast drei Monate, bis die Dresdner die Kundenliste des britischen Herstellers bekommen. In der Datei befinden sich sechs Berliner Firmen, die 2019 die Taxi-Folien von KPMF erstanden haben.

In den Augen der Dresdner Ermittler sticht keine der sechs Werkstätten heraus. Normale Kfz-Buden in der Hauptstadt eben, deren Besitzer man im Gewerberegister recherchiert. Ohne direkten Bezug zu den Clans.

Der Mann im Hintergrund

Hätten die Ermittler den Berliner Clan-Experten die Liste vorgelegt, hätte sich deren Pulsfrequenz erhöht. Einer der Folienabnehmer sitzt im »Gewerbepark Neukölln« an der Mohriner Allee. Das

Areal rechnen sie einer fast mythischen Figur der arabischen Unterwelt zu, der in der Szene nur unter seinem Spitznamen firmiert. In diesem Buch soll er »Nase« heißen. Ein hochintelligenter Krimineller, verurteilt wegen Kokainhandels, aber schon lange wieder auf freiem Fuß. Offiziell gehört der Gewerbepark dem Schwiegervater von »Nases« Schwager. Der alte Mann ist ein frommer, sehr bescheiden lebender Moslem in der türkischen Stadt Izmir. Dennoch hat er das Gelände in Deutschland für zwei Millionen Euro gekauft. So steht es zumindest in den Akten des Grundbuchamts. Für die Finanzermittler des Berliner LKA 314 (früher LKA 313) ist der Schwiegervater des Schwagers nicht mehr als ein Strohmann.

Wenn arabische Verbrecher in Berlin ein großes Ding abziehen, ist »Nase« oft in der Nähe. Aber immer weit genug weg, um sich nicht zu verbrennen. Am 19. Oktober 2018 überfallen fünf maskierte Täter, mit jugoslawischen Kalaschnikows bewaffnet, einen Geldtransporter am Alexanderplatz. Ein Passant filmt die Tat, bei der die Ganoven mit hydraulischen Spreizgeräten den Geldtransporter aufbrechen und sieben Millionen Euro rausziehen.

Allerdings ist eine Polizeistreife zufällig in der Nähe. Die Täter flüchten filmreif und verlieren dabei die Beute. »Das war das *Who is Who* der arabischen Unterwelt«, kommentiert ein LKA-Beamter später die Szene. Mit dabei soll Muhamed Remo gewesen sein, sagt zumindest eine Vertrauensperson (VP) der Polizei fünf Tage nach dem Überfall aus. Muhamed ist der älteste Bruder von Rabieh Remo, dessen DNA jetzt im Flucht-Taxi sichergestellt worden ist. Vor der spektakulären Attacke am Alex hatten die Täter mit dem hydraulischen Spreizer nachts dreimal an ähnlichen Fahrzeugen trainiert. Zwei davon parkten im »Gewerbepark Neukölln«, der ziemlich sicher »Nase« gehört. Exakt dort, wo sich eine der Werkstätten befindet, für die sich die Soko Epaulette interessiert.

Die Verbindung zwischen dem Gewerbepark und den Rammos fällt der Soko nicht auf. Die Möglichkeit wäre allerdings dagewesen. Der Berliner Single Point of Contact André Bluhm hat im

März 2020 einen hundertseitigen Zwischenbericht über die Attacke auf den Geldtransporter nach Dresden geschickt. Auf Seite 30 wird die Mohriner Allee explizit erwähnt. Eine genaue Auswertung des Zwischenberichts hätte zwangsläufig einen Kreuztreffer ergeben.

Aber riesige Ermittlungen laufen niemals reibungslos. Nicht bei der Masse an Daten, der Vielzahl an Mitarbeitern und dem Druck, der auf allen lastet. Sicherlich hätten die Dresdner aus Berlin auch alle Informationen über »Nase« bekommen, wenn sie alle Experten angezapft hätten. Konjunktiv. Die Sachsen haben sich aber bewusst entschieden, möglichst wenige Berliner Beamte einzuweihen. Die Polizei dort hat ein wenig den Ruf – wie viele andere Behörden in der Hauptstadt –, eine Quatschbude zu sein. In der Soko Epaulette existiert die Angst, dass brisante Details in die falschen Kanäle abfließen könnten.

Bei den Werkstätten wäre das nicht einmal eine Katastrophe gewesen. Am 9. September steht die Dresdner Polizei mit einem Durchsuchungsbeschluss vor der Werkstatt auf dem Gewerbepark in Neukölln. Ohne Spezialwissen aus den Akten. Und ohne Erfolg.

Zwei Schrauber vermitteln den Ermittlern glaubhaft, dass bei ihnen schon lange nicht mehr foliert wurde. Außerdem gebe es noch mehrere Autowerkstätten auf dem Gelände. Ein Anruf beim Lieferanten der Taxi-Folien bestätigt dann, dass die Soko an die falsche Tür geklopft hat. Ganz miese Vorarbeit. Die Polizei kann jetzt nicht einfach weiterziehen. Sie hat keinen Beschluss für das zweite Objekt. Und dort haben die Helfer jetzt massenhaft Zeit, jeden Beweis zu entsorgen.

Insgesamt neun Werkstätten werden am Ende von den Dresdnern durchleuchtet. Ein Hinweis auf die Einbrecher ins Grüne Gewölbe findet sich nicht.

Dafür rechnet sich der immense Aufwand, den die Soko bei der Spurensuche im Mercedes-Taxi betrieben hat. Viel hilft manchmal viel. Die DNA-Treffer von Rabieh Remo und Abdul Majed Remmo hat das Berliner LKA schon bei der ersten Analyse im Winter gesichert. Jetzt haben die sächsischen Experten aus dem Fachbereich 65 noch einmal 230 eigene Proben im Auto genommen. In 37 davon findet das Labor in einem ersten Durchgang ausreichend Zellmaterial, um die Kerne zu isolieren. Mit diesen Kernen können die Wissenschaftler den genetischen Bauplan eines Menschen rekonstruieren, den es auf der Welt nur einmal gibt. Eineiige Zwillinge ausgenommen. Erfolgreich isolierte Profile werden mit der DNA-Analyse-Datei (DAD) beim Bundeskriminalamt in Wiesbaden abgeglichen. Das ist die zentrale Datenbank, in der Informationen von 836 000 Menschen (Stand: April 2022) abgelegt sind.

Objektive Beweise

Am 8. August 2020 tippt Kathrin Spies einen Zwischenbericht. Die Erste Kriminalhauptkommissarin leitet den Einsatzabschnitt »Objektive Beweisführung«. Anders gesagt: Sie ist die Herrin der Spuren und soll Argumente liefern, die kein Anwalt widerlegen kann. Als die Frau die ersten Ergebnisse aus dem DNA-Labor zusammenfasst, schwitzt Dresden bei 33 Grad im Schatten. Kühl und sachlich listet sie den Durchbruch in Kripo-Deutsch auf: »Es konnten zwölf DNA-Profile bzw. Teilprofile ausformuliert werden. In zehn Proben ergab die DAD-Recherche Spur-Personen-Treffer.« Nicht verwunderlich, dass die Dresdner wieder Abdul Majed Remmo finden. Den hatten auch die Berliner. Aber die Sachsen isolieren aus dem Zellmaterial ein neues Profil, das einem alten Bekannten gehört: Wissam Remmo. Der Mann mit der Goldmünze aus dem Bode-Museum. Der Einbrecher beim Hydraulik-Scheren-Hersteller Lukas, der zum Prozess nach Erlangen fuhr und wieder Einbruchswerkzeug im Kofferraum hatte. Sein Profil ist in der BKA-Datenbank seit 2015 gespeichert. Damals wollte er Werkzeug zum Nulltarif aus einem Baumarkt mitnehmen und sprühte dem Ladendetektiv Pfefferspray ins Gesicht.

Im Fluchtwagen-Taxi haftete seine DNA auf dem Wahlhebel für die Automatikschaltung (Spur BER001.102.53) und am Drehknopf für das Licht (Spur BER001.102.56). Es sind zwei Mischspuren.

An den Abriebstellen befindet sich noch Zellmaterial von weiteren Personen. Aber Wissam Remmo hat die Spur hauptsächlich verursacht. Die Zuordnung ist eindeutig. Wissam saß also in dem Mercedes am Steuer und hat es damit definitiv auf die Anklagebank geschafft.

Staatsanwalt Weber schreibt in die Akten am 11. August 2020: »Folgende Person als Beschuldigten nachtragen: Wissam REMMO, geb. 1996, wohnhaft in Berlin.«

Und das Labor liefert weiter Zuordnungen. An den Knöpfen der Klimaanlage klebt eine weitere Mischspur. Diesmal mit biologischem Material von Mohamed Remmo und seinem größeren Bruder Ahmed.

Ahmed ist der zweite Goldmünzendieb, Weil sein Urteil noch nicht rechtskräftig ist, spaziert er im Sommer 2020 immer noch durch Berlin. Allerdings sind ihre Spuren im Mercedes nicht eindeutig genug. »Eine individuelle Zuordnung kann aufgrund ungünstiger Mischverhältnisse nicht erfolgen«, schreibt der Analysechef Dr. Ralf Nixdorf in seinem Gutachten. Das bedeutet: Wahrscheinlich sind es die beiden. Aber gerichtsfest beweisen lässt es sich damit nicht. Für die Wissenschaft ist der Prozentsatz nicht hoch genug.

Die Mischspur bleibt das letzte ungelöste Rätsel des Mercedes. Ansonsten überwiegt die Aufklärung. Die Soko Epaulette kann lückenlos belegen, dass mit dem Mercedes-Taxi die Juwelen die Stadt verlassen haben. Die Fahrzyklen, die Bilder vom Ballhaus Watzke, die Kesy-Daten und die Folienschnipsel fügen sich passend. Nicht der geringste Widerspruch.

Am Ende ist es die Dummheit der Täter, die die Lawine ausgelöst hat. Hätten die Rammos das Autofenster geschlossen, würde der silberne Benz vielleicht immer noch unbehelligt am Schmollerplatz in Ostberlin stehen. Und hätten sie danach nicht versucht, das Auto auf dem Kfz-Sammelplatz abzufackeln, hätte es die Soko möglicherweise auch nicht auf die Fährte geführt.

Kapitel 12

Die Rammos –
eine Familienchronik

Die kriminelle Karriere des
Abdul Majed Remmo

Mitte März 2020 ist sich die Soko Epaulette ziemlich sicher, dass der Rammo-Clan hinter dem Juwelenraub steckt. Außer der DNA am Auto haben sie allerdings noch keine gerichtsfesten Beweise. Ein weiteres Indiz könnte der Modus Operandi sein. Passen die alten Taten zum Einbruch ins Grüne Gewölbe? Mit dieser Fragestellung durchforstet die Soko Epaulette jetzt alle Spuren, die die Rammos in den Akten der Berliner Polizei hinterlassen haben. Es sind Hunderte Regalmeter. Der Clan beschäftigt bei der Berliner Polizei ganze Kommissariate fast im Alleingang. »Das ist eine Einbrecherfamilie«, stellen LKA-Ermittler nüchtern fest. Politisch korrekt ist diese Aussage nicht. Aber sehr nah an der Realität. Offiziell würde das kein Verantwortlicher vor einer Kamera sagen. Den Shitstorm in der hochsensiblen Hauptstadt würde er nicht überstehen.

Bei ihrer Aktenrecherche wird der Soko eine Sache sofort klar: Der Rechtsstaat hat bei der Verurteilung von Straftätern aus dem Clanmilieu ein massives Problem. Genauer gesagt sind es zwei. Beide hängen damit zusammen, dass ein krimineller Clan nicht einfach nur eine kriminelle Vereinigung wie die Mafia ist. Für sie hat das Strafgesetzbuch (StGB) mit dem Paragraf 129 eine scharfe Klinge in seinem Besteck. Der Paragraf zielt auf alle Strukturen, in denen die Schergen schießen und die Hintermänner kassieren. Haben sich kleine und große Gangster zu einer kriminellen Vereinigung zusammengefunden, geht auch der Boss im Hintergrund ins Gefängnis. Selbst wenn ihm keine einzelne Straftat nachzuweisen ist. Die Organisation ist bereits eine Straftat für sich.

Bei den arabischen Clans ist der Paragraf aus höchstrichterlicher Sicht nicht anwendbar. Dabei unterscheiden sich die Familien in ihrem Verhalten, den Delikten und ihrer Organisationsstruktur nicht von einer mafiösen Vereinigung. Die Kinder stehlen, die Mutter versteckt die Beute und ein Onkel bringt das Geld in libanesische Sicherheit. Das Oberhaupt macht die Strategie, sich aber niemals die Hände schmutzig.

Trotzdem hat der Bundesgerichtshof festgelegt, dass ein wesentliches Merkmal einer kriminellen Vereinigung bei den Clans nicht gegeben ist: der freie Zusammenschluss. Es muss der eigene Wille eines jeden Mitglieds sein, der Bande beizutreten. Das trifft bei einer Großfamilie nicht zu. Geburt ist kein freiwilliger Akt. Teil einer Familie zu sein, kann allein niemals schon einen Straftatbestand darstellen.

Und das ist nicht der einzige Vorteil, den ein krimineller Clan vor Gericht im Vergleich zu anderen Einbrecherbanden genießt. Ein zweiter ist, dass eine kriminelle Verwandtschaft auch vor Strafe schützt. Beispielhaft zu belegen an der Biografie von Abdul Majed Remmo, dessen DNA die Soko Epaulette gerade erst im Flucht-Taxi sichergestellt hat.

Abdul Majed Remmo, geboren 1999, ist so etwas wie der Archetypus eines Kriminellen aus dem Clanmilieu. Angefangen hat er im eigenen Kiez. Die ersten Opfer sind andere Kinder. Die Schule ist froh, wenn er zu Hause bleibt. Er stört so lange, bis er in eine Parallelklasse versetzt wird. Mit 15 geht er nicht mehr in den Unterricht. Nachdem er auf dem Papier elf Jahre lang unterrichtet wurde, verlässt er die Schule mit einem Abgangszeugnis der neunten Klasse. Ein Abschluss ist das nicht. Den Alltag verdaddelt er mit Brüdern und Cousins an Spielautomaten. Das Leben ist schon verbeult, bevor es richtig begonnen hat. Der Staat investiert trotzdem seine knappen Ressourcen in die Familie. Besonders in Abdul Majed und seinen Zwillingsbruder Mohamed. Auch der verlässt die Schule ohne Abschluss. Zu viel Schwänzen, zu wenig Bock auf Bildung. Das Jugendamt ermöglicht ihm eine Ausbildung zum Elektriker mit integriertem Schulabschluss. Diese Chance lässt er ebenfalls ungenutzt. Er geht zu selten hin. »Thematisch nicht sein Ding«, erklärt Mohamed einmal. Abhängen auf den Straßen Neuköllns passt besser zu ihm. Im Dezember 2014 umringt er mit vier weiteren Jugendlichen einen Kontrahenten vor dem U-Bahnhof Parchimer Allee. Das Opfer muss sich hinknien und sagen: »Mohamed ist der Boss.« Mohamed filmt die Erniedrigung mit seinem iPhone.

Insgesamt vier der fünf Brüder akzeptieren keinerlei Regeln auf dem Schulhof oder an der Ladenkasse. Nur der Älteste ist unauffällig. Jahrelang kommt deshalb ein Sozialpädagoge des Jugendamts in die Familie. Ohne Erfolg. Zum ersten Mal sitzt Abdul Majed wegen gefährlicher Körperverletzung in einem Gerichtssaal. Da ist er 14 Jahre alt und gerade strafmündig geworden. Kriminell war er schon vorher, nur hatte das juristisch keine Folgen. Der Richter stellt auch die Premiere nach Paragraf 47 des Jugendgerichtsgesetzes (JGG) ein. Milde statt Strafe, den ersten Schuss hat jeder frei in Berlin.

Keine vier Wochen später ist Abdul Majed schon wieder angeklagt. Wieder geht es um Körperverletzung und Sachbeschädigung. Und wieder wird eingestellt. Dann vergehen drei Monate ohne Gerichtsprozess. Bei der dritten Verhandlung wegen Körperverletzung bekommt er eine Woche Dauerarrest aufgebrummt. Man kann nicht behaupten, dass ihn das in irgendeiner Form beeindruckt hat.

2018 listet eine Oberstaatsanwältin zwölf Straftaten in ihrer Anklage auf. Eine Auswahl: Im April 2016 soll der damals Siebzehnjährige zusammen mit einem weiteren Einbrecher die Terrassentür eines Einfamilienhauses im südlichen Neukölln aufgehebelt haben, um Schmuck, Briefmarken und ein Opernglas für zusammen knapp 15 000 Euro zu stehlen. Die Täter versprühen Schaum aus einem Feuerlöscher, um Spuren zu zerstören. Der Schaden im Haus beträgt 20 000 Euro. Sie finden einen Autoschlüssel und rasen in einem Renault davon. Am selben Tag zwei Straßen weiter: wieder ein Einfamilienhaus, wieder viel Schaden an der Einrichtung. Dann folgt das dritte Ding. Noch mal ein Einfamilienhaus, diesmal fehlt der Mercedes in der Garage.

Später findet die Polizei den geklauten Renault im Rollbergkiez in Neukölln. Abdul Majed wohnt um die Ecke. Im Kofferraum sind noch Briefmarken, Münzen und eine Fotokamera aus einem der anderen Häuser. Die Beute steckt in einem Sack, auf dem die Polizei die DNA von Abdul Majed sichert. Auch an den Kopfstützen des Renault haften seine DNA-Spuren. Der Mercedes aus dem zweiten Einbruch steht ein paar Meter weiter in einer Tiefgarage. Die Täter haben das Auto angezündet.

Am 8. Oktober 2016 hebelt Abdul Majed ein Feuerwehrauto auf und klaut ein hydraulisches Spreizgerät. Außerdem nimmt er eine Kettensäge und einen Trennschleifer mit. Schaden für die Feuerwehr: 30 000 Euro. Dieses Mal haftet Abdul Majeds DNA an einer Werkzeugtasche im Löschfahrzeug.

In der Silvesternacht 2016/2017 nutzten Einbrecher das Getöse in Neukölln, um sich bei zwei verschiedenen Juwelieren aus dem Keller in die Verkaufsräume zu bohren. Allerdings werden die Täter zweimal von Nachbarn gestört und müssen flüchten. Am zweiten Tatort lassen die Einbrecher eine Kabeltrommel zurück. Darauf befindet sich wieder die DNA von Abdul Majed Remmo. »Mit einer Trefferwahrscheinlichkeit von circa 1 zu 440 Milliarden«, wie die Oberstaatsanwältin in ihrer Anklageschrift schreibt.

Am 1. Februar 2017 werfen drei Täter die Scheibe einer Western Union Bank in der Nähe des KaDeWe ein. Der Stein wiegt 4,5 Kilogramm und ist 30 mal 11 mal 11 Zentimeter groß. Zwei Täter steigen durch das kaputte Fenster in den Aufenthaltsraum der Filiale und bedrohen zwei weibliche Angestellte. Es ist fünf Minuten nach Ladenschuss. Keine Kunden mehr in der Bank. Die Frauen müssen sich hinknien. Ein Räuber beschimpft sie als »Schlampen« und fordert das Geld aus dem Tresor. Er zieht einen silbernen Revolver aus der Hose und zielt auf den Kopf einer Angestellten. Als er hört, dass der Tresor sich nur mit einer Verzögerung von fünf Minuten öffnen lässt, fuchtelt er mit der Waffe vor dem Gesicht einer Frau herum. Dann verschwinden die Täter. Ganz plötzlich und unmotiviert. Beide Frauen müssen danach zum Therapeuten. Eine kann ohne Tabletten nicht mehr einschlafen, sie ist über ein Jahr lang krankgeschrieben. An dem 4,5-Kilo-Stein sichert die Polizei wieder die DNA von Abdul Majed Remmo.

Außerdem erkennt eine Spezialistin vom Raubdezernat (LKA 44) auf den Überwachungsbildern Wissam Remmo, den Cousin von Abdul Majed, an seinem charakteristischen schlaksigen Gang. Aber mehr als das Expertenwissen der Polizistin haben die Ermittler nicht gegen ihn in der Hand. Wissam weigert sich, an einer Gegenüberstellung teilzunehmen. Das ist sein gutes Recht.

Im März 2018 beginnt die Hauptverhandlung gegen den mittlerweile 19-jährigen Abdul Majed am Berliner Landgericht. Nach vier Verhandlungstagen verurteilt die 29. Strafkammer ihn zu einem Jahr Jugendstrafe auf Bewährung. Für die Opfer fühlt sich das an wie ein Freispruch. Der Richter hält nur den Einbruch Abdul Majeds bei der Feuerwehr als hinreichend belegt. Da befand sich der genetische Code direkt am Löschfahrzeug.

Für alle anderen DNA-Spuren könnte es noch eine andere Erklärung geben als die jeweilige Straftat. Die DNA am Sack mit der Beute im geklauten Renault? Gut möglich, dass Abdul Majed den Sack erst nach der Tat angefasst hat. Die DNA an der Kabeltrommel beim Juwelier? Im Urteil heißt es: »Angesichts der polizei-, gerichts- und – man kann wohl schon sagen – stadtbekannten kriminellen Aktivitäten im familiären Umfeld des Angeklagten erschien es dem Gericht ohne weiteres denkbar und ebenso möglich wie eine Tatbeteiligung des Angeklagten, dass die Taten von Personen aus dem persönlichen Umkreis des Angeklagten unter Verwendung einer aus dem Familienbestand herrührenden Kabeltrommel begangen wurden, so dass sich daran seine DNA fand, ohne dass dies sichere Rückschlüsse auf eine Anwesenheit des Angeklagten an den Tatorten zuließe.«

Übersetzt: Da die ganze Familie kriminell ist, könnte es auch jeder aus der Familie gewesen sein. Ein Gegenstand, den die Täter von zu Hause mitbringen, wurde vielleicht vorher zu Hause mit einer DNA-Spur kontaminiert. Vielleicht hat Abdul Majed die Kabeltrommel dort angefasst. Und dann sind die anderen damit losgezogen. In dubio pro Remmo.

Die Schwierigkeiten der Justiz

Genauso argumentiert die 29. Strafkammer auch beim Überfall auf die Western Union Bank, bei dem die Täter nichts erbeuten, aber zwei Frauen traumatisieren. Der genetische Fingerabdruck an dem 4,5-Kilogramm-Stein beweise nicht, dass Abdul Majed am Tatort war. Die Räuber könnten den Klotz mitgebracht haben. Im Urteil steht: »Danach ist die Annahme, der Angeklagte habe den Stein in die Räume der Western Union Filiale geworfen, letztlich rein spekulativ.« Der Überfall bleibt ungesühnt. Der kriminelle Hintergrund der ganzen Familie hat die kriminelle Einzelperson vor einer langen Haftstrafe bewahrt. Ein Familienbonus der Justiz für die archaisch strukturierte Parallelgesellschaft.

Dass dieser Bonus manchmal auch gerechtfertigt ist, beweist ein DNA-Abgleich, der im August 2019 in der Datenbank des Bundeskriminalamts in Wiesbaden auffällt. Die Probe stammt von Hassan O.*, der verdächtigt wird, an einem illegalen Autorennen in Neukölln beteiligt gewesen zu sein, und freiwillig eine Speichelprobe abgegeben hat. Dieser Speichel matcht mit einem zehn Jahre alten genetischen Fingerabdruck, der bisher keiner Person zugeordnet werden konnte. Er stammt von einem Seil, das bei dem berühmten KaDeWe-Raub im Jahr 2009 benutzt wurde. Damals drangen drei Täter nachts in das Kaufhaus des Westens ein und stahlen Uhren und Schmuck im Wert von fünf Millionen Euro. Um das Alarmsystem zu umgehen, seilten sich die Einbrecher von einer Empore in die Verkaufsfläche des Juweliers im Erdgeschoss ab.

Zum Zeitpunkt des Raubs war der Spurenverursacher Hassan O. fünf Jahre alt. Wahrscheinlich kommen die Täter aus Hassans Familie und haben das Seil in der Wohnung deponiert. Und das Kind hat nur damit gespielt. Sein Vater ist Adounise Rammo. Er hat als Einbrecher schon viel Zeit im Knast verbracht. 2002 wurde er zusammen mit drei seiner Brüder zu sieben Jahren verurteilt. Die Geschichte mit der Kinder-DNA am Einbruchswerkzeug verdeutlicht einerseits die Probleme, die die Justiz mit der Rechtsprechung im Clan-Umfeld hat. Und andererseits zeigt sie, dass die Kriminalität im Rammo-Clan ein fester und selbstverständlicher Kern des Familienlebens ist.

Bisher hat der Staat jedenfalls noch keine Möglichkeit gefunden, den kriminellen und noch nicht kriminellen Mitgliedern des Clans klarzumachen, dass Einbrechen der völlig falsche Weg in eine solidarische Bildungsgesellschaft ist. Seit den frühen Achtzigerjahren wachsen im Clan Hunderte Jungen und Mädchen auf, die schon mit jungen Augen sehen, wie ihre Väter Häuser im Libanon kaufen, obwohl sie keinen Tag sozialversicherungspflichtig gearbeitet haben. Sie erleben, wie der eigene Bruder bis mittags im Bett liegt und abends als Kiezkönig im AMG durch das Viertel cruist. Schon aus der Kinderkarre heraus erleben sie, welchen Klang ihr Nachname hat, welchen Respekt prügelnde Männer genießen und dass Schutzgelderpresser nicht etwa verachtet, sondern hofiert werden, weil ihnen die Angst und das dreckige Geld viel Macht verleihen. Es sind die Kriminellen innerhalb eines Clans, die auch am großzügigsten geben können, wenn bei Hochzeiten oder Beerdigungen gesammelt wird. Auch jetzt, vierzig Jahren nach der ersten Einreisewelle der Rammos, hat Deutschland noch keine Antwort gefunden auf diesen Mechanismus.

Die Familiengeschichte

Für die Berliner Polizei beginnt der Aufstieg dieser Gesellschaft allerdings nicht erst mit der Einreise der Rammos nach Deutschland vor vierzig Jahren. Die Ermittlungsgruppe »Ident« des LKA hat die Geschichte der Familie bis zurück in das 19. Jahrhundert recherchiert mit dem Ziel, möglichst viele aus dem Clan abzuschieben. Auch das hat nur mit einem kleinen Zweig der Großfamilie funktioniert.

Dafür hat die Polizei einen Stammbaum erstellt, der nur für Hochbegabte auf den ersten Blick zu erfassen ist. Sieben Familienzweige wurden in Berlin identifiziert.

Ursprünglich stammen die Rammos aus dem Dorf Raschdiye in der Südosttürkei, im tiefsten Kurdistan. Bis zur syrischen Grenze sind es rund 50 Kilometer. Hier sind die Äcker mager, so wie das Glück der Bewohner. Die Rammos gehören zu der Arabisch sprechenden Minderheit »Mhallami«, die in der Provinz ungefähr 40 bis 50 Dörfer besiedeln. Eine feste Enklave, die sich strikt von den übrigen Kurden abgrenzt. Wer hier seine Ziegen oder sein Haus verteidigen muss, ruft nicht die Polizei. Der Staat ist traditionell der korrupte Feind, der seinen Untertanen mehr abpresst, als ihm zusteht. Verlass ist in der rauen Gegend nur auf das Blut. Auf die eigenen Brüder, Onkel und Cousins. Hochzeiten sind strategische Entscheidungen. Und meistens wird in der Familie geheiratet. Das macht den Clan noch robuster gegen äußere Feinde.

In den Wirren nach dem Ende des Ersten Weltkriegs ziehen viele Mhallami aus der Südosttürkei in den Libanon. Dem Land geht es damals besser als seinen Nachbarn. Die Mhallami integrieren sich auch hier nicht in die Mehrheitsgesellschaft. Das liegt einerseits an ihrer archaischen Rückständigkeit. Die meisten sind Analphabeten. Anderseits akzeptiert der Libanon sie nicht als Staatsbürger. Während des Bürgerkriegs (1975–1990) fliehen viele Mhallami dann nach Deutschland.

Mit im Gepäck haben sie ihren Wertekompass. Sein magnetischer Pol ist die Ehre. An ihr richtet sich alles aus: die Handlungen, die Hierarchien, die Beziehungen. Die Ehre ist der Klebstoff, der die Großfamilien zusammenbindet. Als übergeordnetes Werteprinzip steht die Ehre auch über dem deutschen Gesetz und den Organen, die das Gesetz durchsetzen sollen.

Diesen Ehrbegriff hat ein Ethnologe nach einem Mord 2009 bei Bremen einmal in der Südosttürkei recherchiert: Wenn die Ehre der Familie verletzt wird, sind alle männlichen Mitglieder verpflichtet, sich zu rächen. Nicht der Einzelne wurde angegriffen, sondern der Clan. Die Ehre muss wiederhergestellt werden, wenn jemand aus der Familie ermordet wird. Oder wenn die eigene Frau fremdgeht. Oder die Tochter vor der Heirat entjungfert wird. Manchmal reicht auch schon eine Beleidigung oder eine Schlägerei aus für einen Racheakt. Und wenn ein staatliches Gericht den Rächer danach verurteilt, verliert er nicht etwa den Respekt der Community, sondern verdient ihn sich. Umgekehrt wäscht eine staatliche Verurteilung eine beschmutzte Ehre auch nicht wieder rein. Parallelgesellschaft in Reinkultur.

Bei den Rammos umfasst diese Gesellschaft grob geschätzt 1000 Köpfe. Allein in Berlin. Selbst der engste Familienkreis um Adounise Rammo bräuchte noch vier Reisebusse für einen Ausflug. Adounise Rammo hat 15 Geschwister. Elf Brüder und vier Schwestern. Seine Frau hat 16 Geschwister. Beide Zweige zählen über 100 Personen. Jeweils. Und beide sind selbst wiederum eng miteinander verwandt. Sogar doppelt. Adounises Vater ist der Bruder von der Mutter seiner Frau. Und Adounises Mutter ist die Schwester vom Vater seiner Frau.

»Ist das eigentlich erlaubt?«, fragt eine resolute Richterin, als Adounise im Januar 2019 mal wieder angeklagt ist. »Ja, aber nicht gesund«, antwortet damals die Staatsanwältin. Adounise Rammo muss sich verantworten, weil er seine Frau mit einer vier Kilo schweren Obstschale geschlagen haben soll. Nach der Tat hat die

Ehefrau und Doppelcousine die Polizei gerufen. Vor Gericht aber schweigt sie und beruft sich auf ihr Zeugnisverweigerungsrecht als Ehefrau. Der Prozess wird gegen Zahlung einer Geldstrafe in Höhe von 12 500 Euro eingestellt.

Es ist diese Masse an Menschen, gepaart mit eiserner Loyalität, die die Machtbasis der Großfamilie darstellt. Die Rammos, aber auch die Al-Zeins, die Miris, die Omeirates können innerhalb von Minuten Dutzende gewaltaffine Männer mobilisieren, um bei Konflikten die eigenen Interessen durchzuboxen. In der Schattenwelt aus Drogen und Schutzgeldern ist das ein großer Vorteil gegenüber der Konkurrenz. Andere Ganoven müssen sich Rockerbanden anschließen und mit den Kutten teilen, um für Milieukonflikte genug »Rücken« zu haben, wie es in der Szene heißt. Gangster aus dem Clanmilieu lassen lediglich ihren Nachnamen fallen. Das allein reicht in einigen Straßen und dunklen Cafés der Hauptstadt bereits aus, um den eigenen Machtanspruch durchzusetzen.

Vor dreißig Jahren war das noch anders. Die Familiennamen hatten noch nicht den Sound, den sie heute haben. »Die erste Generation musste noch kämpfen«, sagt ein szenekundiger Ermittler vom Berliner LKA. Den Ruf der Rammos haben Typen wie Adounise zementiert. 1992 schießt er zusammen mit einem Bruder auf eine Gaststätte. Angeblich gab es Streit um ein Fahrrad. Vielleicht ging es aber auch schon um Schutzgeld. Adounise ist damals erst fünfzehn Jahre alt. Im gleichen Jahr stürmen zwei Rammos aus einem anderen Familienzweig ein Lokal in Berlin-Schöneberg. Vorher hatte es Stress mit Männern aus Ex-Jugoslawien gegeben. Zuerst feuert einer der Rammos in die Decke. Dann wird ein Kontrahent mit fünf Schüssen von ihm exekutiert. Der Zweite sichert die Tat mit einer Pumpgun »Maverick« ab. Nach dem kaltblütigen Mord fliehen die Täter aus Deutschland. Aber die Familie erntet die Früchte der Taten. Im Milieu legt sich seitdem keiner mehr freiwillig mit den Rammos an. Und wenn doch, nimmt es in Regel kein gutes Ende.

So passiert es am 17. Mai 2017 vor einem ockergelben Mehrfamilienhaus im Berliner Stadtteil Britz. Wieder einmal geht es um die Ehre. Das Opfer heißt Ali Omeirate. Um acht Uhr morgens liegt er tot auf dem Bürgersteig. Als hätte ihn ein 40-Tonner überrollt. »Groteske Verformungen der Schädel- und Gesichtskonturen«, schreibt der Gerichtsmediziner später in seinen Bericht. Zugerichtet mit einem Baseballschläger, der im Internet nicht mehr als 20 Euro kostet. »So eine Leiche habe ich in 27 Berufsjahren nicht gesehen«, sagt auch Oberstaatsanwalt Ralph Knispel danach in einem Fernsehinterview bei SPIEGEL TV.

Hier sollte nicht nur ein Mensch bestraft werden. Sein Antlitz sollte getilgt werden von dieser Welt. Es ist das Ende eines Konflikts zwischen Ali Omeirate und Issa Rammo, der für viele Szene-Kenner das Oberhaupt des Rammo-Clans ist. Die Fehde zwischen beiden beginnt im Jahr 2012. Offiziell kauft damals Issas Sohn Jusuf für 200 000 Euro eine runtergekommene Villa im Süden Berlins. Hinter dem Kauf steckt aber der Vater. Für den Kauf braucht Issa noch 128 000 Euro. Von einer regulären Bank bekäme einer wie er keinen Kredit. Also muss er es sich auf andere Weise leihen. Zum Beispiel bei Ali Omeirate. Der lebt eigentlich von Hartz IV, ist aber flüssig genug, um 128 000 Euro verleihen zu können. Besiegelt wird der Deal mit einem Schuldschein, den Issa Rammo unterzeichnet:

»Hier mit Bestätige ich ISSA Rammo Geboren .....67 Das ich Ali Omairate 128 000 € zurück zahlen muss.« So steht es in fehlerhaftem Deutsch auf einem karierten Zettel.

Der Schuldschein ist das wichtigste Dokument im späteren Mordprozess: Als die Rückzahlung stockt, ist das Tischtuch zerschnitten. Ein Zeuge berichtet, wie sich die Streithähne in einer Moschee in Kreuzberg gegenseitig provozieren. Ohne Worte. Nur mit Blicken. Später taucht bei Facebook eine Seite auf mit dem Profilnamen »Issa Hare Eiri Rammo«. »Eiri« bedeutet »Pimmel« oder »Schwanz«. Auf der Seite sind Fotomontagen von Issa und seinen Söhnen zu sehen. Mal guckt eine Person aus einer Toilette, mal ist ein Rammo-Kopf auf einen Frauenkörper montiert. Niemals könnte ein Rammo so etwas ignorieren, ohne dabei das eigene Gesicht zu verlieren. Bevor das passiert, wird der Kontrahent seines verlieren.

Um 7.30 Uhr bringt Ali Omeirate zwei Söhne in einem grünen Ford Focus zur Kita. Zwanzig Minuten später ist er zurück und parkt das Auto. Zwei Männer mit Baseballschläger warten schon. Das bestätigen später mehrere Zeugen. Die Täter prügeln das Opfer mit Baseballschlägern nieder, bis Omeirate tot und sein Schädel »grotesk« verformt ist. Dann greift einer der Täter in die Hosentasche des Opfers. Vermutlich auf der Suche nach dem Schuldschein. Dabei hinterlässt er seine DNA. So schreibt es Oberstaatsanwalt Ralph Knispel in seine Anklageschrift.

Nach den ungeschriebenen Gesetzen der Clans folgt auf solch einen Mord normalerweise ein Rachefeldzug der Familie des Opfers. Tagelang übernachten deshalb viele Rammos zusammen in der Wohnung von Issas Bruder Adounise Rammo. Bei abgehörten Telefonaten fällt das Wort »Alarmbereitschaft«. Später findet die Polizei in dieser Wohnung eine Harpune, mehrere Macheten und schusssichere Westen. Außerdem entdeckt sie noch fünf scharfe Schusswaffen in anderen Wohnungen des Clans. Immer griffbereit versteckt. Issas Bruder hat seine durchgeladene Glock hinter dem Beifahrersitz seines BMWs versteckt.

Am 17. Juli 2019 fällt das Urteil im Mordprozess zum Nachteil von Ali Omeirate. Angeklagt ist ein Sohn von Issa Rammo. Die Tatortgruppe sicherte seine DNA in der Hosentasche des Opfers. Allerdings ist der Spross nur ein »Nebenspurenverursacher«. Das meiste Zellmaterial stammt von Ali Omeirate selbst.

Für das Gericht reicht diese Spur nicht aus, um der Argumentation der Staatsanwaltschaft zu folgen. »Der Angeklagte ist freizusprechen«, verkündet der Richter, auch wenn er davon überzeugt sei, dass der Rammo-Clan hinter dem brutalen Verbrechen steckt.

Auf eine bestimmte Person will sich die Kammer trotzdem nicht festlegen.

Der Clanchef der Rammos

Eigentlich hätte Issa Rammo jetzt allen Grund zum Jubeln. Stattdessen beschimpft er noch im Gerichtssaal den Staatsanwalt: »Ich küsse diese Erde. Ich habe Respekt vor dieses Land. Aber vor Dich absolut gar nicht«, pöbelt er, bis die Polizei den Clanboss unter lautem Protest nach draußen schiebt. Eine Botschaft muss trotzdem noch heraus. Gerichtet ist sie an die Polizeispitzel, die während des Prozesses in der Akte aufgetaucht sind. »Ihr Araber, ich kenne Euch. Ich ficke Eure Schwestern«, ruft Issa Rammo damals in die Kamera von SPIEGEL TV.

Für den Rammo-Clan hat sich die Situation nach dem Freispruch aber noch nicht entspannt. Nach wie vor droht ihm eine Racheaktion der Omeirates. Es sei denn, beide Parteien würden sich im Hintergrund auf einen Frieden einigen. Dafür müssten die Rammos allerdings ein immens hohes Blutgeld bezahlen.

Issa Rammo wählt offenbar einen anderen Weg. Am 30. März 2021 fährt er in seinem schwarzen S-Klasse-Mercedes in der Neuköllner Schinkestraße vor.

Dort lebt in einem schlichten Neubau die Familie Al-Zein. Nicht irgendwelche Al-Zeins. Hier residiert Zaki, der mächtigste Mann dieser Familie. Allerdings sitzt das Oberhaupt gerade im Knast, weil er einen Auftrag für einen Ehrenmord angenommen hat. In Berlin spielen beide Clans ungefähr in derselben Liga.

Um 17.15 Uhr steigt Issa Rammo im Hinterhof aus. Er ist ganz in Schwarz gekleidet. In der linken Hand hält er eine Schachtel Marlboro. Ohne Zigaretten geht Issa Rammo nicht aus dem Haus. Issa Rammo ist mit seiner Frau und seinem Sohn Yasin gekommen. Er will die künftige Schwiegertochter abholen, die Frau, die sein Sohn Yasin heiraten wird. Sie ist eine Enkelin des Patriarchen Zaki. In der Schinkestraße vollzieht sich eine Fusion, mit der kein Experte bei der Polizei gerechnet hat. Die Rammos und die Al-Zeins verbünden sich. Eineinhalb Jahre zuvor lieferten sich die Großfamilien noch eine brutale Massenschlägerei. Offenbar bringt eine Kooperation beiden Familien jetzt Vorteile. Es gibt Gerüchte, Issa habe mit viel Geld nachgeholfen. Allerdings existieren keine Belege dafür. Auf jeden Fall überlegen sich die Omeirates jetzt zweimal, ob sie ihren totgeprügelten Ali wirklich noch rächen wollen. In der Liga der kriminellen Clans ist eine Verbindung zwischen den Rammos und den Al-Zeins wie eine Fusion von Borussia Dortmund und Bayern München.

Vier Jahre zuvor ist das für die Öffentlichkeit noch ganz anders. Außer den szenebefassten Ermittlern, Richtern und Staatsanwälten sind die Namen der Clans noch nicht geläufig. Das ändert sich erst im Sommer 2017, als öffentlich wird, wer die 100 Kilogramm schwere Goldmünze aus dem Bode-Museum gestohlen hat: Wissam und Ahmed Remmo, die auch die Dresdner Soko Epaulette jetzt ganz oben auf ihrer Liste der Verdächtigen im Fall Grünes Gewölbe hat. Beide sind Neffen von Adounise und Issa Remmo. Der eine ist ein Bruder und der andere ein Cousin von Abdul Majed, der ebenfalls von der Soko Epaulette verdächtigt wird.

Ahmed Remmo – der große Bruder

Ahmed Remmo ist schon als Jugendlicher auf seinen Raubzügen tollkühn wie eine Silbermöwe an der Strandpromenade, die den Touristen im Sturzflug das Krabbenbrötchen aus den Fingern klaut. Am 27. März 2015 sitzt er in einem Porsche Macan Turbo und fährt vom Ku'damm nach Neukölln. Da ist er gerade erst 17 Jahre alt. Das Auto hat er sich von einem Touristen »geliehen«, der seinen Zweitschlüssel im Leihwagen vergessen hat. Die Freude über das 150 000-Euro-Auto weicht schnell dem Stress. Schon auf der Hermannstraße hat er Blaulicht im Nacken. Im Porsche liegt noch ein Handy des eigentlichen Fahrers. Das Telefon wird geortet. Als sich der Verkehr an einer Ampel staut, fährt Ahmed über den Bürgersteig. Er flieht so, wie er stiehlt und einbricht: mit Risiko und Chuzpe. Ohne Rücksicht auf andere. Im Rollbergkiez springt er aus dem Porsche und versteckt sich auf dem Balkon einer Erdgeschosswohnung. Doch die Polizei findet ihn. Vier Wochen Arrest. Es ist das erste Mal, dass ihn die Justiz aus dem Rennen nimmt.

Ahmed Remmo ist der große Bruder von Abdul Majed. Zwischen den beiden liegen aber nur ein Jahr und zwei Tage. Die Eltern hatten es eilig. Die Frau ist mit 28 Jahren siebenfache Mutter. Eigentlich wären es neun Kinder. Aber ein Zwillingspaar ist nach der Geburt verstorben.

Ahmed Remmo wechselt in der Pubertät die Schulen häufiger als seine Prepaid-Handys. Vor Lehrerinnen hat er nicht den kleinsten Funken Respekt. Genauso wie bei seinem Bruder Abdul Majed sind alle froh, wenn er nicht im Unterricht auftaucht. Der Staat schickt ergebnislos Psychotherapeuten und Sozialpädagogen in die Wohnung der Eltern nach Neukölln. Ohne »erkennbaren Erfolg«, wie es in einem späteren Urteil heißt, verläuft auch eine »elternbezogene Einzelbetreuung« im Deutsch-Arabischen Zentrum.

Das Projekt »Zweite Chance«, speziell konzipiert für Härtefälle, muss er verlassen. Keiner hält sein Verhalten aus. 2013 fängt sich der 15-Jährige ein wenig. Weil ihn keine Schule mehr haben will, kümmert er sich selbst um einen Platz. Er darf auf die Heinrich-Mann-Sekundarschule. Hier lernt er Denis W. kennen. Die beiden gehen in eine Klasse. Sechs Jahre später sitzen die beiden Kumpels gemeinsam auf der Anklagebank im Berliner Landgericht. Vor dem Saal warten dutzende Kameras.

Gerichtssäle kennt Ahmed Remmo, seitdem er strafmündig ist. Sein erstes Urteil kassiert er, weil er sechs Wochen nach seinem 14. Geburtstag zusammen mit zwei Cousins die Kunden einer Ladenwohnung beklaut. Der eine Cousin (ein Sohn von Issa Rammo) ist da gerade erst 12 Jahre alt.

Sieben Tage später wird Ahmed wieder erwischt. Dieses Mal zusammen mit Wissam. Die beiden sind in ein Wohnhaus eingebrochen. Es ist der erste Auftritt des dynamischsten Duos der Großfamilie.

Wissam Remmo und der Raub der Goldmünze

Wissam Remmo hat seine Kindheit und Jugend in der Regel ohne Vater verbracht. Der lebte ebenfalls von Einbrüchen und saß die meiste Zeit im Gefängnis. Genauso wie Wissams ältester Bruder. Wissams Schwester ist auch früh aus dem Haus. Sie heiratet einen Cousin und bekommt mit 16 Jahren ihr erstes Kind. Wissam muss früh die Rolle des Familienoberhauptes übernehmen. Zu früh.

Probleme hat er auch in der Schule. Ihm fällt das Lernen schwer. Nach der 5. Klasse kommt er auf eine Sonderschule. Er geht ohne Abschluss. In einer Stiftung soll er auf eine Lehre zum Tischler vorbereitet werden. Wissam bricht die Maßnahme ab. Er behauptet, zu Unrecht beschuldigt worden zu sein, gestohlen zu haben. Immerhin schafft er den Führerschein. Seine kriminelle Laufbahn verläuft parallel zu denen seiner Cousins: Ladendiebstahl, Körperverletzung und Einbruch. 2013 tritt er zusammen mit Ahmed eine Wohnungstür ein und stiehlt einen Laptop. Der Hehler gibt Ihnen 100 Euro. Wissam kauft sich etwas zu essen davon.

Im März 2017 ist er dann einbruchstechnisch nicht mehr in der Kreisklasse, sondern in der Champions League aktiv. Zu dieser Zeit hat Denis W., der mit Ahmed Remmo zusammen die Schulbank drückte, gerade einen Job als Wachmann angetreten. Er soll im Berliner Bode-Museum verhindern, dass Besucher Quatsch machen und die Exponate beschädigen. Eingefädelt hat den Job das Arbeitsamt. Eine erstaunliche Vermittlung. Denis W. hatte selten Respekt vor fremdem Eigentum. Schon der Konrektorin seiner Schule klaute er die Handtasche aus dem Büro. Aber wahrscheinlich weiß das Jobcenter aus Gründen des Datenschutzes nichts von seinen Vorstrafen.

Vier Tage nach seinem ersten Arbeitstag im Museum beobachten MEK-Polizisten von der Neuköllner Direktion 5, wie Denis W. mit geklauten Kennzeichen die Zeche an einer Tankstelle prellt. Das Mobile Einsatzkommando stoppt die Weiterfahrt, Handschellen klicken, dann durchsuchen die Beamten sein Auto und finden lauter Utensilien, die man für einen Einbruch braucht: Schraubenzieher, Handschuhe und Bettlaken zum Einwickeln des Diebesguts. Nachdem Denis W. erkennungsdienstlich behandelt wurde (Fotos und Fingerabdrücke), darf er wieder gehen. Seinen Job verliert er nicht. Das passiert erst später, als er die Arbeit schwänzt.

So hat Denis W. reichlich Gelegenheit, das Sicherheitskonzept des Museums zu studieren. Und er kriegt auch noch Geld dafür. Seine Erkenntnisse sind: Nachts werden die Ausstellungsflächen scharfgeschaltet, dann melden Sensoren jede falsche Bewegung. Es sei denn, der Wachmann dreht gerade seine Runde durch das Gebäude. Dann ruht das Alarmsystem. Die Außenhaut ist geschützt. Jedes Fenster ist mit einem Alarm gesichert. Es gibt nur eine Ausnahme: Das Fenster in der Umkleide für das Wachpersonal (Raum 265) ist seit 2015 nicht mehr mit der Überwachungsanlage verbunden. Es gab zu viele Fehlalarme. Stattdessen wurde vor das Fenster eine 2,22 Meter mal 2,57 Meter große Scheibe aus 12 Zentimeter dickem Sicherheitsglas geschraubt. Sechs Bolzen halten das 340 Kilogramm schwere Ungetüm. Der linke Flügel des Fensters dahinter steht häufig offen, damit frische Luft in die Umkleide strömt. Jeder Neuling kapiert sofort, dass das die Achillesferse des ganzen Museums ist.

Der Einbruch ins Bode-Museum ist so etwas wie eine idealtypische Aktion der Remmos. Im Sport würden man sagen, ihr »signature move«; beispielhaft für ihre Vorgehensweise: abgebrüht, brachial und auf eine ungebildete Weise professionell und clever, eher grob als sophisticated.

Das Ziel dieses Einbruchs steht im Raum 243 auf der zweiten Besucherebene. Die Münze »Big Maple Leaf« ist zu 99,999 Prozent aus Gold. 3 Zentimeter dick, 53 Zentimeter Durchmesser, genau 100 Kilogramm schwer. Allein der Materialwert beläuft sich zu dieser Zeit auf 3,3 Millionen Euro. Versichert ist die Münze bei der Allianz für 4,2 Millionen Euro.

Alles beginnt am 17. März 2017. Da tauchen zwei vermummte Gestalten um 2.06 Uhr auf dem Bahnsteig des S-Bahnhofs »Hackescher Markt« auf. Die Männer steigen runter ins Gleisbett und marschieren Richtung Bode-Museum, das 200 Meter entfernt ist. Das Betreten ist ungefährlich, die S-Bahn fährt nachts nicht. Nach 16 Minuten sind die Männer schon wieder zurück. Entweder wollten sie das Bode-Museum nur auskundschaften. Oder sie wurden gestört. Auf der Strecke werkeln gerade Arbeiter am Gleis. Einer von ihnen entdeckt um 3.30 Uhr eine Schubkarre auf dem Gleisbett. Zurückgelassen von den Vermummten.

Der nächste Versuch startet am 21. März um 2.56 Uhr. Dieses Mal steigen drei Vermummte ins Gleisbett und gehen Richtung Bode-Museum. Auf halber Strecke ziehen sie eine Leiter und Werkzeug nach oben auf den Bahndamm. Unten hilft ein vierter Täter. Am ungesicherten Fenster flexen sie einen von sechs Bolzen an der 340-Kilogramm-Fensterscheibe durch. Wahrscheinlich wollen sie testen, ob das Sicherheitsglas an die Alarmanlage angeschlossen ist. Ist es nicht. Aber zwischen den Folien reißt das Glas in ein Netz von Splittern. Daraufhin ziehen sich die Vermummten wieder zurück. Die kaputte Scheibe ist ein grober Schnitzer der Einbrecher.

Am nächsten Morgen entdeckt ein Wachmann die Risse und den beschädigten Bolzen. An einen versuchten Überfall denkt allerdings niemand. Die Stiftung Preußischer Kulturbesitz, Eigentümer des Museums, holt sich einen Kostenvoranschlag für eine neue Scheibe. Mehr passiert nicht.

Am 27. März 2017 zeichnen die Kameras am Hackeschen Markt um 2.59 Uhr erneut drei maskierte Männer auf. Heute ist die letzte

Gelegenheit. Am nächsten Tag soll die Goldmünze verpackt werden. Es ist geplant, »Big Maple Leaf« auszuleihen.

Wie schon sechs Tage zuvor reicht der vierte Täter die sperrigen Hilfsmittel zum Bahndamm hinauf: Schubkarre, Rollbrett, Axt und eine Leiter. Mit einem Bolzenschneider durchtrennen die Täter drei weitere Bolzen der Sicherheitsscheibe vor dem ungeschützten Fenster. Die Scheibe fällt in die Tiefe. Der Weg ist frei. Aber die Ausstellung ist noch alarmgesichert. Noch.

Um 3.24 Uhr beginnt der Wachmann im Bode-Museum seinen dritten Rundgang. Er meldet sich bei der Hauptwache, die für die ganze Museumsinsel zuständig ist. Die Kollegen in der Zentrale schalten daraufhin die Alarmanlage für die Ausstellung ab.

Die Einbrecher können den Weg des Wachmanns vom Bahndamm aus verfolgen. Die Taschenlampe markiert seine Position im Gebäude. Die Täter dringen durchs Fenster in die Umkleidekabine ein. Das Fenster hinter dem Sicherheitsglas ist nur angelehnt. Dafür hat der Komplize Denis W. gesorgt. Als der Wachmann an der Umkleidekabine vorbeizieht, warten die Einbrecher schon hinter der Tür. Wie immer schaut der Wachmann bei seinem Rundgang nicht in den Raum. Er geht durch die Ausstellung im zweiten Obergeschoss und danach seltsamerweise in den Keller. Dieses Verhalten macht ihn später zu einem Verdächtigen. Eine Beteiligung kann ihm aber nicht nachgewiesen werden.

In sicherem Abstand folgen ihm die Täter bis zum Münzkabinett. Zwei prügeln mit Äxten auf die Vitrine von »Big Maple Leaf« ein. Der dritte fixiert die Türen des Fluchtwegs mit Plastikkeilen. An einem Keil sichern Kriminaltechniker später die DNA von Abdul Majed Remmo. Obwohl das Zerschlagen der Vitrine sehr laut gewesen sein muss, will der Wachmann im Keller nichts bemerkt haben. Auf dem Rollbrett schieben die Täter die Beute zur Umkleide und schmeißen die Münze aus dem Fenster ins Gleisbett der S-Bahn. Mit der Schubkarre bringen die Täter ihren Millionenschatz zum nahe gelegenen Monbijoupark, wo sie sich zum vierten

Täter mit dem Fluchtwagen abseilen. Eine Kamera vom benachbarten Pergamonmuseum filmt das Auto bei der Abfahrt um 3.52 Uhr.

Das perfekte Verbrechen gibt es nicht. Auch beim Einbruch in das Bode-Museum findet die Polizei genügend Spuren und Hinweise, die klar in Richtung Neukölln zeigen. Als Erstes meldet sich der Polizist vom Mobilen Einsatzkommando, der Denis W. wegen des Tankbetrugs kurzfristig Handschellen angelegt hat. Er erinnert sich daran, dass ihm beim Durchsuchen des Autos neben den Werkzeugen auch ein Flyer des Bode-Museums mit handschriftlichen Notizen aufgefallen ist. Ein krimineller Wachmann mit Verbindungen ins Bode-Museum? Das elektrisiert das LKA sofort. Im Polizeicomputer ist noch ein weiterer Diebstahl gespeichert, den Denis W. zusammen mit einem Mann aus dem Rammo-Clan durchgeführt hat.

Auch das LKA 651 liefert neue Ansätze. Das Kommissariat ist die VP-Dienstelle der Berliner Polizei. Es schöpft menschliche Insider-Quellen ab, die in der Regel dafür Geld bekommen. Einen Monat nach dem Einbruch belastet eine solche Quelle Wissam und seinen ältesten Bruder. Außerdem sollen der Cousin Muhamed R. und drei weitere Onkel beteiligt gewesen sein. Unter anderem Onkel Adounise. Zwei Monate nach der Tat sagt eine VP beim LKA 651 aus, dass Wissam und eine Person namens »Vaysi« die Beute verwalten. Mit »Vaysi« kann nur Wayci gemeint sein, der älteste Bruder von Ahmed und Abdul Majed. Im Juni 2017 nennt ein Spitzel Ahmed als beteiligten Einbrecher.

Offenbar schaffen es die Täter nicht, in ihrem sozialen Umfeld den Mund zu halten. Das Gold haben sie, jetzt möchten sie auch gefeiert werden für ihren Sieg in der Champions League. Gegenüber den szenekundigen Beamten der »Araberstreife« (LKA 641) benehmen sich die jungen Männer auffallend arrogant. Teilweise richtig aufgedreht, nach dem Motto: »Seht her. Wir waren es. Aber ihr kriegt uns eh nicht.«

Besonders unvorsichtig ist Ahmeds Freund Denis W. Ihm fehlt die kriminelle Reife der anderen: Er kauft sich eine Goldkette für 11 000 Euro und faselt am abgehörten Telefon von 100 000 Euro, die er anlegen könne. Zu seinem (legalen) Einkommen passt das nicht.

Den endgültigen, gerichtsfesten Beweis liefert wieder die Kriminaltechnik: DNA von Wissam am Seil, DNA von Abdul Majed am Keil, DNA von Denis W. am Einstiegsfenster. Mit diesen Ergebnissen aus dem Labor bekommt die Staatsanwaltschaft vier Haftbefehle vom Ermittlungsrichter: Wissam, Abdul Majed, Denis W. und Ahmed. Gegen Ahmed sprechen keine DNA-Spuren. Seine Freundschaft zu Denis W. und der VP-Hinweis machen ihn trotzdem »dringend tatverdächtig«.

Am 12. Juli 2017 kommt das Spezialeinsatzkommando. Unter Kollegen heißen sie »Maskenmänner«, weil sie bei solchen Aktionen grundsätzlich Sturmhauben tragen. Um sechs Uhr stürmen sie zwei Wohnungen in Neukölln und fixieren drei Remmos. Der gefesselte Abdul Majed fragt, wegen welcher Straftat er jetzt eigentlich einkassiert worden sei. Offenbar gibt es für ihn noch mehr Optionen als den Diebstahl der Goldmünze. Auch Denis W. wird verhaftet.

Bei den anschließenden Durchsuchungen findet die Kripo bei Hartz-IV-Empfänger Wissam 15 500 Euro in bar und eine Schusswaffe, versteckt in einem Massagesessel. Ein weiteres Magazin steckt im Kissen eines Sofas, auf dem Wissam schläft. Außerdem stellen die Ermittler ein Handy Samsung A3 sicher, über das jemand Goldpreise online recherchiert hat.

Bei Denis W. entdecken die Beamten auf dem Smartphone Fotos, die er im Bode-Museum gemacht hat. Er selbst im Vordergrund. Aber der Fokus der Fotos liegt klar auf den Türen und Gängen des Hauses.

Auch in der Thomasstraße macht die Polizei im Küchenschrank eine Entdeckung. Sie findet einen Zettel mit Notizen und Berechnungen in Gramm und Euro, die exakt zum aktuellen Goldpreis passen. 33 000 Euro für 1000 Gramm. Hier hat ein Einbrecher offenbar den Wert seines Anteils ausgerechnet, schlussfolgern die Ermittler. Auf dem »Goldzettel« sichert das Labor Ahmeds Fingerabdrücke.

Zu diesem Zettel passt dann ein Telefonat, das die Ermittler über eine abgehörte Leitung im April 2017 aufgezeichnet haben. Da redet Muhamed R., Cousin und Schwager von Wissam, mit einem Neuköllner Juwelier über eine »Sache«, die dieser Juwelier für ihn verkaufen soll. Am 26. April fährt der Juwelier dann für einen Tag nach Schweden. Aus den Telefonaten danach schließen die Ermittler, dass der Juwelier dort irgendeine Ware für 96 000 Euro verkauft hat und dass Muhamed R. offenbar nicht ganz zufrieden ist mit dem Preis. Er hat auf 99 000 Euro gehofft. Ob es sich dabei um drei Kilogramm der Berliner Goldmünze handelt, kann das Landeskriminalamt aber nicht eindeutig klären.

Eine VP belastet außerdem noch einen Bruder von Adounise. Angeblich verwalte dieser Bruder die Erlöse aus dem Verkauf der Goldmünze. Wenn der Druck der Polizei nachlässt, bringt der Bruder das Geld in den Libanon, so der Polizeispitzel. Im Juli 2017 wird bei dem Bruder durchsucht. Ohne Ergebnis.

Auch Onkel Adounise bekommt am 12. Juli Besuch. Es gibt aber keinen Haftbefehl. Gegen ihn spricht nur der VP-Hinweis. Der reicht für eine Durchsuchung, aber nicht für Untersuchungshaft. Immerhin finden die Beamten 52 105 Euro Bargeld. Und eine durchgeladene Glock. Insgesamt stellt die Polizei fünf scharfe Waffen sicher. Durchaus denkbar, dass die Großfamilie immer noch mit einem Angriff der verfeindeten Omeirates rechnet.

Obwohl die drei Remmos und ihr Freund im dringenden Verdacht stehen, einen Millionendiebstahl durchgezogen zu haben, und obwohl die Beute noch immer verschwunden ist, bleiben die Tatverdächtigen nicht lange in Untersuchungshaft. Die jungen Männer sind alle noch keine 21 Jahre alt. Auf dem Papier sind sie keine gefestigten Verbrecher. Sondern Heranwachsende, die der Gesetzgeber primär erziehen und nicht bestrafen will.

Ahmed sitzt nur zwei Wochen. Weil die Fingerabdrücke auf dem »Goldzettel« noch nicht analysiert sind, verneint der Richter einen »dringenden Tatverdacht«. Der Wachmann Denis W. bekommt einen Platz in einem »Integrationskurs Gastronomische Berufe«. Er darf den Knast im Oktober verlassen.

Auch Wissams Anwalt legt vor der ersten Haftprüfung einen Ausbildungsvertrag für seinen Mandanten bei einer Baufirma vor. Allerdings passt Wissams Unterschrift auf dem Vertrag nicht zu der auf seinem Personalausweis. Und die Baufirma existiert auch nicht mehr und hat davor nie ausgebildet. Dafür gebe es jetzt eine neue Firma, erklärt der Unternehmer. Angeblich wurde ihm Wissam von dessen Onkel Adounise Rammo vorgestellt. Früher hätte seine Firma für den Onkel ein Mehrfamilienhaus renoviert. Auf Fotos kann er Wissam aber nicht identifizieren. Daraufhin sagt Wissams Anwalt die Haftprüfung ab. Ende November 2017 darf Wissam trotzdem nach Hause. Ein Praktikum als Kurierfahrer macht es möglich. Jetzt sitzt nur noch Abdul Majed.

Der wird später durch ein Gutachten entlastet, das das LKA bei der Hochschule Mittweida aus Sachsen in Auftrag gegeben hat. Professor Dirk Labudde hat eine Methode entwickelt, Personen auf Überwachungsbildern mit realen Menschen zu vergleichen. Der Wissenschaftler vermisst dafür die Remmos beim Landeskriminalamt. Schlecht gelaunt stehen die Tatverdächtigen in Unterhose auf einer Drehscheibe und werden von Hochleistungskameras gescannt. Mit den Daten erstellt der Computer virtuelle Zwillinge, die er mit Standbildern vom S-Bahnsteig am Hackeschen Markt vergleicht. Für den Rechner in Sachsen ist Abdul Majed nicht auf dem S-Bahnsteig gewesen. Schon eher sein Bruder Wayci. Abdul Majed darf gehen. (Das Gutachten des Professors wird im späteren Prozess zerpflückt. »Methodische Mängel«, kritisieren die Richter.)

Am 10. Januar 2019 startet die 9. Große Strafkammer in Berlin die Verhandlung gegen Wissam, Ahmed, Wayci und den Wachmann. Die vier Männer halten sich silberne Pappen vor die Gesichter, als sie im Gänsemarsch an den Kameras vorbeilaufen. Zum ersten Mal bei den Remmos stapeln sich die Presseleute vor Saal 500 des Berliner Landgerichts. Mittlerweile kennt die halbe Welt den Clan. Das haben die vier Männer mit dem Diebstahl der Münze erreicht.

Der Prozess dauert 13 Monate. Er läuft auch noch im November 2019, als im Grünen Gewölbe in Dresden die Juwelen verschwinden. In Berlin wird Wissam zu vier Jahren und sechs Monaten verurteilt. Die DNA am Seil wiegt schwer. Die Kammer ist überzeugt, dass Wissams genetischer Code erst beim Abseilen übertragen wurde, weil Zellmaterial an mehreren Stellen des Seils haftet. Außerdem findet die Polizei Goldpartikel an einer Jacke, die Wissam bei der Tat getragen haben soll.

Bei Ahmed liegt der Fall komplizierter. »Zentrales Argument«, so die Richter, ist die Verbindung zum Wachmann. Ahmed müsse mitgemacht haben, weil die Täter auch während des Einbruchs einen direkten Draht zum Insider brauchten. Außerdem habe sich Ahmed, so steht es im Urteil, »gegenüber den tatgeneigten Mitgliedern seiner Großfamilie« für Denis W. verbürgt. Als »flankierendes Indiz« wertet das Gericht den »Goldzettel« mit Ahmeds Fingerabdrücken. Auch er wird zu viereinhalb Jahren Haft verurteilt. Der Wachmann bekommt ein Jahr weniger. Wayci Remmo wird freigesprochen.

Den Verbleib der Beute können Gericht und Ermittler bis heute nicht klären. Der Zettel mit Ahmeds Fingerabdrücken ist ein deutlicher Hinweis, dass die Münze zerstückelt wurde. Circa 10 Kilogramm davon wurden wohl für 33 000 Euro pro Kilogramm verkauft. Wohin sie gegangen sind und was mit dem großen Rest passiert ist, weiß immer noch kein Ermittler.

Der Einbruch ins KaDeWe

Auch das ist ein Charakteristikum der Rammo-Einbrüche: Selten taucht die Beute danach wieder auf. Das war bei dem ersten wirklich spektakulären Coup der Rammos nicht anders, dem Einbruch ins KaDeWe am 25. Januar 2009. Es ist ein Sonntagmorgen gegen halb sieben, Berlin schläft sich noch aus, als drei Männer auf ein Vordach des Gebäudes klettern. Viereinhalb Meter über der Straße. Die drei Vermummten hebeln ein Fenster auf, das noch einmal zwei Meter über dem Vordach liegt. Sie haben eine Aluminiumleiter dabei. Das Fenster ist nicht alarmgesichert. Es führt direkt in die Herrenabteilung des KaDeWe. So einfach ist man in Deutschlands berühmtestem Edelkaufhaus.

Die feinen Hemden im ersten Obergeschoss werden von Kameras überwacht, die einen Alarm auslösen, falls sich in ihrem Sichtfenster etwas bewegt. Jedes Objektiv deckt eine Fläche von zehn Quadratmetern ab. Allerdings überlappen sich die Sicherungskreise nicht. Für die drei Einbrecher gibt es heiße und kalte Zonen im KaDeWe. Sie zu kennen, entscheidet über den Erfolg ihres Coups. Das nötige Wissen hat sie wahrscheinlich viel Geld gekostet. Oder Prozente an der Beute. Der »Insider« ist ein weiteres Charakteristikum der Remmo-Einbrüche.

Unbemerkt von den Kameras schlängeln sich die Männer durch die Gefahr. Rüber zur großen Eingangshalle neben den Fahrstühlen. Dort fixieren sie an einer Brüstung mehrere Seile, die sie zu einer provisorischen Strickleiter verknotet haben.

Auf diese Weise geht es ein Stockwerk tiefer zur Juwelierkette Christ. Das Verlockende dort sind die Sicherheitskameras, die nicht an das Überwachungssystem des KaDeWe angeschlossen sind. Sie zeichnen auf, lösen aber keinen Alarm aus. Auch das muss man erst einmal wissen. Die Täter zerschlagen die Vitrinen und stehlen alles, was teuer ist. Vor allem Breitling-Uhren. Objekte im mittleren Preissegment ignorieren sie. Ungefähr 17 Stunden später kommen sie ein zweites Mal und packen ein, was sie beim ersten Mal nicht tragen konnten. Diese Chuzpe, diesen Mut, diese Coolness haben nicht viele Ganoven. Ein fast perfekter Coup. Aber das Trio macht einen Fehler.

Die Polizei findet am Montag, 26. Januar 2009, bei der Strickleiter einen Handschuh und darin klebt eine DNA-Spur. Es ist nicht der genetische Code des fünfjährigen Hassan. Der haftet am Seil.

Das Labor des Berliner Landeskriminalamts (KT 23) analysiert den Handschuh in nur vier Tagen. Wenn es nicht um Millionen und das KaDeWe geht, dauern solche Analysen länger. Manchmal über ein Jahr. Die Kriminaltechnik ist in Berlin genauso unterbesetzt wie die gesamte Hauptstadtpolizei. Auch das ist ein Grund, warum sich die kriminellen Mitglieder der Clans in der Stadt so pudelwohl fühlen.

Jedenfalls meldet sich das Labor am 30. Januar 2009 bei den Ermittlern. Die DNA gehöre zu Abbas O., so die KT am Telefon. Kurz darauf gibt es den Befund auch schriftlich. Abbas O. ist der Mann, den auch die Soko Epaulette wegen seiner charakteristischen Geheimratsecken im Fokus hat.

Abbas O. – die Rammo-Außenstelle in Niedersachsen

Offiziell wohnt Abbas O. in Rotenburg an der Wümme, aber die Berliner Ermittler kennen ihn auch ziemlich gut. Er stiehlt genauso gerne am Kurfürstendamm. Bei der Rotenburger Polizei ist sein Bruder als »Alarmanlagenspezialist« gelistet, weil er diese früher installiert hat. Für die Remmos ist es wichtig, so jemanden in der Familie zu haben. Es bedeutet oft kurze Wege und viel Vitamin B. B wie Bruder.

Auch nach dem Millionencoup in Berlin fällt Abbas O. sofort wieder negativ auf. Zwei Tage, bevor das Labor seine DNA entdeckt. Diesmal in Rotenburg, wo aus einem Fachgeschäft drei

Laptops verschwinden. Kurz zuvor war Abbas mit seinem Neffen in dem Geschäft und hat Fragen zu den Computern gestellt. Der Neffe Muhamed R. ist 18 Jahre alt und lebt eigentlich in Berlin. Nachdem das Duo den Elektroshop verlassen hat, sind keine Kunden mehr in dem Geschäft gewesen, bis der Verkäufer den Diebstahl bemerkt.

Ein Täter sei einer »der stadtbekannten O.-Zwillinge gewesen«, sagt der Verkäufer danach aus. Aber welcher genau, das wisse er nicht. Abbas hat einen Zwillingsbruder. Für die Rotenburger Polizei ist aber Abbas tatverdächtig und nicht sein Zwillingsbruder. Abbas gibt gegenüber der Polizei auch zu, mit seinem Neffen in dem Geschäft gewesen zu sein. Die Laptops habe er aber nicht geklaut. In seinem Auto entdeckt die Polizei nichts Verdächtiges. Schon gar nicht die Beute.

In Berlin löst der Treffer in der DNA-Datenbank Geschäftigkeit aus. Jetzt müssen die »Operativen« ran. Das Mobile Einsatzkommando (LKA 62) düst in die niedersächsische Kleinstadt. Die Beamten haben Fotos aus den Kameras im KaDeWe dabei. Ihr Auftrag ist: sich »eingraben«, wie es in der Sprache der Operativen heißt. Möglichst unauffällig bewegen, so dass der Verdächtige nichts bemerkt. Dabei gilt der Grundsatz »Deckung vor Sicht«. Bloß nicht auffliegen, lieber den Blickkontakt zur Zielperson abreißen lassen.

Am 1. Februar beobachtet ein MEK-Polizist den tatverdächtigen Abbas O. in der Rotenburger Innenstadt, wie er aus einem Audi A6 aussteigt. »Dabei konnte ich folgende Oberbekleidung erkennen: ein großkariertes, graues, etwa hüftlanges Holzfällerhemd, eine hellblaue Jogginghose«, notiert der Polizist in den Bericht O. 15/09. Der Beamte beschreibt das Hemd so detailliert, weil ein Einbrecher im KaDeWe ebenfalls etwas Großkariertes getragen hat. Ein weiteres Indiz gegen Abbas.

Am 5. Februar 2009 wird es kompliziert. Die Kriminaltechnik findet noch einen DNA-Treffer in ihrer Datenbank zur Spur aus dem Handschuh im KaDeWe. Zwei verschiedene Menschen, die mit einer DNA-Spur matchen? Identifiziert wird der Bruder von Abbas. Sie sind eineiige Zwillinge, ihre Erbanlagen sind baugleich. Aber welcher von beiden war dann im KaDeWe? Für die Polizei sind zunächst beide verdächtig. Die Ermittler hoffen auf weitere Beweise gegen die Zwillinge aus Rotenburg. Vielleicht verraten ihre Handys, wer das KaDeWe gemacht hat. Dafür muss die Polizei die Telefone aber erst einmal haben.

Am 11. Februar stürmt das Berliner MEK morgens um acht Uhr eine Spielothek an der Autobahn zwischen Bremen und Hamburg. Abbas und sein Bruder daddeln an Automaten. Praktisch für die Greifer, dass sie hier beide Tatverdächtigen einkassieren.

In Berlin durchsuchen Einsatzteams die Wohnungen des Neffen und des »Alarmanlagenspezialisten«. Bei dem 18-Jährigen nimmt die Kripo ein Handy mit, das während der Tatzeit in eine Funkzelle am KaDeWe eingeloggt war. Handys zu behalten, ist ein Anfängerfehler, der dem Clan kein zweites Mal passiert.

Sonst aber findet der Rechtsstaat nichts, was die Zwillinge aus Rotenburg in die Enge treibt. Am 18. März verlassen Abbas und sein Zwillingsbruder deshalb die Justizvollzugsanstalt Berlin-Moabit. Die Staatsanwaltschaft hatte die Freilassung beantragt. Die Ankläger müssen Abbas O. rauslassen, weil es auch sein genetischer Zwilling gewesen sein könnte. Und umgekehrt. Juristisch einwandfrei, aber ein echter Wirkungstreffer für die Berliner Ermittler. Die Zwillingsbrüder dagegen sind obenauf. In einem Interview mit dem *Tagesspiegel* lassen sie ausrichten, »dass sie stolz sind auf den deutschen Rechtsstaat und ihm danken«.

Jetzt, elf Jahre später, interessiert sich auch die Soko Epaulette für Abbas O. Die Dresdner müssen dringend gerichtsfest klären, ob er der Mann mit den Geheimratsecken ist, der vor der Tat das Grüne Gewölbe ausgekundschaftet hat.

Und noch eine Fragestellung beschäftigt die Soko nach dem Studium der Berliner Akten mit hoher Priorität. Dabei geht es um einen Sachverhalt, den die Berliner bei der Observation von Adounise Rammo beobachten haben. Damals hatte die Polizei mittels eines GPS-Peilsenders an dessen Auto festgestellt, dass die Rammos nachts auf das Polizeigelände der Direktion 5 in Kreuzberg eingedrungen sind und dort zielgerichtet die Stelle angesteuert haben, wo das MEK seine zivilen Autos für Observationen parkt. Fünf Minuten hantierten sie dort herum. Offensichtlich versuchten sie ihrerseits, die Observierer zu observieren.

Haben die Rammos vor dem Einbruch ins Grüne Gewölbe also auch die Dresdner Polizei ausgecheckt? Haben sie sich angeschaut, wie die Polizei nachts personell besetzt ist und wie schnell die Streifenwagen am Tatort sein können? Kennen die Rammos die Reaktionszeiten der sächsischen Polizeihubschrauber und ihre Standorte? Alles Fragen, die die Soko Epaulette Anfang des Jahres 2020 dringend abarbeiten muss.

Außerdem stehen noch die Brüder Bashir und Jihad Remmo im Fokus der Dresdner Ermittler. Die beiden saßen in dem weißen Golf, den die Polizei in der Tatnacht in Berlin kontrollierte. Viel mehr ist über sie noch nicht bekannt. Bashir und Jihad gehören nicht zu dem hochkriminellen Familienzweig. Aber sie sind eng mit Ahmed und Abdul Majed verwandt. Deren Mutter ist eine Cousine von Bashir und Jihad.

Im Vergleich zu den anderen ist Bashir bisher nur ein kriminelles Leichtgewicht. Im Sommer 2018 verurteilt ihn ein Amtsrichter zu einem Jahr und sieben Monaten Haft. Ausgesetzt zur Bewährung. Die Polizei hatte bei ihm im Auto etwa 20 Gramm Kokain und 3900 Euro gefunden. Bashir fuhr eines der unzähligen Koks-Taxis, die die Sucht der Hauptstadt befriedigen. Ansonsten sind Bashirs Akten ziemlich sauber. Keine Einbrüche, Diebestouren oder Körperverletzungen im Wochenrhythmus wie bei den Verwandten. Noch unauffälliger ist sein Bruder Jihad. Er ist einmal beim Autofahren ohne Führerschein erwischt worden. Das war's.

Jihad arbeitet immer noch als Kassierer in einer Drogeriekette am Kurfürstendamm.

Kapitel 13

Die Schlinge zieht sich zu

Die Beerdigung

Der 21. April 2020 ist ein trauriger Tag für den Rammo-Clan. Um 4.40 Uhr stirbt die 73-jährige Alie Rammo im Krankenhaus in Neukölln. Sie ist die Mutter von Issa und Adounise, Großmutter von Wissam, Ahmed, Abdul Majed, Mohamed und Rabieh. Und vielen weiteren Enkeln. Über 100 Angehörige eilen in dieser Nacht zur Klinik. Für die Soko Epaulette ist das Ableben, so pietätlos es klingt, eine große Chance.

Deutschland im April 2020: Die Republik ist wegen Corona eingefroren. Keine Schule, keine Party, kein Frisör. Immer zwei Meter Abstand. Viele Rammos halten sich nur an Normen, wenn Blaulicht in der Nähe ist. Häufig noch nicht einmal dann. Und erst recht nicht bei so einem zentralen Ereignis.

Als zwei Tage nach dem Tod von Alie Rammo die »Araberstreife« (LKA 641) an der gelben Villa der Rammos vorüberfährt, zählt sie ungefähr 60 Personen im Garten. Ein klarer Verstoß gegen die Kontaktbeschränkungen. Die meisten Menschen gehören zur engen Familie. Es sind aber auch Vertreter anderer Clans gekommen. Arafat Abou-Chaker mit seinen Brüdern Nasser und Ali. Der Rapper Wasiem Taha, besser bekannt unter seinem Künstlernamen »Massiv«. Und Hamza Al-Zein – er hat das KaDeWe 2014 überfallen. Die Enkel Wissam, Ahmed und Abdul Majed halten sich ebenfalls dort im Garten auf.

Das LKA 641 setzt der illustren Gesellschaft eine Frist: Entweder die Versammlung löst sich freiwillig in 30 Minuten auf, oder Stiefel und Helme erledigen das. Die Trauergesellschaft zeigt keinerlei Reaktion. Um 18.50 Uhr springen die Uniformen aus den blauen Mannschaftswagen. Erst jetzt kommt Bewegung in den Garten. Eine Anzeige wegen Verstoßes gegen die Corona-Maßnahmen gibt es trotzdem.

Einen Tag später meldet sich der Anwalt der Familie beim LKA. Es geht um den Ablauf der Beerdigung. Offiziell sind nur zwanzig

Personen erlaubt. Alie Rammo hatte aber 16 Kinder und über 70 Enkel und Urenkel. Obwohl der Clan am Vortag die Corona-Regeln ignorierte, ist die Polizei kooperativ. Die Rammos dürfen in mehreren Gruppen à 20 Personen zum Grab pilgern. Vorausgesetzt, alle Teilnehmer stehen vorher namentlich fest. Die Anwaltskanzlei schickt eine Liste mit 88 Namen.

Das Berliner LKA hat der Großfamilie damit einen großen Gefallen getan. Den Dresdner Kollegen von der Soko Epaulette allerdings auch. Für die Ermittler können nicht genug Nachfahren zum Friedhof kommen. Und am besten bringen alle ihre Smartphones mit.

Am Montag, 27. April 2020, brauchen Autofahrer sehr viel Geduld in Neukölln und Schöneberg. Mehrere Hauptverkehrsadern sind blockiert wegen der Beerdigung. »Allahu Akbar, Allahu Akbar«, rufen Männer um zehn Uhr vor der größten Moschee der Stadt. Fünf Söhne und drei Enkel tragen den Leichnam. Der Sarg ist bedeckt mit der grünen Fahne des Islam – der Überlieferung nach kleidete der Prophet sich gern in Grün. Muhamed Remo läuft auf der linken Seite. Der arbeitslose Enkel ist heute nicht im Porsche vorgefahren. Sondern in einer Mercedes G-Klasse.

Ashraf (Sohn Nummer 9) und Adounise (Sohn Nummer 7) steuern den Leichenwagen zum Friedhof nach Schöneberg. Eskortiert von einem Streifenwagen und zwei Motorrädern. Dreihundert Uniformen sind auf der Straße und ein Hubschrauber kreist in der Luft. Die Polizei will keine Bilder, auf denen eine Masse Menschen unkontrolliert zum Friedhof stürmt. Und hinterher fragt dann eine vom Lockdown geplagte Öffentlichkeit: Gelten für den Clan mal wieder andere Regeln? Heute demonstrieren die Blauen, wer die mächtigste Gruppierung ist in der Stadt.

Am Friedhof stoppt die Familie an einer Kette aus Polizisten. Die Gesichtserkennungsspezialisten des LKA 641 organisieren den Einlass anhand der Anwaltsliste. Alles läuft sehr geordnet ab. Nur Hassan O. (der mit der Kinder-DNA am Seil) will offenbar der

Familie beweisen, was für ein Kerl er ist. Er versucht über die Friedhofsmauer zu klettern, bis die Polizei ihn wieder herunterholt.

Dieser Kleinkram interessiert die Kollegen aus Dresden nicht. Die Soko hat sich am Friedhof eingegraben. Die Operativen wollen im Verborgenen wertvolle Daten abfischen: Gesichter und Telefonnummern. Im Rücken des Rammo-Clans steht auf einem Parkplatz ein Transporter. Es ist die Mobile Funkaufklärung (MFA), wie sie bei der sächsischen Polizei heißt. Andere Behörden sagen IMSI-Catcher dazu. Der rollende Gaukler, der den Handys in der Umgebung vormacht, eine Funkzelle für guten Empfang zu sein. Die Telefone wählen sich ein und der Staat greift die Handynummern ab. Von der Trauergemeinde und allen anderen am Friedhof. Die Soko Epaulette will aber noch mehr. Die Ermittler fotografieren und filmen die Trauergäste aus einem Gebäude heraus. Ganz besonders achten sie auf die Schuhe der Trauergäste.

Unter dem Einstiegsfenster im Dresdner Schloss haben die Kriminaltechniker im November 2019 zwei Schuhprofile gesichert. Nike und Hugo Boss. Vielleicht kommt einer aus der Großfamilie mit den Sneakers zu Omas Abschied. Daneben geht es auch um Frisuren und Bärte. Aktuelle Bilder von Zielpersonen sind die Basis für verdeckte Aktionen. Ohne ein gutes Foto ist die Wahrscheinlichkeit hoch, dass das Mobile Einsatzkommando den Falschen verfolgt. Alles schon passiert und frustrierend für eine Soko.

Die Action-orientierte Enkelgeneration marschiert geschlossen zum Friedhof. Angeführt von Ahmed Remmo, der kurz zuvor für den Goldmünzenraub viereinhalb Jahre kassiert hat. Das Urteil ist noch nicht rechtskräftig. Deshalb läuft er immer noch frei herum. Auch Wissam ist in Jogginghose und Holzfällerhemd dabei. Seine Strafe ist juristisch ebenfalls nicht bestätigt. Als der Tross an einer Journalistin vorbeiläuft, wird sie von Ahmeds jüngstem Bruder angespuckt. Dafür landet der Intensivstraftäter kurzfristig in einer mobilen Arrestzelle der Polizei. Aber die Reporterin verzichtet auf eine Anzeige.

Rabieh Remo und das Frühwarnsystem der Clans

Dem Fernsehen ergeht es auf der Beerdigung nicht so viel besser: Ahmed Remmo zückt plötzlich sein Telefon und ruft per Videocall seinen Cousin Rabieh Remo an, um eine Art Dreier-Videokonferenz mit SPIEGEL TV herzustellen. Rabieh beginnt das Gespräch:

»Hey, du Wichser, du Wichser, du.«
Ahmed: »Er mag dich sehr.«
SPIEGEL TV: »Rabieh? Warum sind Sie nicht hier, Herr Remo?«
Rabieh: »Weil ich im Knast bin. Ich bin im Knast.«
SPIEGEL TV: »Wie können Sie dann einen Videocall machen?«

Handys sind tabu im Knast. Trotzdem sind viele Gefangene immer erreichbar. Rabieh sitzt, weil er einbrechen wollte und gescheitert ist. Außerdem hat er auf dem Tempelhofer Damm einen anderen Autofahrer geschnitten. Es war ein MEK-Polizist, der ihn observierte. Das wusste Rabieh aber nicht. Oder möglicherweise doch. Beim Observieren sind die Kriminellen ganz klar im Vorteil.

Von Kindesbeinen an sind sie mit der Polizei groß geworden und haben alles von ihren Vätern und Brüdern gelernt: das Abscannen der Straße, der Blick in den Rückspiegel, das Abspeichern der Kennzeichen. Eine Zeit lang ließen sich zivile Polizeifahrzeuge auch an den kleinen Funkantennen auf dem Autodach oder im Fenster erkennen. Für die Rammos ist Observieren ein Kinderspiel. In Neukölln haben sie immer Heimspiel. Ein Zivilpolizist ohne Migrationshintergrund fällt dort auf wie ein Schwan unter Schwalben.

Aber das ist nicht der einzige Grund, warum Observationen im Clan-Land so schwierig sind: Auch die Clans führen Listen mit Polizisten und verdeckten Ermittlern. Wahrscheinlich existieren sogar Datenbanken mit den Gesichtern. Im Oktober 2019 beispielsweise sitzt Wissam Remmo mit seiner Mutter vor einem Saal im Amtsgericht. Beide sind angeklagt. Gegenüber warten zwei Polizisten vom LKA. Der Filius richtet das Smartphone auf die beiden Beamten. Entweder zur Einschüchterung: Schaut her, wir wissen, wer ihr seid. Das ist ebenfalls eine bekannte Masche. Oder eben für die eigene Datenbank. Die Frage kann vor Ort nicht geklärt werden. Die Polizisten haben keine rechtliche Möglichkeit, Wissams Handy einzukassieren. Mehr als eine Anzeige ist nicht drin.

Auch drei Zivilpolizisten machen auf einer Kreuzung in Kreuzberg eine solche Erfahrung: Plötzlich steht ein schwarzer Seat Ibiza mit heruntergelassenen Scheiben neben ihnen. Beifahrer ist Abdul Majed Remmo, der sein Handy auf die Polizisten hält. Offenbar hat er die Zivilpolizisten als solche identifiziert und jetzt für den Clan Bilder gemacht. Bei der anschließenden Kontrolle zeigt er freiwillig sein Smartphone. Da waren die Fotos bereits versendet und danach gelöscht.

Bei Bashir Remmo finden die Ermittler später sogar eine Whats-App-Gruppe auf dem Smartphone, in der Fotos von verdächtigen Autos geteilt werden. Ein Frühwarnsystem der Clan-Kriminellen, die sich in der Illegalität dauerhaft eingerichtet haben.

Wer in diesem Spiel vom Hasen und dem Igel die Nase vorne hat, lässt sich für die Polizei nicht mit Sicherheit sagen. Die Beerdigung hat die Balance jedenfalls deutlich zugunsten der Ermittler verschoben. Auch wenn einige Wünsche dabei offengeblieben sind. Rabieh Remo zum Beispiel hätte das MEK gerne vor die Linse bekommen. Seine DNA im Mercedes-Taxi macht ihn hochgradig tatverdächtig. Außerdem saß er in dem weißen Golf, den die Polizei vor dem Einbruch in Berlin kontrolliert hat.

Wissam dagegen hat die Soko Epaulette zu diesem Zeitpunkt noch überhaupt nicht auf ihrem Schirm. Das Labor des sächsischen Landeskriminalamts hat im Flucht-Mercedes bisher keine DNA von ihm lokalisiert.

Die Gesichtserkennung der Polizei

Nach der Beerdigung wandern die Fotos und Videos der Polizei zum »Cybercrime Competence Center«, Sachsens Antwort auf die Gauner im Internet. Die »Kompetenten« im Landeskriminalamt arbeiten mit der Software »Videmo 360«, einem Programm, das Gesichter erkennt, indem es vor allem die Kanten der Augenhöhlen berechnet. Dieses Merkmal verändert sich nur wenig, egal, ob ein Gesicht nun lacht oder wütet. Die Software wird mit Bildern der Männer auf der Trauerfeier gefüttert, die die Soko nicht zuordnen kann. Insgesamt sind es neunzig unbekannte Gesichter. Der Rechner gleicht diese Fotos mit 124 Portraits ab, die sich aus dem Clanumfeld in den Polizeiakten befinden. Ein Teil der Vergleichsbilder stammt auch von Facebook oder Instagram. Darunter viele Rammos, aber auch Miris, Abou-Chakers und Al-Zeins. Videmo 360 identifiziert auch Bashir und Jihad Remmo. Die Brüder saßen ebenfalls in dem weißen Golf bei der Berliner Polizeikontrolle im November 2019. Deshalb sind sie im Fokus der Soko Epaulette. Jetzt haben die Ermittler aktuelle Bilder von den Brüdern. Das war eines der Ziele dieser Aktion.

Ein zweites Ziel ist, die Portraits der Trauergäste mit den Gesichtern der Besucher im Grünen Gewölbe zu vergleichen, die sich vor dem Einbruch die Juwelen angeschaut haben. Vielleicht findet die Software jemanden aus der Hauptstadt, der das Museum abgecheckt hat. Leider sind die Bilder aus dem Museum zu schlecht für das Programm. Es gibt keine sicheren Treffer. Nur Ähnlichkeiten, nichts mit Substanz.

Danach schickt die Soko Epaulette Bilder aus den Überwachungskameras der Tankstellen an der Autobahn Dresden-Berlin durch den Rechner. Die Ermittler wissen: Der Motor des Mercedes-Taxis ist während der Fahrt nach Dresden für sieben Minuten ausgeschaltet gewesen. Entweder wurde getankt. Oder die Kennzeichen wurden gewechselt. Auch die Bilder von den Zapfsäulen berechnet Videmo 360. Die Software findet Abdul Majed Remmo an einer Aral-Tankstelle in Thiendorf nördlich von Dresden. Allerdings nur mit einer Wahrscheinlichkeit von 46 Prozent. Aufgenommen wurde ein Mann in schwarzem Jogginganzug sechs Stunden nach der Tat, also mitten am Tag, mitten in Sachsen. Das schließt eine Übereinstimmung mit Abdul Majed Remmo eigentlich aus.

Es ist eine Phase in diesem Frühjahr 2020, in der die Kripo Sachsens und mit ihr die Soko Epaulette auf dem Zahnfleisch geht. Das liegt nicht nur an der Polizei. Sondern auch an der Welt außerhalb des Polizeipräsidiums. Corona hat das Land abgeschaltet. Viele Behörden haben ihre Mitarbeiter nach Hause geschickt. Für die Polizei ist Homeoffice besonders schwierig, weil es in der Regel von zu Hause aus keine Kommunikation über sichere Leitungen gibt. Das Tempo bei den Ermittlungen anderer Straftaten ist fast auf null gedrosselt. Alle verfügbaren Kräfte konzentrieren sich in Sachsen auf das Grüne Gewölbe.

Das reicht allerdings auch nicht aus. Monatelang bemühen sich die Dresdner um ein Gutachten, das klären soll, ob Abbas O. mit den markanten Geheimratsecken nun im Grünen Gewölbe war oder nicht. Dazu hat sich die Soko alte Videos von Abbas O. aus einem Bremer Kaufhaus besorgt. Diese Bilder sollen nun mit den Videos aus Dresden verglichen werden. Die Sachsen wollen eine »Gangbildanalyse«; vielleicht bewegen sich die Geheimratsecken im Gewölbe genauso wie Abbas O. damals im Bremer Kaufhaus. Der Spezialist beim Bundeskriminalamt, der so eine Frage beantworten könnte, reagiert fast einen Monat nicht auf die E-Mails aus Dresden. Er ist in Quarantäne. Drei Wochen lang. Trotzdem laden ihm die Dresdner das Bildmaterial auf einen Polizeiserver hoch. Keine Reaktion. Nach vier Wochen rufen die Dresdner an. »Homeoffice«, »technische Schwierigkeiten«, der BKA-Mann hat sich Bilder noch nicht einmal anschauen können. Deshalb kann er auch nicht sagen, ob das Material überhaupt geeignet wäre für ein Gutachten. Die Dresdner sind verzweifelt und fangen an zu googeln: Das FBI hat auch Spezialisten für Videoauswertung. Ein transatlantisches Bündnis, weil das BKA in Quarantäne ist. Das wäre mal was Neues.

Ende April hakt die Soko beim Bundeskriminalamt nach. Im Hintergrund drängelt die Staatsanwaltschaft. Dann kommt endlich Antwort vom BKA: »Die Datenmenge ist zu groß für meine IT-Performance (Polizei 2020 – Hurra).« Das Bundeskriminalamt ist nicht in der Lage, die Dateien zu öffnen. Die Behörde befindet sich noch in der digitalen Steinzeit.

Am 8. Mai schickt Dresden vier neue Downloadlinks nach Wiesbaden. Kleine Portionen für eine schwerfällige Behörde. Am 20. Mai antwortet der Fachmann für Kriminaltechnik. Das Problem ist das alte: »Ich bekomme sie tatsächlich nicht geöffnet.« Jetzt möchte er lieber ein paar Screenshots haben: »Vielleicht ersparen wir uns den ganzen Ärger mit den Filmsequenzen.« Die Dresdner schicken Standbilder aus den Videos. Aber nicht nur. Vielleicht kann der BKA-Mann die Einbruchsszenen mit alten Videos aus den Goldmünzen-Ermittlungen vergleichen.

Kann er nicht. Am 28. Mai kommt die lapidare Antwort aus Wiesbaden: Das Material ist ungeeignet für eine Gangbildanalyse. Seit der ersten Anfrage der Soko Epaulette sind drei Monate vergangen. Noch immer ist nicht klar, ob Abbas O. im Grünen Gewölbe war. Ohne positives Gutachten kein Tatverdacht. Und ohne Tatverdacht keine Observation.

Die nächste Sackgasse

Deshalb entschließen sich Polizei und Staatsanwaltschaft fast ein ganzes Jahr später zu einem ungewöhnlichen Schritt. Sie veröffentlichen vier Bilder und ein kurzes Video von dem Mann mit den Geheimratsecken und seinen drei Begleitern im Grünen Gewölbe: Kennt jemand diese Vierer-Gruppe, die sechzehn Stunden vor dem Einbruch im Eiltempo durch die Ausstellung gezogen ist?

Hat dieser Trupp vielleicht kurz vor der Tat abgecheckt, ob die Juwelen noch in den Vitrinen liegen? Jetzt soll die Öffentlichkeit mithelfen, dieses Rätsel zu lösen. Allerdings, und das ist ungewöhnlich, schreiben die Ermittler in den Pressetext, dass »es sich bei einer der vier Personen hoch wahrscheinlich um einen Verwandten eines Hauptbeschuldigten« handelt. Die Ermittler geben also klar die Richtung vor, wo sie die fraglichen Männer verorten.

So etwas machen Sonderkommissionen eigentlich nicht, weil es mögliche Zeugen beeinflusst. Die Gefahr von falschen Verdächtigungen steigt. Allerdings ist die Öffentlichkeit für die Soko auch gar nicht der erste Adressat des Aufrufs. Eigentlich richtet er sich an Abbas O. selbst. Die Dresdner hören sein Telefon ab. Wenn er die öffentliche Fahndung mitbekommt, verrät er sich vielleicht am Handy, so das Kalkül. Oder er bekommt einen Anruf von einem Bruder oder Onkel oder Cousin. Und der liefert ihn dann unabsichtlich am Telefon ans Messer. Ist alles schon passiert in solchen Situationen.

Hier aber wartet die Soko vergebens. Keine Reaktionen am abgehörten Telefon. Dafür betritt vier Tage nach dem Aufruf ein Patryk S. zusammen mit seinem Anwalt das Essener Polizeipräsidium. Er gibt zu, einer der vier gesuchten Männer aus dem Grünen Gewölbe zu sein. Er habe das Video bei *Bild.de* gesehen. Der Mann mit den Geheimratsecken sei Mike P. aus Essen. Alle vier seien »Zigeuner«. So nennt Patryk S. selbst seine Ethnie. In Dresden war die Kolonne, um für einen Kunden Gartenarbeiten zu erledigen.

»Über eine Zigeuner-Facebook-Seite wurde nachgefragt, wer Geländearbeiten durchführen kann«, erzählt er der Essener Polizei. »Wir haben uns gemeldet.«

Den Organisator der Facebook-Seite will Patryk S. allerdings nicht preisgeben. Er sagt: »Dazu würde ich gerne ausführen, dass in meinem Kulturkreis bestimmte Verhaltensregeln herrschen. Der Verrat eines Zigeuners wird bei uns hart bestraft, bis hin zum Ausschluss aus der Zigeunergesellschaft.«

Es sei denn, die betreffenden Personen hätten zugestimmt. Bei seinen drei Begleitern sei das so, deshalb wäre es auch kein Verrat. Da sind Roma-Clans den arabischen sehr ähnlich. Die Gemeinschaft steht immer über dem Individuum.

Ist diese Aussage glaubhaft? Für die Essener gehören Wanderarbeiter im Gartenbau nicht zu den typischen Besuchern einer historischen Ausstellung.

Patryk S. erklärt: »Mike hat den Vorschlag gemacht, dahin zu gehen. Er war als Kind schon einmal da und wollte es uns gerne zeigen. Im Museum Grünen Gewölbe waren wir ungefähr eine halbe Stunde. Es war nicht so interessant, wie ich es mir vorgestellt habe.«

In Dresden glaubt die Soko Epaulette nicht so recht an diese Geschichte. Für sie steht auch ein mögliches Joint Venture der beiden verschiedenen Parallelgesellschaften im Raum. Die Roma haben ausspioniert. Die Rammos haben vollendet. Unterfüttert mit irgendwelchen Indizien ist diese Theorie nicht. Das Einzige, was es gibt, sind ein paar räumliche Überschneidungen: Das Mercedes-Taxi wurde in Essen gekauft. Abdul Majed und Rabieh Remo wurden einmal in einer Essener Shisha-Bar kontrolliert. Und bei einer Personenkontrolle in Berlin waren beide in Begleitung eines Essener Cousins. Dann meldet sich noch eine Nachbarin der Essener Roma bei der Polizei. Angeblich habe sie Abdul Majed einmal im Garten ihres Nachbarn gesehen. Das sei vor eineinhalb Jahren gewesen. Jetzt habe sie ihn auf einem Fahndungsfoto wiedererkannt.

»Die Person war jedoch zum damaligen Zeitpunkt gepflegter und etwas schlanker«, erzählt sie noch. »Und er trug eine schwarze Lederjacke und eine blaue Jeans.«

An dieser Aussage hat die Soko allerdings auch ihre Zweifel. Wie will eine Zeugin nach anderthalb Jahren einen Mann wiedererkennen, den sie einmal kurz aus der Ferne gesehen hat? Nur aufgrund eines Fotos? Das entspricht nicht der polizeilichen

Erfahrung in solchen Fällen. Der einzige Sachverhalt, der in den Augen der Soko jetzt als gesichert gelten kann, ist: Der Mann mit den Geheimratsecken im Grünen Gewölbe war nicht Abbas O. Eine Hilfe ist diese Erkenntnis nicht.

Pannen und eine Handynummer

Die Soko konzentriert sich deshalb mit ihren Ermittlungen wieder Richtung Berlin. Dort drehen die Ermittler bei den Rammos jeden Kiesel um. Und das ist durchaus wörtlich gemeint. Sie steuern jeden Ort an, den sie mit den Rammos in irgendeiner Form in Verbindung bringen: Adresse Ahmed, Adresse Wissam, Wohnung Abdul Majed, Handyladen auf der Hermannstraße, Sicherstellungsgelände der Polizei ... Insgesamt sind es zwanzig Stellen, an denen sie Bodenproben nehmen und Sand und Erde in kleine Gläser kratzen.

Normalerweise würden sie zur Einordnung von diesen Orten auch noch Fotos machen. Darauf wird dieses Mal bewusst verzichtet. Wichtiger ist den Fahndern, bei der Arbeit nicht aufzufallen. Kein Rammo soll frühzeitig gewarnt werden bei der Aktion. Immer noch lebt die Hoffnung, dass es den Fahndern irgendwann auch noch gelingt, die Beute zu sichern.

Zurück in Dresden vergleichen die Experten im Landeskriminalamt (Fachbereich 64 »Mikrospuren«) die Bodenproben aus Berlin mit den Krümeln (Spur TG05), die die Tatortgruppe an der Eisenplatte im ausgebrannten Audi A6 gefunden hat. Das Feuer hat die spezifische Mineralienmischung in den Krümeln nicht zerstört. Mittels eines Elektronenmikroskops extrahieren die Techniker in den Berliner Proben die Schwerminieralien Andalusit, Sillimanit und Kyanit. An der Eisenplatte fehlen diese chemischen Verbindungen komplett. Also stammt der verbrannte Dreck aus dem Audi eindeutig nicht von einem Rammo-Wohnort in Berlin. Wieder ein Ergebnis, das der Soko nicht weiterhilft.

Es gibt allerdings auch kleine Erfolge. Zum Beispiel versucht die Soko in dieser Phase fieberhaft zu ermitteln, wer hinter der Handynummer 0163 167 24** steckt. Mit dieser Nummer hat ein Teilnehmer mehrfach versucht, Jihad Remmo zu kontaktieren. Just in dem Moment, als Bashir, Jihad, Abdul Majed und Rabieh in der Tatnacht von der Berliner Polizei kontrolliert werden in ihrem weißen Golf.

Eigentlich gehen die Ermittler davon aus, dass der Unbekannte ebenfalls zur Bande gehört. Registriert ist die Nummer auf einen Mann aus Frankfurt an der Oder. Mal wieder eine Fake-Personalie. Im Februar 2020 steckt die SIM-Karte dann in einem iPhone. Vier Monate später benutzt ein Onkel von Abdul Majed das Apple-Gerät. Ein erster Hinweis. Dazu passen auch die abgehörten Gespräche. Fast alle angerufenen Nummern gehören zum Rammo-Clan. Trotzdem kennt die Soko Epaulette den Menschen hinter der Nummer nicht.

Deshalb erhöht jetzt auch Staatsanwalt Christian Weber den Druck auf die Soko. Für ihn steckt hinter dem Anschluss ein weiterer Tatverdächtiger. Weber will einen festen Ansprechpartner bei der Soko haben, der sich um genau diese Sache kümmert.

Den Durchbruch liefert die Bestellung eines Taxis in die Jahnstraße nach Neukölln von diesem Handy aus. Dort steht das Ibis-Hotel. Die Berliner Polizei organisiert für die Soko eine komplette Gästeliste des Hotels. Auf diesem Papier taucht ein Freund von Mohamed Remmo auf. Mohamed ist der Zwillingsbruder von Abdul Majed. Allerdings hat dieser Freund eigentlich eine andere Telefonnummer. Die Polizei schaut sich deshalb die ausgefüllten Meldescheine der Gäste an. Unterschrieben hat nicht der Freund, sondern Mohamed Remmo. Jetzt will die Soko noch wissen, wie das Hotel bezahlt wurde. Mit Kreditkarte? Die Mitarbeiterin kennt die Remmos und möchte auf keinen Fall eine Aussage machen. Schon gar nicht irgendwann vor Gericht. Sie verweist auf ihren Chef. Für die Soko ist die Sache aber auch so schon klar. Der Handynutzer ist Mohamed Remmo. Jetzt gehört auch er zu den dringend tatverdächtigen Remmos, die das MEK observiert. Ausgerechnet in dieser Phase versagen die Ohren der Soko Epaulette. Die Dresdner überwachen die Telefone aller Tatverdächtigen. Soweit sie sie kennen. Jedes Gespräch wird im Landeskriminalamt aufgezeichnet. Zuständig ist die TKÜ-Stelle; TKÜ steht für Telekommunikationsüberwachung. Anfang Juli fällt der Soko auf, dass die Rammos nur noch halb so oft telefonieren wie sonst. Am 6. Juli kommen gar keine Gespräche an. Das liegt aber nicht am Clan. Sondern an der Software in der TKÜ-Stelle. Bei einem Update hat sich ein schwerer Fehler eingeschlichen. Teilweise fehlt die Hälfte der Telefonate. Außerdem kategorisiert das System falsch: Gespräche mit Inhalt werden nur noch als Anrufversuche angezeigt. Alles zusammen eine echte Katastrophe. Noch schwerer wiegt, dass keine schnelle Lösung in Sicht ist für den technischen Fehler. Das gefährdet vor allem die operativen Maßnahmen in Neukölln. Jede Information zählt bei solchen klandestinen, hochsensiblen Aktionen.

So oft es geht, klebt das MEK jetzt an den Rammos. Dutzende Polizisten sind nötig, um die sieben Tatverdächtigen zu beschatten. Auch Wissam zählt mittlerweile zu diesem Kreis. Und ein weiterer Bruder von Bashir und Jihad. Das bedeutet viele, viele Arbeitsstunden. Und in jeder Minute fährt beim MEK das Risiko mit, dass der Staat in Zivil auffliegt. Es gibt wenige Zielpersonen, die das Geschäft so gut kennen wie die jungen Rammos. Die Kriminellen sind klar im Vorteil. Neukölln ist ihre Spielwiese. Sie haben unzählige Kontakte, die verdächtige Fahrzeuge melden. Für die Sachsen ist es eine Herkulesaufgabe, sich mit ihren »Dosen« (Polizeiautos für verdeckte Maßnahmen) in dem Berliner Bezirk zu bewegen.

Die härteste Nuss ist dabei Wissam. Für die Fahnder ist er das »Phantom«. Das MEK schafft es nur einmal, den Mann in Berlin zu beobachten. Und diese Observation im August bricht die Polizei wegen der »Übersensibilisierung« der Zielperson ab. Wissam ist einfach zu erfahren. Die Soko Epaulette hat keine Ahnung, wo Wissam nachts schläft. Bei seinen Eltern im Neuköllner Mittelweg jedenfalls nicht. Keine guten Voraussetzungen für eine spätere Festnahme.

Einfacher ist für die Soko Epaulette die Überwachung der Handys. Dabei hören die Ermittler nicht nur die Gespräche ab, sie verfolgen auch die Standorte der einzelnen Telefone. Meistens schwirren die Punkte getrennt voneinander kreuz und quer durch Berlin. Am 16. September vereinen sich drei Punkte zu einem. Abends um 22 Uhr bewegen sich die Handys von Rabieh, Bashir und Abdul Majed nach Süden. Über die Autobahn Richtung Dresden. Sie sitzen in einer schwarzen Mercedes G-Klasse. Was wollen Sie an der Elbe? Haben sie die Beute vielleicht dort versteckt? Doch der schwarze Mercedes fährt an der Stadt vorbei Richtung Prag.

Eine Reise in die Türkei

Um Mitternacht ruft die Kripo ihre tschechischen Kollegen an. Sachsen bittet um eine Kontrolle der G-Klasse. Mittlerweile glauben die Ermittler, dass die Rammos auf dem Weg in die Türkei sind. Das legt ein abgefischtes Gespräch zwischen Rabieh und seiner Mutter nahe. Vielleicht bringen sie auch die Juwelen ins Ausland.

Um 0.48 Uhr bekommt die tschechische Steife »Magnet 512« den schwarzen Mercedes in den Blick. Es sind noch 14 Kilometer bis Prag. Plötzlich beschleunigen die Berliner. Magnet 512 ist in einem schwerfälligen Transporter unterwegs. Zu langsam für die hochmotorisierte G-Klasse von Mercedes.

Allerdings ist Magnet 512 nicht die einzige Streife, die Jagd macht auf den Mercedes. L27 und L516 stoppen die Rammos um 1.01 Uhr an einer Tankstelle im Prager Zentrum. Außer Rabieh,

Bashir und Abdul Majed sitzen noch Rabiehs kleiner Bruder und ein syrischer Freund im Auto. Jeder hat 5000 Euro »Urlaubsgeld« dabei. Üppig für fünf junge Männer, die keine Arbeit haben. Die Beamten wollen wissen, womit die Berliner so viel Geld verdienen. Bashir muss innerlich lachen. So erzählt er es später seiner Freundin in einem abgehörten Telefonat.

Die Juwelen sind nicht im Mercedes. Zumindest finden die Tschechen nichts. Die Rammos dürfen weiterfahren. Auf der Balkanroute Richtung Türkei.

Auch Wissam Remmo ist unterwegs. Mit jenem weißen Golf, der in der Tatnacht in Berlin kontrolliert wurde. Am 4. September reist er mit zwei Verwandten um 12.04 Uhr nach Serbien ein. Sieben Stunden später verlässt er das Land wieder am Grenzübergang Gradina nach Bulgarien. Wahrscheinlich will er ebenfalls in die Türkei. Aber was haben die Rammos dort vor? Über die Standortdaten des Mercedes versuchen die Ermittler herauszufinden, wo sich die jungen Männer in der Türkei aufgehalten haben.

Von der Mercedes-Benz AG kommt mal wieder eine schlanke Mail: »Die Standortdaten können wir nicht in die Vergangenheit verfolgen.« Immerhin übermittelt der Konzern die Daten der im Auto verbauten Telefonkarte.

Die Soko kennt jetzt die IMEI- und IMSI-Kennung. Damit ließe sich theoretisch recherchieren, in welche Funkmasten sich die SIM-Karte des Autos auf seiner Fahrt eingeloggt hat. Allerdings brauchen die Sachsen dafür die türkischen Behörden. Nötig ist ein sogenanntes Rechtshilfe-Ersuchen. Das geht von der deutschen Staatsanwaltschaft zur Generalstaatsanwaltschaft und dann über das Landesjustizministerium und das Bundesjustizministerium zum Auswärtigen Amt, das die Akten schließlich an die deutsche Botschaft in Ankara sendet. Dort liegt die Schnittstelle zum türkischen Außenministerium. Jetzt klettern die deutschen Wünsche die Hierarche wieder hinunter, bis sie beim zuständigen Staatsanwalt in der Türkei auf dem Schreibtisch liegen. Das dauert Monate.

Noch nicht eingepreist ist dabei die politische Großwetterlage. Seit dem gescheiterten Militärputsch 2016 kooperiert die Türkei nur noch sehr, sehr verhalten.

Als später die G-Klasse beschlagnahmt wird, redet immerhin die SIM-Karte des Mercedes. In einem internen Speicher finden sich noch alle Log-in-Daten für die Funkzellen. Theoretisch ließe sich dadurch ein lückenloses Bewegungsprofil rekonstruieren, weil die Daten zeigen, wann sich das Fahrzeug in welchen Funkmasten eingewählt hat. Praktisch haben die Sachsen keine Daten über türkische Funkzellen. Sie wissen nur, dass das Auto in der Türkei war, aber nicht genau wo.

Allerdings existiert eine Behörde in Deutschland, die die Log-in-Codes umwandeln kann in ein Bewegungsprofil: die »Zentrale Stelle für Informationstechnik im Sicherheitsbereich«. Kurz Zitis. »Die Cyber-Behörde 4.0« (Slogan auf der Homepage) gehört zum Bundesinnenministerium und sitzt in München. Sie soll die verschlafene Digitalisierung bei den Polizeibehörden aufholen. Zitis wandelt die Log-in-Informationen in Standortdaten um. Damit weiß die Soko jetzt, wie sich der Mercedes durch die Türkei bewegt hat.

Das erste Ziel ist nachmittags die Funkzelle MCC=286. Sie liegt mitten in Istanbul im Stadtteil Kadiköy. Auf der asiatischen Seite. Allerdings loggt sich das Gerät nur einmal dort ein. Der nächste Log-in befindet sich schon wieder in einer anderen Zelle. Offenbar bewegt sich das Auto durch die Metropole. Erst am Abend um kurz vor sieben bleibt der Benz für über eine Stunde am gleichen Ort: im Stadtteil Bebek auf der europäischen Seite der Stadt. Genauer geht es nicht. Der Funkmast versorgt eine Fläche von ungefähr 300 mal 600 Meter. Irgendwo hier waren die Rammos für knapp 70 Minuten. Um es noch exakter bestimmen zu können, müssten Experten in die Türkei fliegen und selbst vor Ort messen. Politisch ist das nicht denkbar. Am Ende kann der Mercedes weder die Täter überführen, noch führt er die Ermittler zur Beute.

Trotzdem zieht sich die Schlinge in diesen Tagen immer enger zu für die Rammos. Aber es sind nicht die abgehörten Telefone, die ihnen gefährlich werden. Auch nicht die observierten Treffen oder der Verrat einer »Vertrauensperson«. Am Ende ist es die Wissenschaft. Genauer gesagt sind es die Baupläne des Lebens. Bekannt unter dem Namen DNA. In der Polizeiarbeit ist sie ein »genetischer Fingerabdruck.«

Die DNA der Täter

Er ist so etwas wie ein Game Changer in der Verbrechensbekämpfung. Zu danken ist dies dem britischen Wissenschaftler Alec Jeffreys, der in den 1980er-Jahren das Blut von Familienmitgliedern auf Erbkrankheiten untersuchte. Dabei entdeckte er, dass sich die Röntgenbilder der Gensequenzen signifikant unterscheiden. Jeder einzelne Mensch hat seinen eigenen, unverwechselbaren Strichcode. Nur bei eineiigen Zwillingen ist er identisch. Diese Erkenntnis revolutionierte das Überführen von Verbrechern.

Schuppen, Speichel, Sperma, Haare, Kot: Kriminaltechniker haben viele Optionen, wertvolle Biospuren am Tatort zu finden. Menschen verlieren pro Minute ungefähr 40 000 Hautpartikel. Es ist nahezu unmöglich für einen Verbrecher, einen Ort sauber zu hinterlassen. Allerdings muss die Polizei diese winzigen Beweise auch erst finden. Und sie dann auf eine Weise sichern, dass die Spuren dabei nicht verunreinigt werden. Das ist ein Job für Spezialisten.

Gleichzeitig ist es die Basisarbeit für jede Soko. Wenn die Frauen und Männer in den weißen Anzügen schlampen, lacht am Ende der Verbrecher, weil es dann für eine Verurteilung oft nicht mehr reicht. Im Grünen Gewölbe war die Hauptkommissarin Franziska Scheithauer für die sogenannte »Tatortarbeit« verantwortlich. Zusammen mit ihrem Team hat sie in vier Tagen fast 50 Stunden lang Spuren gesichert. Die Frau weiß, dass der Erfolg in diesem Job nichts mit Zufall zu tun hat. Sondern mit Geduld und Genauigkeit. Das kennt sie von ihrem früheren Leben. Scheithauer hat auf hohem Niveau in der zweiten Bundesliga Handball gespielt. Aktuell animiert sie als Fitnesstrainerin noch andere Menschen, Hanteln zu stemmen. Ihr Kurs heißt »Hot Iron«, heißes Eisen.

In den ersten Tagen nach dem Einbruch in Dresden war Scheithauer in etlichen TV-Berichten zu sehen, wie sie mit ihren Kollegen in weißen Schutzanzügen jeden Quadratzentimeter Boden und Mauerwerk untersuchte. Im Schloss selbst hatte die Tatortgruppe schlechte Karten. Hier hatten die Einbrecher mit dem Schaum aus einem Feuerlöscher praktisch alle Spuren vernichtet. Auch das Einstiegsfenster und das Gitter dort hatten sie übersprüht. Nicht aber die Mauern. Um Zellreste von einem Stein zu sichern, benutzten die Ermittler spezielle Folien. »Abklebung« steht dann in den dazugehörigen Akten.

Diese Abklebungen durch die Tatortgruppe sind das Fundament der gesamten Polizeiarbeit. Für das Finale ist dann der Fachbereich 65 zuständig. Der ist Ralf Nixdorf unterstellt. Früher, bei seinen ersten medienwirksamen Fällen, war das Haar noch tiefschwarz. Seit fast 20 Jahren leitet er das Dresdner DNA-Labor.

Von den akribischen Sammlern um Franziska Scheithauer haben die 65er insgesamt 82 Tüten mit Spurenträgern bekommen: Die meisten sind »Abklebungen«. Aber es sind auch Glassplitter, Taschentücher, Sonnenblumenkerne und eine 10-Cent-Münze darunter.

Die Analyse verläuft in mehreren Schritten. Zuerst wird der Zellkern isoliert. Danach wird die DNA in einer dreistufigen Polymerase-Kettenreaktion verdoppelt, und diesen Vorgang wiederholen die Wissenschaftler dann so oft, bis das DNA-Material ausreicht für eine aussagekräftige Zuordnung. Nötig ist für die Duplizierung ein sogenannter Thermocycler, der in jeder einzelnen Stufe das Genmaterial auf eine exakte Temperatur erwärmen oder abkühlen kann. Die so gewonnene DNA wird dann in einem hochkomplizierten Verfahren, der sogenannten Kapillarelektrophorese, sichtbar gemacht. Zum Vorschein kommt der individuelle, unverwechselbare Strichcode eines Menschen.

Es dauert fast ein ganzes Jahr, bis das Labor fertig ist mit der Arbeit. Am 26. Oktober 2020 schickt Ralf Nixdorf eine Mail an Staatsanwalt Christian Weber. Angehängt ist das wichtigste PDF-Dokument der gesamten Ermittlungen.

»Vorläufiges Gutachten«, lautet die nüchterne Überschrift. Der wichtigste Baustein des großen Puzzles. Lückenlos aufgeklärt ist der Jahrhundertcoup damit immer noch nicht. Aber die sechs Seiten heben die Arbeit auf eine neue Ebene. Die Ermittler sind ein Jahr lang nicht den Falschen hinterhergerannt. Jetzt wartet die Ernte.

Der Fachbereich 65 hat zwölf genetische Profile gefunden. Allerdings ist die Hälfte der Verursacher nicht in der Datenbank des Bundeskriminalamts registriert. Die zweiten 50 Prozent zementieren die These, dass das Grüne Gewölbe vom Rammo-Clan aus Berlin ausgeräumt wurde. Und zwar genau von der jungen Garde, die die Soko seit Monaten observiert.

Dazu gehört beispielsweise die Spur TOG 03.056.10, die die Tatortgruppe an einem abgerundeten Stein gesichert hat. Genau an der Stelle, an der die Einbrecher über die Mauer geklettert sind, unterhalb des Einstiegsfensters. Das Labor identifiziert das genetische Profil von Bashir Remmo. Es ist eine Einzelspur. Das heißt: Die Spur ist mit keiner anderen DNA verunreinigt, es besteht kein Zweifel, wer das biologische Material hinterlassen hat.

Direkt auf der Mauer (Spur TOG 03.056.43) sichern die Experten auch den Gen-Code von Rabieh Remo. Dieses Mal ist es eine Mischspur, allerdings ist Rabiehs Anteil so dominant, dass eine zweifelsfreie Zuordnung möglich ist.

Wissams DNA-Material (Spur TOG 03.056.43) ist ebenfalls auf der Mauer. Auch eine Mischspur, nicht ganz so eindeutig wie bei Rabieh, aber immer noch eindeutig genug für eine Verurteilung.

Eine vierte Spur lässt sich auch einem Tatverdächtigen zuordnen, aber die genetischen Reste sind nicht kräftig genug für eine gerichtsfeste Aussage. Sie gehören zu Abdul Majed Remmo. Mal wieder. Bleiben drei eindeutige Spuren mit dem Potential für einen Haftbefehl.

Zwei Tage nach der Mail gibt es noch einen Nachschlag aus dem DNA-Labor. Die Experten haben ein weiteres Profil (Person 018 G) identifiziert, das mit einer Wahrscheinlichkeit von 99,1 Prozent zu einem der Brüder von Abdul Majed gehören muss. Die Spur mit der Nummer TOG 03.064.060 hat die Tatortgruppe auch an der Mauer am Schloss gesichert. Allerdings findet sich zu diesem Gen-Code keine Entsprechung in der BKA-Datenbank. Sonst hätte es schon früher einen Treffer gegeben. Mit der familiären Zuordnung der DNA ist aber klar, um wen es sich handelt: Mohamed Remmo ist der einzige Bruder, dessen DNA noch nicht archiviert ist vom BKA. Er ist der zweieiige Zwilling von Abdul Majed. Jetzt hat auch er ein massives Problem.

Am 9. November unterschreibt ein Richter am Dresdner Amtsgericht fünf Haftbefehle. Der dringende Tatverdacht basiert auf den DNA-Spuren im Mercedes-Taxi und an der Schlossmauer. Noch bewegen sich Abdul Majed, Bashir, Wissam, Rabieh und Mohamed in Freiheit. Ab jetzt sind ihre Tage draußen gezählt.

Kapitel 14

Die Verhaftung

Vorbereitung

Es ist Montag, der 16. November 2020. Für ungefähr 1800 Polizisten wird heute der größte Einsatz ihres Lebens beginnen, auch wenn die meisten davon noch keine Ahnung haben. Alles noch streng geheim. Nicht mehr als eine Handvoll Menschen ist bisher eingeweiht. Einer von ihnen ist Landespolizeipräsident Horst Kretzschmar, Sachsens ranghöchster Polizist. Er leitet die sogenannte »Frührunde«, die turnusgemäß jede Woche im Innenministerium tagt. Anwesend dort ist auch Innenminister Roland Wöller.

»Wir holen die vom Gewölbe ab«, sagt Horst Kretzschmar an diesem Morgen in die Runde.

»Ach«, antwortet Innenminister Wöller, »wer isses denn?«

»Die Rammos«, antwortet Kretzschmar nicht ohne Stolz in der Stimme. »Die, die schon die Goldmünze gemacht haben.«

»Prima«, sagt Wöller. »Dann sag ich doch mal dem Ministerpräsidenten Bescheid.«

Mit einer Razzia, wie sie die Dresdner Kripo noch nie angeschoben hat, will die Soko Epaulette am nächsten Morgen fünf Rammos verhaften: Wissam, Abdul Majed, Mohamed, Rabieh und Bashir. Außerdem sollen die Juwelen wieder zurückfinden ins Grüne Gewölbe. Das ist den Akteuren mindestens ebenso wichtig. Treffpunkt für den Aufmarsch ist das Kongresshotel am Templiner See in Potsdam. Zu Kaisers Zeiten wurden auf dem Gelände riesige Luftschiffe gebaut. Heute erinnert immerhin noch die Architektur des Hotels an die Ära der Zeppeline.

Nach und nach rollen im Laufe des Nachmittags Dutzende Mannschaftstransporter auf das weitläufige Areal. 492 Beamte kommen von der sächsischen Bereitschaftspolizei. Aber auch Teams aus Baden-Württemberg, Nordrhein-Westfalen und Niedersachsen kriegen die Chance, die Juwelen von August dem Starken zu finden. Die 11. Hundertschaft aus Dresden kommt um

14 Uhr an. Die 97 Beamten haben »dezentral verlegt«: Keine Kolonnenfahrt auf der Autobahn, damit die Einheit weniger auffällt. So steht es im Einsatztagebuch.

Nur die Berliner Bereitschaftspolizei ist nicht involviert. Offenbar fehlt den sächsischen Planern das Vertrauen in deren Verschwiegenheit.

Insgesamt sind es 1800 Polizisten, die in Berlin zusammengezogen werden und die später Neukölln auf links drehen sollen. Die Medien werden von 1600 Polizisten sprechen. Aber es sind mehr, wie aus internen Dokumenten hervorgeht.

Unter den Einsatzkräften, die sich durch die Hotellobby schieben, ist auch eine Truppe, deren Name niemals in einer Ermittlungsakte zu finden ist. »Wotan 141« ist ihr Rufname im Polizeifunk. Wotan war früher der Premiumgott der Germanen. Heute gehört der Name zu einer Einheit der GSG9.

Aber auch diese Männer mit den breiten Schultern wissen noch nicht, um was es hier wirklich geht. »Internationaler Waffenhandel«, haben die Planer als Ziel ausgegeben. Niemand soll vorher mehr wissen als nötig. Das mindert das Risiko, dass die Aktion an den Clan durchgesteckt wird.

Auf null lässt sich das Risiko trotzdem nicht reduzieren, dafür sind der Aufwand und die Logistik hinter der Razzia zu groß. Fast zweitausend Menschen müssen schlafen, essen, kommunizieren. Dazu Waffen, Munition, Schutzwesten, Sprengstoff, Kettensägen, die Spezialeinheiten haben viel sensibles Equipment dabei. Alles muss über Nacht sicher gelagert werden. Die Bundespolizei liefert mobile Toiletten. Eine enorme Erleichterung bei langen Einsätzen auf der Straße.

Das Hotel am Templiner See ist ein perfekter Startplatz für solch einen Aufmarsch. Weit genug weg von den aufmerksamen Augen in Neukölln. Aber nah genug dran, damit der Anfahrtsweg nicht zu lang wird. Im Saal haben 500 Menschen Platz. Das reicht für die große Besprechung vor dem Startsignal.

Um 15.30 Uhr bekommen die Chefs der Hundertschaft immerhin den weiteren Zeitplan mitgeteilt:

17.00 Uhr: Abendverpflegung
19.00 Uhr: Nachtruhe
01.00 Uhr: Dienstbeginn
02.00 Uhr: Einweisung
04.00 Uhr: Herstellung der Marschbereitschaft und Verlegung nach Berlin

Geleitet wird die Aktion von Volker Lange, seit 1976 bei der Polizei. Er war der erste Polizist, der nach der Tat im Grünen Gewölbe erschien. Lange stammt aus Baden-Württemberg, Karriere hat er im Osten gemacht, den schwäbischen Zungenschlag hört man trotzdem noch heraus bei den Interviews. Aber nur minimal. Der Mann mit dem Bürstenhaarschnitt hat unten angefangen und sich bis zum Leitenden Kriminaldirektor hochermittelt. Bevor er die Kripo in Dresden übernommen hat, war er der Chef der sächsischen Spezialeinheiten. Er weiß genau, was alles schiefgehen kann. 2016 entwischte ihm und seinem SEK ein Islamist beim Verlassen seiner Plattenbauwohnung in Chemnitz. Ganz Deutschland schrieb damals über die Panne. Volker Lange leitete die Anti-Terror-Razzia. Diesmal soll es besser laufen.

Auf Langes Schultern lastet die meiste Verantwortung. Als Polizeiführer steht er an der Spitze der Hierarchie und muss entscheiden; nicht jede Kleinigkeit, aber die große Richtung. »Jacht 800« ist sein Rufname im Funk. Sein Machtzentrum ist der sogenannte Führungsstab im Dresdner Präsidium, ein Raum mit Arbeitsplätzen für 60 Beamte, angeordnet wie zwei hintereinanderliegende Bananen. Der Chefsessel steht in der Mitte der ersten Banane. Der Einsatzleiter hat den besten Blick auf die riesige Monitorwand an der Stirnseite. Jeder im Raum hat eine Aufgabe: Rechts außen sitzen die Funker, die live in Berlin mithören. Zwischen erster Banane und Monitorwand sitzt die Beratergruppe an einem Extratisch, direkt beim Polizeiführer. Das sind die Experten für knifflige Fragen, die den Entscheider vor allem juristisch sattelfest machen. Bei einer Geiselnahme beispielsweise wüsste das Beraterteam, ab wann es gerechtfertigt wäre, den Täter zu erschießen. Für die Razzia in Berlin sind auch Juristen im Führungsstab. Zwei Oberstaatsanwälte und ein Ermittlungsrichter. Die Staatsanwälte können im Ernstfall schnell neue Durchsuchungen beantragen, die der Richter überprüft und gegebenenfalls abnickt.

Gegen 21 Uhr verlässt Volker Lange das Präsidium in Dresden. Die Autobahnpolizei heizt mit ihm zum großen Treffen nach Potsdam. Um zwei Uhr steht er als Gastgeber im großen Saal des Kongresshotels. Versammelt haben sich die Chefs der Hundertschaften und die Anführer der Spezialeinheiten. Jetzt fällt der Vorhang: Es geht um die Rammos. Es geht ums Grüne Gewölbe. 20 Objekte und fünf Haftbefehle. Kein Waffenhandel.

Dann noch eine wichtige Information zur Situation in der Hauptstadt: »Wir sehen zurzeit eine gewalttätige Auseinandersetzung zwischen dem Rammo-Clan und Tschetschenen«, erklärt Lange. »Beide Gruppen sind bewaffnet. Achtet bitte auf eure Eigensicherung.«

Der Einsatzleiter fürchtet, dass die Rammos das SEK mit Tschetschenen verwechseln und sofort schießen. Juristen sprechen bei einer solchen Konstellation von einer Putativnotwehr, die mit einem Freispruch für den Schützen enden kann.

Im März 2003 ist ein ähnlicher Fall passiert. Dabei starb der SEK-Mann Roland Krüger, 37, Spitzname »Bulette«, weil ein Berliner Clan zu viel Angst hatte vor einer anderen Großfamilie. Mit der Ramme und lauten »Polizei, Polizei«-Rufen hatte das SEK damals die verdächtige Wohnung gestürmt. Als die Tür aufflog, eröffnete ein Clanmitglied sofort das Feuer. Ganz vorn lief Roland Krüger. Die Kugel traf den Elitepolizisten direkt ins Auge. Der Schütze behauptete später im Prozess, er sei davon ausgegangen, dass der verfeindete Al-Zein-Clan angreifen würde. Freigesprochen wurde er in diesem Fall trotzdem nicht.

Roland Krüger nützte das nicht mehr. Seitdem aber informieren sich Polizisten bei solchen Einsätzen immer über die allgemeine Großwetterlage. In diesem Fall hat die Fehde begonnen, weil ein Tschetschene die Rammos bei einem Drogengeschäft beklaut hat. Es folgten gegenseitige Überfälle auf der Straße mit mehreren Schwerverletzten.

Bei der Einsatzbesprechung in Potsdam zeigt Lange auch noch ein Video. Zu sehen sind hochrangige Rammos und bärtige Tschetschenen bei einem vermeintlichen Friedensgipfel. Einer aus dem arabischen Clan pocht auf die Gesetze der Schattenwelt: »Wer vor deine Tür kommt, den darfst du umbringen. Das ist ein Weltgesetz. Ein Weltgesetz.« Ein anderer pflichtet ihm bei. »Wenn jemand zu dir kommt, wo deine Mutter ist, wo deine Frau ist, du darfst ihn töten. Und alle sagen: Hast du gut gemacht.«

Kripo-Chef Lange kennt diese Logik in der kriminellen Welt von Clans und Banden. Als Einsatzleiter will und muss er eine Strategie haben, um mit möglichst wenig Risiko ans Ziel zu kommen. Er will, dass die Spezialeinheiten und die Hundertschaften nahezu synchron und mit lautem Getöse an den Zielobjekten aufschlagen. Lange: »Wenn der Zugriff erfolgt, dann müssen wir sofort die Straße absperren. Blaulicht überall. Damit den Rammos klar ist, hier ist der Staat unterwegs. Nicht die Konkurrenz.«

Dann ergreift Sven Mewes das Wort. Ein ehemaliger Elitepolizist der GSG 9. Ein asketischer Hüne, der jahrelang in Afghanistan im Einsatz war. Mewes ist zuständig für den »Einsatzabschnitt Operative Maßnahmen«. Von ihm gibt es klare Vorgaben, wie in die Wohnungen eingedrungen werden soll. »Es sind in den Wohnungen Familien, teilweise drei, vier Kinder. Die müssen geschützt werden. Die Zielperson ist schnell zu fixieren, dass es da keine Kollateralschäden gibt. Die Verhältnismäßigkeit muss beachtet werden. Das will ich. Das ist meine Erwartungshaltung an den Einsatz.«

Für die zivilen Fahnder wird das Codewort »Grauwurm« ausgegeben. So sollen sich die Frauen und Männer in »bürgerlicher« Kleidung gegenüber den uniformierten Beamten legitimieren.

Einsatzleiter Lange hat dann noch weitere Infos für die große Runde: Alle fünf Tatverdächtigen werden gerade von Mobilen Einsatzkommandos überwacht. »Sie können zum aktuellen Zeitpunkt den entsprechenden Objekten klar zugeordnet werden.« So steht es im Einsatztagebuch der 11. Hundertschaft. Damit ist das Drehbuch fertig:

Die Spezialeinsatzkommandos machen um sechs Uhr ihre Hausbesuche und überrumpeln die Juwelendiebe.

Es gibt nur ein Problem. Der Einsatzleiter ist falsch informiert. Zwei der Tatverdächtigen sind nicht zu Hause. Stattdessen cruisen Wissam und Abdul Majed gegen 2.30 Uhr durch die Stadt. Nachtaktiv wie so viele aus dem Clanmilieu.

Sie gehen häufig erst ins Bett, wenn das andere Berlin schon wieder arbeitet. Wissam und Abdul Majed werden verfolgt von Polizisten. Darauf trainiert, unauffällig ihre Zielpersonen zu beschatten. Die Beamten gehören zum Mobilen Einsatzkommando (MEK). Allerdings sind es keine Berliner, die an den Rammos kleben. Sondern Teams aus Sachsen und Brandenburg. Für Nicht-Neuköllner ist es wahnsinnig schwer, einen Rammo zu observieren und dabei nicht die Tarnung zu verlieren, wenn man die üblichen Ziele und Schleichwege und die neuralgischen Punkte im Viertel nicht kennt. Verfolgen ist großer Stress. Noch größerer Stress für ortsfremde Kräfte.

Die MEK-Teams auf der Straße kommunizieren nicht direkt mit dem Führungsstab in Dresden.

Mewes hat mit seinen Leuten in einem Konferenzraum der Bundespolizei Stellung bezogen. Von hier aus leitet er den Einsatz für die Spezialkräfte. Ein Beamer wirft den Stadtplan von Berlin an die Wand. Kleine Punkte zeigen in Echtzeit, wo die Polizeieinheiten sich gerade bewegen. Mewes brieft seine Leute ein letztes Mal. Er spricht sie mit »Kameraden« an: »Ihr wisst, dass es keine große Herausforderung ist, wenn ihr die Zielpersonen festnehmt. Sie werden sich nicht großartig wehren, davon gehen wir jedenfalls aus. Trotzdem immer auf Eigensicherung achten.« Dann geht es Mewes um »das polizeiliche Gegenüber« auf der Straße. »Wenn es zu Massenaufläufen kommt, stehen Kräfte in Bereitschaft, die robust handeln werden.«

Offiziell ist Mewes dem Einsatzleiter Volker Lange unterstellt. Inoffiziell hat Mewes enorm viel Beinfreiheit. Er genießt das Vertrauen von Sachsens oberstem Polizisten Horst Kretzschmar. Mewes und Lange sind sich seit der verpatzten Festnahme des Islamisten in Chemnitz nicht gerade in Freundschaft zugetan.

Noch sind es vier Stunden bis zum großen Knall um sechs Uhr. Wissam und Abdul Majed dürfen nicht verloren gehen. Und sie dürfen die anderen nicht warnen. Leichter wäre es mit Peilsender oder georteten Handys. Aber die Fahnder kennen die aktuellen Telefonnummern nicht. Und einen Peilsender am Wagen anzubringen, wäre zu riskant, während die Zielperson noch im Auto sitzt.

Wissam Remmo

Wissam Remmo kurvt in einem Mercedes GLK 220 durch die Stadt. Es ist nicht das Auto, mit dem die Rammos in der Türkei waren. Der Halter des aktuellen SUV lebt in einem verklinkerten Einfamilienhaus am anderen Ende der Stadt. Wahrscheinlich ein Strohmann. Dass Wissam noch unterwegs ist, macht Dresden nervös. Das MEK hat ihn in dieser Nacht bereits einmal für drei Stunden verloren. Der Ganove gilt als paranoid. Er vermutet überall Polizei. Das MEK hat schon einmal in den Mercedes geguckt, um Wissam zu identifizieren. Jeder weitere Blick kann einer zu viel sein. Falls der Rammo seine Verfolger bemerkt, kippt die gesamte Operation. Wissam würde höchstwahrscheinlich seine Cousins warnen. Eine

Katastrophe. Es ist genau die Phase, in der Einsatzleiter Volker Lange im Kongresshotel die große Besprechung leitet. Die Spitze fehlt gerade in der Kommandopyramide.

Gegen 2.30 Uhr verändern die »Operativen« von Sven Mewes die gesamte Strategie: Wissam soll sofort von der Straße. Nicht erst um sechs Uhr mit den anderen. Die Ermittler hatten ihre Zielpersonen vorher priorisiert. Wissam steht ganz oben an der ersten Position. Aber schnell muss es gehen. So fix, dass Wissam keine Chance hat, einen Notruf an die Familie abzusetzen.

Die Blitzaktion ziehen nicht die Schattenmänner vom MEK durch. Den Auftrag bekommt das LKA 641 der Berliner Polizei. Die sogenannte »Araberstreife«. Keiner kennt sich im Clanmilieu besser aus. Die Männer können quatschen und kloppen, eine erlesene Mischung aus Kopf und Krawall. (Zu diesem Zeitpunkt besteht die Einheit nur aus Männern.) Die Sachsen haben das LKA 641 als mobiles Expertengremium eingeplant. Acht Männer in vier Autos, die zuerst das MEK und später das SEK unterstützen sollen, weil niemand die Rammos besser identifizieren kann. Jetzt hat die »Araberstreife« einen neuen Job. Nicht nur für den Kopf – auch für die Fäuste.

»Gegen 2.40 Uhr wurden wir durch ebenfalls am Einsatz beteiligte Kräfte an das Fahrzeug Daimler-Benz, GLK, schwarz, herangeführt«, schreibt einer der Beamten später im schönsten Polizeideutsch. Das LKA 641 heftet sich mit zwei Autos an den schwarzen Daimler.

Über Funk melden sie, dass Wissam zweifelsfrei in dem Wagen sitzt. Das Auto rollt auf dem Kottbusser Damm Richtung Süden. Mewes entscheidet: »Zugriff.«

An der Bürknerstraße in Kreuzberg stoppt Wissam an einer roten Ampel. Jetzt startet der Klassiker, den Spezialeinheiten immer und immer wieder trainieren. Das erste Auto überholt den Mercedes und blockiert ihn vorne. Das zweite Polizeifahrzeug keilt ihn hinten ein. Vier Beamte eilen auf den SUV zu und rufen:

»Polizei, keine Bewegung. Polizei, keine Bewegung.«

Die Türen sind abgeschlossen. Vier Beamte brüllen, jede verlorene Sekunde gefährdet die gesamte Operation. Wissam darf auf keinen Fall den Clan alarmieren. Bevor die Beamten die Scheiben einschlagen, entriegelt Wissam.

Beide Seiten schwimmen im Adrenalin. Solange das Auto noch losfahren könnte, kennen die Greifer kein Pardon. Ein Tritt aufs Gaspedal und die ganze Situation endet im Chaos. Deshalb greift LKA 641 zu einem Einsatzmittel, mit dem jede Spezialeinheit am häufigsten trainiert: der eigenen Faust. Schmerzen für die Sekunden-Kapitulation. Allerdings deckt Wissam mit den Unterarmen seinen Kopf. Wie ein Boxer in der Defensive. Und er beugt sich weit nach vorne. Absolut keine Trefferfläche im Gesicht. Dafür sind die Rippen frei. Genau auf den seitlichen Brustkorb haut ein Polizist so lange, bis Wissam seine Arme hergibt. »Schocktechnik«, steht im Festnahmeprotokoll. Die Beamten lösen den Anschnallgurt und ziehen den Rammo aus dem Auto. Dann wird es dunkel für Wissam. Er bekommt eine Schlafmaske über die Augen, damit er die sächsischen Beamten vom MEK nicht erkennt, die auch zum Festnahmeort kommen. Die Beamten bringen ihn zur Bundespolizei in der Schnellerstraße in Ostberlin. Nach der Übergabe wird als Erstes ein Corona-Schnelltest gemacht: negativ. Der erste Rammo ist im Körbchen. Fehlen noch vier.

Aber in Neukölln hat die Polizei nach Wissams Festnahme ein Problem. Es ist 1,8 Tonnen schwer: der Mercedes. Das Auto steht auf der Grenze zwischen Kreuzberg und Neukölln an einer Verkehrsader. Mitten im Clangebiet. Bewacht von einem Streifenwagen. Nur 300 Meter entfernt wohnen die Al-Zeins in der Schinkestraße. Um die Ecke ist der Graefekiez, wo viele Nachwuchsgangster aus den Großfamilien leben. Wissam ist eine lebende Legende in der arabischen Community. Der Mann mit der Goldmünze. Jeder dort kennt ihn. Viele wahrscheinlich auch sein Auto. Der schwarze SUV muss schleunigst von der Straße herunter. Sonst zählt jemand eins und eins zusammen. Aber die Beamten vor Ort dürfen das Auto nicht einfach wegfahren. Vielleicht soll es noch untersucht werden von der Spurensicherung. Dresden muss das entscheiden. Einsatzleiter Volker Lange ist allerdings gerade in der Luft. Ein Hubschrauber fliegt ihn von Potsdam zurück nach Dresden.

45 Minuten nach Wissams Festnahme ordnet ein Oberstaatsanwalt an, dass der schwarze SUV zur Kriminaltechnik nach Dresden soll. Ein Abschlepper soll den Mercedes verschwinden lassen. Mewes weist seine Leute in ihrem kleinen Lagezentrum bei der Bundespolizei an, die zuständigen Einsatzkräfte zu erreichen. Klappt aber nicht.

Es wäre auch sowieso schon zu spät. Wissams Verhaftung hat eine Lawine losgetreten.

Auf der Flucht

Während sich in Berlin die Lage radikal verändert hat, läuft im Potsdamer Kongresshotel erst einmal alles nach Plan. Für jede Wohnung, die durchsucht wird, gibt es einen Polizisten, der vor Ort den Hut aufhat. Für das Objekt 1 (Bashir Remmo) ist es Kriminalrat Enrico Lange. Nicht verwandt, nicht verschwägert mit dem Polizisten Volker Lange aus Dresden. Enrico Lange ist ein drahtiger Typ, Mitte dreißig. Energisch und selbstbewusst. Er wird später die »Soko Hauptallee« leiten, um die Fußballrandale nach dem Aufstieg von Dynamo Dresden aufzuklären. Am frühen Morgen des 17. November 2020 hockt er mit den Chefs der 11. Hundertschaft und dem sächsischen SEK zusammen. Mit dabei ist eine Beweissicherungs- und Festnahmeeinheit (BFE), eine besonders robuste Truppe der Bereitschaftspolizei. Enrico Lange hört in dieser Nacht auf den Funknamen »Jacht 60«. Im Objekt 1 befinden sich Bashir, Ibrahim und Jihad. So lauten die Infos aus Berlin. Für Bashir gibt es einen Haftbefehl. Seine Brüder sollen ebenfalls mitgenommen werden. Die Soko will aktuelle Fotos und ihre DNA. Die Taktik dabei: SEK und BFE stürmen in die Wohnung. Die 11. Hundertschaft bildet vor und hinter dem Gebäude einen Sicherungsring.

In der Zwischenzeit ist die zweite Zielperson Abdul Majed in einem Citroën C3 durch Berlin unterwegs. An ihm klebt ein MEK-Team aus Brandenburg. Offenbar hat Abdul Majed bereits von der Verhaftung gehört. Oder er hat die Männer in seinem Schlepptau bemerkt. Auf jeden Fall sendet er eine panische Sprachnachricht an seinen Zwillingsbruder Mohamed:

»Mohamed! Mein lieber Mohamed. Geh bitte nicht zu ihnen nach Hause. Geh nicht nach Hause. ... Schlaf draußen, aber lass das Telefon zu Hause. Vertrau mir! Ich schwör' auf Koran.«

Eine Minute später schickt er eine zweite Message ab: »Mohamed! Es sind circa 20 Autos, ich schwör auf Allah.« Dann ist im Hintergrund eine männliche Stimme zu hören: »20 Minuten, 20 Minuten«, brüllt sie. Wahrscheinlich ist Wissams Verhaftung vor ungefähr 20 Minuten gemeint. In Neukölln sind einfach zu viele Informanten auf der Straße.

Abdul Majed weiter: »Ich schwöre, unsere ganze Familie gerade. Mein Onkel Toufic selber. Onkel Toufic auf unnormale Panik. Glaub mir Mohamed! Schlaf heute nicht zu Hause.«

Um 3.20 Uhr setzt Abdul Majed die dritte Nachricht ab: »Mohamed! Ich küsse deine Augen. Lass das Telefon zu Hause und geh irgendwohin. Fahr aber nicht mit dem Auto! Ich schwör' beim Koran.«

»20 Autos ... die ganze Familie.« Der sächsische Feldzug ist bereits aufgeflogen, bevor er richtig begonnen hat.

Abdul Majed hat zuerst den Bruder gewarnt. Jetzt geht es ihm um die eigene Freiheit. Er muss das MEK aus Brandenburg abschütteln. Sonst kommen die Fäuste. Als Erstes kontaktiert Abdul Majed einen syrischen Kumpel. Der cruist gerade mit drei Freunden in einem Renault Megane durch Berlin. In einem unbeobachteten Moment tauschen die beiden die Autos. Abdul Majed verschwindet unerkannt im Renault Megane, das MEK folgt weiter dem Citroën C3. In diesem Auto sitzen jetzt nur noch die Syrer. Mit der Aktion wird Abdul Majed in Neukölln eine Legende.

Der Zugriff auf den Citroen ist eine exakte Blaupause der Verhaftung von Wissam Remmo: Zuerst wird der Wagen durch das MEK dem Berliner LKA 641 »zugeführt«. Dann bremsen zwei Autos der »Araberstreife« den Citroën auf null. Kurz danach liegen vier Männer mit Blessuren auf dem Asphalt. Nach Dresden wird die erfolgreiche Verhaftung Abdul Majeds gemeldet. Erst neun Minuten später klärt sich der Irrtum auf.

Im Handschuhfach des Citroën findet die Polizei noch einen Stapel Dokumente. Ende Oktober hat Abdul Majed einen neuen Reisepass beantragt. Er hatte es eilig. Denn er hat die Express-Variante gewählt, die 32 Euro mehr kostet und innerhalb einer Woche fertig ist. Am 29. Oktober hat er ihn abgeholt. Wofür brauchte Abdul Majed so dringend einen Pass? Hatte er schon Informationen bekommen über das aufziehende Unwetter? Wollte er sich jetzt eine ruhigere Klimazone suchen?

Das sächsische MEK erspäht Abdul Majed trotzdem noch einmal in dieser Nacht. Oder glaubt es zumindest. Es ist auf der Sonnenallee bei einem Bäcker. Wieder klicken die Handschellen. Das herbeigeeilte Expertengremium vom Berliner LKA 641 bestätigt, dass es sich um Abdul Majed handelt. Allerdings ist es sich nicht hundertprozentig sicher. Die Sachsen haben ein Gerät dabei, dass den Fingerabdruck des Festgenommenen digital scannt und mit der Datenbank abgleicht. Das Ergebnis: Es ist nicht Abdul Majed, sondern sein kleiner Bruder Bilal.

Mohamed, die dritte Zielperson, ist seit 23.15 Uhr zu Hause bei seinen Eltern am Treptower Park in Ostberlin. So steht es im Observationsbericht der Bundespolizei, die für Mohamed zuständig ist. Die Familie wohnt erst seit Kurzem hier. Die alte Unterkunft brannte aus. Den Eingang zu dem Altbau überwacht die Polizei mit einer Kamera, die Livebilder in die Einsatzzentrale sendet. Aufgeschreckt durch die Sprachnachrichten seines Bruders, reagiert

Mohamed ohne Zögern. Offenbar existiert für solche Situationen eine Art Notfallplan.

Über WhatsApp schreibt er einem Freund: »Lass uns treffen ist sehr wichtig.«

Der Kollege antwortet ebenfalls prompt: »OK. 8 min. Da.«

Mohamed: »Warte nicht genau unter meiner Wohnung! Kuck nur, komm erst dann genau dahin, wenn ich das sage. Mach paar Runden da. Wenn ich ›jetzt‹ schreibe, dann sei unten an der Eingangstür.«

Mohamed kennt die Polizei. Seine Chancen steigen, wenn er aus dem Haus direkt ins Auto huscht. Je kürzer der Moment, desto schwerer ist es für die Polizei, ihn zu identifizieren.

Allerdings weiß er nicht, dass eine Kamera den Eingang filmt. So sehen die Dresdner, wie ein Smart um 3.44 Uhr vor dem Altbau hält. Mohamed kommt aus dem Haus gerannt, geht dann aber erst zu einem Seat und beugt sich ins Auto. Dann steigt er in den Smart. Er trägt eine schwarze Jacke und eine goldene Uhr am linken Handgelenk. Wieder heftet sich das MEK an seinen Auspuff. Diesmal Beamte aus Thüringen. Dezernat 32 des Landeskriminalamts. Seit knapp drei Stunden sind sie für Mohamed zuständig. Jetzt geht es zu schnell.

Ein Auszug aus dem Observierungsbericht:
3.48 Uhr fuhr der PKW Daimler Smart, B-QW 1***,
auf das Gelände des Kleingartenvereins »Waldesgrund e. V.«
in 12437 Berlin und geriet außer Kontrolle.
3.50 Uhr verließ der PKW Daimler Smart, B-QW 1***,
das Gelände des Kleingartenvereins »Waldesgrund e. V.«
in 12437 Berlin und fuhr mit unbekannter Besatzung in
Richtung Späthstraße ab.
3.58 Uhr fuhr der PKW Daimler Smart, B-QW 1***, in den
Grünlingweg in 12359 Berlin und geriet außer Kontrolle.
4.01 Uhr wurde der PKW Daimler Smart, B-QW 1***, im

Grünlingweg in 12359 Berlin, auf Höhe der Hausnummer 15, leer abgeparkt festgestellt.

Mohamed ist weg und taucht nicht wieder auf. Das Handy lässt er im Smart zurück – wahrscheinlich, um nicht geortet zu werden. Mit einem Fährtenhund, der an dem Smartphone schnüffelt, setzt die Polizei die Suche fort. Mohameds Spur findet der Vierbeiner nicht. Um 4.15 Uhr steht es zwei zu eins für den Clan im Kampf gegen die Staatsmacht.

Und noch eine Niederlage muss der Staatsapparat verbuchen. Ungefähr zur selben Zeit, als Mohamed verschwindet, geht eine Frau mit ihrem Pudel durch die Straße am Treptower Park. Die Frau bemerkt zwei Männer auf dem Bürgersteig. Ungefähr 1,85 Meter groß. Der eine trägt ein Paket. Die Beobachtungen der Zeugin passen zu den Kamerabildern vom Hauseingang bei den Rammos. Auf den Aufnahmen ist eindeutig zu erkennen, wie der älteste Bruder Wayci einen schwarzen Karton aus dem Haus trägt. Sogar die Aufschrift »Russel Hobbs« ist deutlich zu sehen. Ein Hersteller für Küchengeräte. In dieser heißen und hektischen Phase will der Mann sicherlich keinen Wasserkocher durch die Stadt transportieren. Auch dieser Karton taucht nie wieder auf. Ob sich darin die Juwelen befinden? Vorerst ist es nicht mehr als nur ein Verdacht.

Rabieh Remo

Die nächste Zielperson, auf die die Polizei Jagd macht, ist Rabieh Remo. Er wohnt in einer 40-Quadratmeter-Wohnung in der Wilmersdorfer Straße am Rande Charlottenburgs. Außer einem 65-Zoll-4K-Fernseher im Wohnzimmer ist nichts großzügig hier: Neben dem weißen Couchtisch stehen Wäscheständer und Staubsauger. In der Ecke lehnt eine Trittleiter. Rabieh muss auf dem cognacfarbenen Ecksofa schlafen, iPhone und Samsung Galaxy liegen eine Armlänge entfernt. Pralinen stehen oben auf der Rückenlehne. Rabieh nascht gerne. Er wiegt 121 Kilogramm. Seine Frau liegt nebenan im Schlafzimmer, zusammen mit dem dreijährigen Sohn. Immerhin darf Rabieh wieder hier übernachten. Das war vor kurzem noch anders. Als er mit den anderen in der Türkei war, hat ihn seine Frau als »Hurensohn« tituliert.

Um 3.22 Uhr steht unten auf der Straße Rabiehs kleiner Bruder. Er klingelt. Er telefoniert mit dem Handy. Er guckt nach oben zur Wohnung. Alles protokolliert von Polizisten aus Sachsen-Anhalt, die das Haus observieren. Offenbar will der kleine Bruder Rabieh warnen. Es ist genau die Phase, in der die Telefonkette wegen Wissams Verhaftung läuft. Nach zwei Minuten steigt der Bruder in einen Renault Scénic. Am Steuer sitzt der Vater.

Es ist nicht klar, ob Rabieh gewarnt ist. Offenbar nicht. Oder ihm fehlt der innere Antrieb, das Sofa und die Pralinen zurückzulassen. Jedenfalls ist er noch da, als die Polizei kurz vor sechs Uhr vor dem Haus aufmarschiert. Das bestätigen die Beamten, die schon die ganze Nacht über den Eingang beobachtet haben.

Davor sind die Geschäfte noch alle geschlossen. Wenige Menschen auf der Straße. Das macht den Job für das SEK etwas leichter. Festnahmen im Mehrfamilienhaus laufen häufig nach demselben Muster ab. Die Einheit marschiert eng an der Hauswand auf die Tür zu. So ist das Risiko gering, von innen gesehen zu werden. Wohnt die Zielperson in einem unteren Geschoss, müssen Teammitglieder die Fenster beobachten. Der Verbrecher könnte durchs Fenster flüchten. Entweder wird die Haustür mit einer Plastikkarte geöffnet (»Falle machen«), oder das SEK hat hydraulisches Werkzeug dabei. Erfolgreiche Zugriffe fußen auf einer guten Aufklärung. Nahezu lautlos läuft das Kommando durchs Treppenhaus. Die Wohnungstür ist das letzte Hindernis. Für massive Modelle bringt das SEK eine Kettensäge mit. Rabiehs Tür ist eher Leichtbauweise. Da reicht die Ramme. Der stärkste Maskenmann stürmt als Erstes in die Wohnung. Er trägt das Schild, das die Kugeln fangen soll, falls es zu einem Schusswechsel kommt. Die Festnahme von Rabieh verläuft blutig. Aber nicht aufseiten der Polizei. Auch das SEK setzt auf Gewalt, um jede mögliche Gegenwehr im Keim zu ersticken. Das Gegenüber soll gar nicht erst in der Lage sein, einen klaren Gedanken zu fassen. Das ist oft hart an der Grenze dessen, was noch legal ist. Manchmal darüber. Ziel ist es, möglichst schnell die Hände zu fixieren. Bis dahin ist die Zielperson eine Gefahr. Rabieh könnte eine Waffe im Sofa versteckt haben. Bei der Goldmünzen-Razzia hat die Polizei einen scharfen Revolver bei Wissam im Sessel gefunden.

Manchmal prügelt das SEK auch danach noch weiter. Das hat weniger mit einem Hang zur Grausamkeit zu tun. Sondern mit dieser speziellen Mischung aus potentieller Lebensgefahr und Adrenalin, das die letzten Hirnwindungen flutet. Auch Polizisten sind dann zu einer nüchternen, klaren Bewertung der Situation nicht immer in der Lage.

Wie es bei Rabieh gelaufen ist, wissen nur die Beteiligten. Im Durchsuchungsbericht steht: »Beim Zugriff des Beschuldigten REMO, Rabieh durch das SEK erlitt der Beschuldigte eine Kopfplatzwunde, welche (...) bereits durch das SEK erstversorgt wurde.«

Später heißt es dort noch: »Er war auf Grund des plötzlichen, polizeilichen Zugriffs (...) sichtlich beeindruckt.«

Als Torsten Beck, Erster Kriminalhauptkommissar, per Telefon über den Ausgang des Einsatzes unterrichtet wird, ist es schon kurz nach sechs Uhr. Beck ist der »Objekt-Verantwortliche« bei der Aktion. Er hat den Hut auf. Am Apparat war das SEK. Die Wohnung ist sicher. Jetzt kann mit der Durchsuchung begonnen werden.

Eigentlich ist das Clanmilieu fremdes Terrain für den Kripo-Mann. Sein Stamm-Klientel sind Rechtsradikale, die sich »Terrorgruppe Freital« oder »Freie Kameradschaft Dresden« nennen. Er leitet den Staatsschutz bei der Dresdner Kripo.

Bevor Beck und sein Team nach Beweisen in der Wohnung suchen, fordert er einen Rettungswagen an. Rabieh kauert immer noch auf der Couch. Er trägt nur eine schwarze Jogginghose und den weißen Verband am Kopf. Bewacht von zwei maskierten Polizisten der Chemnitzer Bereitschaftspolizei. Das SEK ist wieder abgezogen. Sanitäter der Berliner Feuerwehr (RTW 33-1) kommen und checken den Verhafteten durch.

Das reicht dem Ersten Kriminalhauptkommissar aber nicht. Auch eine Ärztin soll den Verhafteten begutachten. Ihr Befund lautet:»transportfähig«. Eine halbe Stunde später ist Rabieh bereits auf dem Weg zum Richter nach Dresden.

Bashir Remmo

Für das letzte Ziel auf der Liste der Polizei sind die 11. Hundertschaft und das sächsische SEK eingeteilt. Es geht um das »Objekt 1«, wie es intern heißt. Dort ist Bashir Remmo zu Hause. Er lebt, zusammen mit seinen Brüdern Jihad und Ibrahim, noch bei seinen Eltern. Auch jetzt hält er sich in der Wohnung auf. Das hat das Observationsteam bestätigt.

Noch befindet sich die Eingreiftruppe etwa vier Kilometer davon entfernt auf dem Gelände einer Polizeikaserne in Berlin-Kreuzberg. Gerade legen die Teams ihre schusssicheren Westen an. Die Gesichter verschwinden hinter schwarzen Masken. Dann bewaffnet sich die Beweissicherungs- und Festnahmeeinheit (BFE) mit dem Sturmgewehr CR223. Der Trupp sieht aus, als wolle er eine Taliban-Hochburg in Afghanistan stürmen.

Um 5.03 Uhr informiert Kriminalrat Enrico Lange, »Jacht 60«, die Einheit über die Zielperson. Erst jetzt wissen alle Polizisten Bescheid. Knapp eine Stunde vor dem Zugriff.

Zur selben Zeit parkt ein roter Toyota in einer Seitenstraße beim observierten Gebäude. Es ist eine achtstöckige Massenherberge, die jeden Architektur-Negativpreis auf der Welt abräumen würde. Der Toyota-Fahrer trägt eine schwarze Mütze und eine schwarze Lederjacke. Der 50-Jährige ist müde. Er kommt von der Nachtschicht bei einem Hersteller für Herzschrittmacher. Er guckt kurz in den Briefkasten. Es ist Bashirs Vater. In der ersten Etage schließt er die Wohnungstür auf. Dahinter kommt eine aufgeräumte, saubere Wohnung zum Vorschein. Ordnung ist wichtig, wenn man zu neunt in einer kleinen Mietwohnung haust. Links geht es ins Mädchenzimmer, in dem seine vier Töchter schlafen. Die älteste studiert. Ein Zimmer weiter, auch auf der linken Seite des Flurs, schlafen die Jungs: Bashir, Ibrahim und Jihad. Es gibt nur zwei Betten dort. Deshalb liegt Ibrahim auf einer Matratze am Boden. Die jungen Männer sind keine Engel. Im Vergleich zu ihren Cousins Wissam, Ahmed und Abdul Majed sind sie aber eher kriminelle Fliegengewichte. Bashir wurde vor zwei Jahren beim Dealen erwischt. Kurz bevor der Vater nach Hause kam, ist er noch online gewesen und hat mit seiner Verlobten gechattet. »Glaub' nicht, was andere sagen«, hat Bashir ihr da geschrieben. Es klang wie ein Abschied. So beschreibt es die Verlobte später in einem abgehörten Telefonat.

Wahrscheinlich hätte auch Bashir noch fliehen können. Aber wohin? Die jungen Rammos sind alle in Berlin geboren und deutsche Staatsbürger. Ihr Arabisch ist schlechter als ihr Deutsch. Die Allerwenigsten können die Schriftzeichen lesen. Der Libanon oder die Türkei sind kein Ersatz für Kreuzberg oder Neukölln.

Bashir hätte allerdings auch seinen Schwestern ersparen können, mitten in der Nacht in den Lauf eines Sturmgewehrs zu blicken. Er hätte sich bei der Polizei stellen können. Er hat es nicht getan.

Sein Vater geht gegen 5.20 Uhr durch den Flur am Gefrierschrank vorbei geradeaus ins Wohnzimmer. Es ist auch das Schlafzimmer der Eltern. Vor der Couch liegen zwei Matratzen, an der Wand hängen neben dem Fernseher zwei Bilder von der großen Moschee in Mekka. Seine Frau schläft. Sie ist in den 90er-Jahren als junge Frau nach Deutschland gekommen. Sie stammt aus dem Dorf Rashdiye in der Türkei, wo ursprünglich fast alle Rammos herkommen. Vier Kilometer entfernt besteigen SEK, BFE und die 11. Hundertschaft jetzt ihre Fahrzeuge.

Um 5.45 Uhr rollen das SEK Sachsen und die BFE aus der Polizeikaserne in Kreuzberg an. Die 11. Hundertschaft bleibt noch zurück. Die Masken brauchen nur fünf Minuten bis zur Wohnung von Bashir und seiner Familie. Genau um sechs Uhr rammt das SEK die Tür auf. Bashir, Ibrahim und Jihad werden im Jungszimmer überwältigt. Das SEK fixiert ihre Hände mit schwarzen Kabelbindern auf den Rücken. Auch beim Vater machen sie keine Ausnahme. Allen männlichen Rammos stülpen sie eine OP-Maske über Mund und Nase. Dann werden die Fenster geöffnet. SEK und BFE wollen so die Corona-Gefahr dimmen. Um 6.14 Uhr fordert »Jacht 60« (Enrico Lange) die 11. Hundertschaft an. Die Beamten formen den äußeren Sicherungsring um das triste Hochhaus. Alles wie aus dem Lehrbuch. Spielstand um 6.15 Uhr: drei zu zwei für die Soko.

Ab sieben Uhr laufen die Rammos in den Nachrichten auf allen Kanälen. Die BILD-Zeitung vermeldet als Erstes das Einsammeln in Berlin. Um 7.40 Uhr tauchen die ersten Reporter in Kreuzberg vor Objekt 1 auf. Die Bilder sind spektakulär: Maskierte mit Maschinenpistolen. Sachsen zeigt im Frühstücksfernsehen seine Muskeln. Und der ganze Clan ist in Aufruhr.

Die Bilderflut erreicht auch Dilara A. Sie ist die Freundin von Ahmed, dem großen Bruder der untergetauchten Zwillingsbrüder Mohamed und Abdul Majed. Dilara A. hat Angst, dass die Welle auch sie überrollt. Sie schreibt einer Freundin: »Ja Wallah habe so Angst ... bekomme alle 2 Sekunden Gänsehaut ... ich will nicht wieder eine Waffe vor mein Gesicht.«

Die Freundin antwortet: »Oh nein ... Geh nicht nachhause ... Was hast du damit zu tun ... Du und dein Sohn ... Alta wallah.«

Zu diesem Zeitpunkt liegt Bashir noch mit gefesselten Händen auf einer Matratze. Die Lage ist statisch. Die Familie verhält sich ruhig. Kein offener Hass wie bei den anderen Verhaftungen. Der Vater bekommt einen Stuhl und eine Decke. Es ist kalt, weil die Fenster immer noch offenstehen.

Um 8.07 Uhr wird Bashir dann in eine mobile Zelle der 11. Hundertschaft verbracht. Darin geht es nach Dresden. Allerdings stoppt der Tross noch einmal abrupt. Das Videoteam braucht noch Aufnahmen von Bashirs Schuhen. Kleidung und Schuhe sind wichtig für die Soko Epaulette. Erst eine Stunde später geht es dann doch nach Sachsen. Um 11.59 Uhr rollt der graue Transporter auf den Hof des Oberlandesgerichts Dresden am nördlichen Stadtrand. Ein Fernsehteam fängt die Szene ein, wie Bashir im weißen Pullover, flankiert von vier Beamten, in das Gebäude eskortiert wird. Um 14.30 Uhr sitzt er beim Haftrichter. Aus Berlin ist mit Philipp Stucke einer der besten und teuersten Strafverteidiger gekommen. Stucke ist trotzdem chancenlos. Bashir wandert in Untersuchungshaft. 90 Minuten später das gleiche Prozedere mit Rabieh. Auch er bleibt für lange Zeit in der Obhut des Staates. Wissams vorläufiges Schicksal war schon mittags besiegelt.

In der kleinen Einsatzzentrale der Spezialkräfte sagt Sven Mewes seinem Mann am Sprechfunkgerät, dass er an alle das Wort richten will. »Hier spricht euer Abschnittsführer«, beginnt Mewes. »Ich möchte mich bei euch allen bedanken für den superguten Einsatz. Wir haben einen Großteil von Haftbefehlen umsetzen können. Wir haben hoffentlich viele Beweise sichern können, um dann dem Verfahren eine Grundlage zu geben, um auch da erfolgreich zu sein, nach dem, was wir in Dresden erlebt haben. Vielen Dank! Ich freue mich auf eine weitere gute Zusammenarbeit und wünsche jetzt einen guten Dienstschluss. Und wenn es dann heimwärts geht, gute Fahrt nach Hause.«

Die Rammos in Mannheim

Am frühen Nachmittag gibt die Polizei Fotos von Mohamed und Abdul Majed an die Presse. Jetzt laufen die Gesichter in den Nachrichten. Die Meldungen aus Berlin und Dresden wühlen auch Bashirs Verlobte in Mannheim auf. Die beiden sind nicht nur verlobt.

Sie sind auch miteinander verwandt. Die Großmutter der Frau ist Bashirs Tante. Oder anders gesagt: Die Mutter der Frau ist Bashirs Cousine. 2017 hat sich das junge Paar bei einer Familienfeier kennengelernt. Das ist ein Klassiker in arabischen Großfamilien. Kurz danach gab es eine kleine Zeremonie, bei der Bashir der Mannheimerin eine Kette geschenkt hat. Wegen seiner Drogengeschichte und Corona hat es noch keine Hochzeit gegeben. Offenbar haben die Väter auch noch nicht das Brautgeld verhandelt.

Die Rammos in Mannheim sind besser in Deutschland angekommen als die Verwandten in der Hauptstadt. Bei der Polizei sagt eine Cousine über Bashir: »Die Lebensweise von unserer Familie hier in Mannheim unterscheidet sich schon sehr von der Familie in Berlin. Wir haben hier schon alle eine Ausbildung und einen Job. Dies ist wohl in Berlin nicht so.«

Dazu kommt, dass Bashir zweigleisig fährt. In Berlin hat er noch eine Freundin mit albanischen Wurzeln. Vier Wochen vor der Festnahme schickt sie Bashir ein Foto von einem Diamantring an ihrer linken Hand. Bashir antwortet: »Der darf nur an dein Finger.« Offenbar hat er ihr den Ring gekauft. Das schließen die Ermittler aus den mitgelesenen Chatverläufen.

Das ist einer der Gründe, warum die Soko Epaulette Bashirs Verlobte aus Mannheim ganz oben auf der Liste hat mit Telefonnummern, die abgehört werden sollen. Die Soko geht davon aus, dass die junge Frau potentiell eine der besten Quellen ist, weil sie selbst keine Erfahrung mit der Polizei hat. Konspirative Kommunikation hatte sie bisher nicht nötig.

Und die junge Frau macht dann auch das, was die Ermittler sich erhofften. Sie redet am Telefon über Bashir. Und Dresden ist in der Leitung. Am Tag der Razzia telefoniert sie mit ihrer Tante. »Wenn du nur wüsstest, was ich alles über ihn weiß«, erzählt sie. »Bashir hat gesagt: Ich geh vier, fünf Jahre rein und komme als Millionär zurück und lebe mein Leben.«

Natürlich versucht die Soko Epaulette, genau das zu verhindern. Eine ganze Armee von Beamten sucht jetzt nach den Juwelen aus dem Grünen Gewölbe. Auch wenn der Soko klar ist, dass die Chancen nicht besonders gut stehen für einen Fund. Erstens könnte der Einbruch eine Auftragsarbeit gewesen sein, und die Juwelen hat längst ein reicher Sammler gebunkert. Oder die Beute liegt bei einem loyalen Verwandten in Sicherheit. Davon gibt es Hunderte in Berlin. Es könnte auch eine Mischung von beidem sein. Ein Auftraggeber wollte vielleicht nur den wertvollen Schulterschmuck mit dem »Sächsischen Weißen« haben. Und die Rammos haben in der Tatnacht dann einfach alles gegriffen, was in ihrer Reichweite war.

Der mitgereiste Pressesprecher der Dresdner Polizei dämpft jedenfalls die Erwartungen. »Gesucht werden zum einen natürlich die Kunstschätze. Wobei eine Prognose schwer ist, ob man die überhaupt finden wird. Und zudem suchen wir die klassischen Beweismittel wie Speichermedien, Kleidungsgegenstände oder Werkzeuge.« Das sagt Thomas Geithner in das Mikrofon der *Welt* (früher *N24*).

Die Diamanten tauchen an diesem Tag erwartungsgemäß nicht wieder auf. Aber die Sachsen fahren nicht mit leeren Händen zurück an die Elbe. Die Soko Epaulette beschlagnahmt in den Objekten dutzende Handys und viele Klamotten. Allein bei Wissam tüten die Ermittler 29 Paar Turnschuhe ein. Es sind dieselben Kriminaltechniker von der LKA-Tatortgruppe, die schon im Grünen Gewölbe die Spuren gesichert haben. Immer noch suchen sie das passende Paar zu den Schuhabdrücken unter dem Einstiegsfenster am Schloss. Außerdem nehmen die Spezialisten 20 Jacken mit. Vielleicht ist ein Exemplar dabei, das die Rammos beim Zertrümmern der Vitrinen getragen haben. Dann könnten in der Jacke noch winzige Glassplitter sein, die von der Struktur her zu den Vitrinen im Grünen Gewölbe passen.

Wissam hat diesen Fehler schon einmal gemacht und die heißen Klamotten behalten, die er beim Raub der Goldmünze getragen hatte. In einer Steppjacke aus seiner Wohnung fanden Kriminaltechniker dann winzige Partikel hochreinen Goldes. So rein, dass sie nur von der Goldmünze stammen konnten. Die Jacke war ein wichtiger Baustein für das Urteil des Berliner Landgerichts.

Diesmal finden die Labore keine Mikrobeweise, die die Rammos belasten. Experten vom Berliner LKA, seit Jahren mit dem Clan vertraut, halten Wissam, Ahmed und Co. für lernende Täter, die einen Kardinalfehler nicht zweimal machen. Sie studieren die Ermittlungsakten und analysieren genau, wie die Polizei arbeitet. Das glauben zumindest die Clan-Spezialisten in Berlin. Dafür sprechen zum Beispiel die beiden Druckknöpfe einer Jeans, die die Polizei im ausgebrannten Audi in der Tiefgarage gefunden hat. Offenbar haben die Täter ihre Klamotten ins Feuer geworfen, um mögliche Spuren daran zu vernichten.

Ein perfektes Verbrechen ist es trotzdem nicht. Zu viele DNA-Spuren am Schloss und im Mercedes-Taxi. Und das private Umfeld haben sie auch nicht unter Kontrolle. Besonders Bashirs Verlobte nicht. Sie telefoniert abends um 21.39 Uhr, als die Razzia in Berlin beendet ist, noch einmal mit ihrer Tante. Und wieder hört ein Polizist interessiert zu.

Ihr Vater, erzählt sie da, sei überhaupt nicht geschockt gewesen von dieser Nachricht. Wahrscheinlich habe Bashir ihm schon vorher alles erzählt. Für das Geld hätte es der Vater jedenfalls auch gemacht. Das Ding in Dresden toppe schließlich alles. Die Münze, das KaDeWe, einfach alles. Das sagt sie nicht ohne Stolz und fügt noch hinzu: »Er hat mein Herz mitgenommen. Ich fühle mich so, als ob ich mein ganzes Leben verloren habe. (...) Er ist jetzt Staatsfeind Nummer 1.«

Neun Stunden nach dem Gespräch laufen dann Kriminalpolizisten in der Mannheimer Hochhaussiedlung auf. Sie sind zu siebt, offenbar rechnen sie auch hier wieder mit Widerstand. Die Männer sollen das Handy von Bashirs Verlobter einkassieren. Ein Richter hat der Durchsuchung mündlich zugestimmt. Es geht um die Kommunikation zwischen Bashir und seiner Verlobten.

Bevor die Kripo in Mannheim die Wohnung in der sechsten Etage stürmt, beobachtet sie einen kleinwüchsigen Mann, der um 7.15 Uhr das Appartement verlässt. Es ist der geistig eingeschränkte Bruder der Verlobten. Die Polizei kontrolliert ihn, um sich ein Bild von der Wohnung zu machen, und der Mann gibt bereitwillig Auskunft: Ja, es sind alle zu Hause, und nein, sie haben keinen Hund. Dann übergibt er den Beamten sogar seinen Wohnungsschlüssel.

Den braucht die Polizei aber nicht, weil der Fahrer des Behindertenbusses, der den Mann abholen wollte, gerade in diesem Moment bei den Eltern klingelt. Als die Mutter die Tür öffnet, drängt der Trupp in die Wohnung. Bashirs Verlobte ist im ersten Zimmer auf der linken Seite. Sie rückt freiwillig ihr Handy heraus inklusive der PIN. Dann spielt die Familie noch ein bisschen Theater. Angeblich habe seine Tochter keinen Kontakt mehr zu »dem« aus Berlin. Behauptet der Vater. Die Verlobung mit »dem« sei wieder gelöst worden wegen »dessen« Drogengeschichte. Dann brüllt er seine Tochter an, er habe doch ein Kontaktverbot mit »dem da« erlassen. Die Verlobte beteuert, sie habe keine Nummer mehr von »ihm« im Handy. Sie habe die Kontaktsperre nicht verletzt. Der Name Bashir fällt kein einziges Mal.

Das Handy fliegt dann mit einem Hubschrauber auf dem schnellsten Weg nach Dresden. Von den ursprünglichen Zielpersonen sind jetzt nur noch Abdul Majed und Mohamed auf der Flucht.

Mohamed Remmo

Vier Wochen nach der Riesenrazzia hat dann Mohameds Freundin eine Autopanne. Das will sie unbedingt Mohamed mitteilen, mit dem sie über ein »sauberes« Telefon in Kontakt ist. Allerdings liegt dieses Handy gerade zu Hause versteckt im Schrank. Deshalb ruft sie ihre Schwester an. Das Gespräch hören die Zielfahnder mit.

Mohameds Freundin bittet ihre Schwester, dass »saubere« Handy aus dem Schrank zu holen und »ihr« eine Sprachnachricht zu übermitteln. Mit »ihr« ist Mohamed gemeint, da sind sich die Fahnder einigermaßen sicher. Alles solle heimlich passieren, damit die Mutter nichts mitbekommt, sagt die Freundin noch. Nachdem die Sprachnachricht abgeschickt ist, wird das »saubere« Telefon kontaktiert. Die Schwester hebt ab. Die Fahnder hören eine männliche Stimme. Wahrscheinlich Mohamed. Die Freundin lässt ausrichten, dass sie sich später meldet. Die Zielfahnder wollen nach dem Telefonat die Funkzellendaten auswerten, um so an die Handynummer von Mohamed zu gelangen. Doch das ist nicht mehr nötig.

Am nächsten Tag observiert das Mobile Einsatzkommando (MEK) Mohameds Freundin. Um kurz vor 18 Uhr entdecken die Polizisten die junge Frau im Renault Twingo eines Pflegedienstes. Als sie aussteigt, notieren die Beamten: schwarzes Kopftuch, braune Lederjacke, schwarze Hose, weiße Schuhe. Um 18.40 Uhr hält der Twingo vor einem einstöckigen Haus in der Neuköllner Jahnstraße. Von dort läuft die Frau zum nahe gelegenen Teltowkanal. Dieses Mal hält das MEK Abstand. Die Gefahr ist zu groß, dass die Observation auffliegt. Um 18.55 Uhr beobachtet ein Polizist, wie sich zwei Personen auf einer Parkbank am Teltowkanal küssen. Anschließend spaziert das Paar am Ufer entlang. Eine Identifizierung ist schwierig. Es ist schon dunkel. Außerdem trägt der Mann eine Corona-Maske. Um 19.21 Uhr erreicht das Paar wieder den Twingo. Das ist der Moment, an dem die Polizei zuschlägt. Der Mann ist tatsächlich Mohamed.

Als die Soko Epaulette ihn nach Dresden bringt, quatscht er mit einem Kriminalhauptkommissar. Er sei die ganze Zeit in einem billigen Hotel gewesen, das seine Freundin bezahlt habe, erzählt er. So steht es jedenfalls im Vermerk. Zu seinem untergetauchten Bruder Abdul Majed habe er keinen Kontakt gehabt. Aber der würde sich vermutlich selbst bald stellen.

Damit liegt Mohamed allerdings falsch. Auch Abdul Majed wird nicht freiwillig kommen. Zum Verhängnis wird ihm am Ende wieder ein Telefongespräch.

Kapitel 15

Das Jahr 2021

Im Gefängnis

Zwei Alphamännchen ringen um den Chefsessel in einer Groß-familie. Der erste Rivale hat mehr Köpfe im Rücken. Der zweite ist bissiger, härter, charismatischer. Masse versus Willen. Am Ende setzt sich die Masse durch. Armin Laschet wird Kanzlerkandidat der Union. Gegen den CSU-Ministerpräsidenten Markus Söder.

Im Jahr 2021 kennt Deutschland nur zwei Themen: Corona und die Bundestagswahl. Beides ist auch für die Rammos interessant. Corona, weil sich mit jeder Krise potentiell Geld machen lässt. Und die Politik, weil sie einen direkten Einfluss hat auf die Polizeiarbeit, das gesellschaftliche Klima und die Gerichte. Und vielleicht auch, weil Political Correctness und die aufgeklärte Rassismusdebatte in den linken Parteien bei aller Berechtigung den Clans und ihren Geschäften in die Karten spielt. Für Walid Remo, der seinen Sohn Rabieh in der Untersuchungshaft besucht, sind Grüne und Linke jedenfalls die einzigen Parteien, die wählbar sind. Und CDU und SPD sind nichts anderes als »Clanmafia«. So steht es in dem Transkript des Polizisten, der das Vater-Sohn-Treffen im Gefängnis überwacht. Untersuchungshäftlinge dürfen mit ihren Verwandten nicht über die Ermittlungen reden. Deshalb sitzt ein Beamter immer mit am Tisch.

Ein weiteres Bonmot von Walid Remo bei diesem Vater-Sohn-Gespräch ist: »Sind doch alle nur neidisch auf die Familie Remmo, weil wir es durch ehrliche und harte Arbeit zu was gebracht haben.« Entweder ist der Mann ein Komiker. Oder Begriffe wie »Ehrlichkeit« und »harte Arbeit« haben bei den Rammos eine grundlegend andere Bedeutung.

Fakt ist: Vier Rammos sitzen in Haft; Rabieh, Mohamed, Bashir und Wissam. Abdul Majed ist immer noch untergetaucht. Ganz Berlin rätselt, ob er sich in der Türkei oder im Libanon versteckt. Auch die Identität des sechsten Mannes kennt die Soko noch nicht. Und dass vier Rammos verhaftet sind, heißt nicht, dass es am Ende auch viermal für einen Schuldspruch reicht. Beweise zusammentragen gehört in den nächsten Monaten weiterhin zur Standardarbeit der Soko Epaulette. Wobei das Wort »Standardarbeit« die Anstrengungen nicht wirklich korrekt beschreibt. Richtiger wäre: Experimentelle Beweissicherung. Sie beginnt mit einem Besuch bei Rabieh Remo in der Justizvollzugsanstalt Görlitz.

»Hallo Herr Remo, wir sind von der Polizeidirektion Dresden, Soko Epaulette«, erklärt eine Polizistin mit Streifenbluse und Ponyfrisur. »Ich erkläre Ihnen erst einmal, worum es geht. Wir führen heute eine erkennungsdienstliche Maßnahme auf Antrag der Staatsanwaltschaft mit Ihnen durch.«

»Hmmmm«, antwortet Rabieh Remo. Er steht in kurzen Hosen und Badelatschen in einem gelben Raum. An der Decke Neonröhren, am Boden graues Linoleum. Rechts beschriftet ein Kollege irgendwelche Amtssiegel. Außer ihm ist noch ein Aufpasser mit im Raum. Ein kantiger Polizist einer Spezialeinheit. Die Polizistin ist verantwortlich für die Formalitäten. Sie liest von einem Zettel ab:

Die Hundespur

»Ihnen wird zur Last gelegt, am 25.11.2019 ab 4.23 Uhr mit weiteren Mittätern ...« Weiter kommt sie nicht. Rabiehs Geduld ist zu Ende: »Wegen was bin ich jetzt hier ganz genau?«

Polizistin: »Wir führen eine erkennungsdienstliche Maßnahme durch und nehmen von Ihnen fünf Geruchsproben.« Diese Proben werden dann in fünf Gläser verpackt und sollen später Spezialhunden der Polizei als Geruchsreferenz dienen. Jeder Mensch hat eine individuelle Note. Auf diese Weise will die Polizei die Anwesenheit der Tatverdächtigen am Tatort beweisen. Fast eineinhalb Jahre nach der Tat.

Das funktioniert manchmal erstaunlich präzise. Die Hunde sind darauf trainiert, sich genau dort hinzusetzen, wo sie den

Geruch aus der Flasche wiedererkennen. Manchmal läuft es auch umgekehrt. Dann fasst ein Einbrecher einen Gegenstand an, und die Kriminaltechniker reiben ihn danach mit einem speziellen Tuch ab und sichern dort die Geruchsspur. Der Hund identifiziert danach den Tatverdächtigen anhand dieser Probe.

Ein Aufpasser zieht deshalb Rabieh das T-Shirt über den Kopf. Der Mann hebt die massigen Arme. Der zweite Beamte reibt mit einer Kompresse unter den Achseln, am unteren Rücken und am Bauch. Der Häftling bietet viel Fläche. Das Tuch verschwindet danach in einem Glas, das zuerst mit Alufolie und danach mit einem Deckel verschlossen wird. Zum Schluss wird die Probe versiegelt. Alles dokumentiert von einer Kamera. Gegen 9.30 Uhr kann Rabieh zurück in die Zelle.

Die Soko Epaulette fährt nicht nur nach Görlitz. Auch Bashir, Mohamed und Wissam müssen die Prozedur ertragen. 20 Gläser, vier Gerüche, ein Ziel.

Eine Woche später kommen die Hunde im Polizeipräsidium in Dresden zum Einsatz. Aus Schleswig-Holstein sind Tiger und Kasha in zwei Mercedes-Transportern angereist. Die beiden sind darauf spezialisiert, in geschlossenen Räumen humane Geruchsspuren zu identifizieren. »Geruchsdifferenzierungshunde« ist ihre offizielle Bezeichnung.

Aus Sachsen sind außerdem Olivia, Fahra und Gerda dabei. Diese drei sind sogenannte Mantrailing-Hunde, die im Freien eine Fährte aufnehmen können. Die Beweiskraft ist in beiden Fällen umstritten. Damit die Ergebnisse überhaupt eine Chance vor Gericht haben, müssen zwei Hunde das Gleiche anzeigen. Die Tiere dürfen nicht vom gleichen Hundeführer betreut sein. Und der zweite Hund darf nicht anwesend sein, wenn der erste sucht. Abgucken zählt nicht.

Lange und intensiv haben Polizei und Staatsanwaltschaft diskutiert, wie sinnvoll der Einsatz nach einer so langen Zeit ist. Wissenschaftlich gesehen wagt sich die Soko Epaulette jedenfalls auf ganz dünnes Eis. Aber am Ufer zu bleiben wäre noch schlimmer als baden zu gehen. Schließlich geht es um die Juwelen.

Am 23. März 2021 erhalten die Teams um acht Uhr ihre Kiste mit einer Geruchsprobe von jedem Rammo. Außerdem bekommen sie das »Führungs- und Einsatzmittel«: Videokamera, Fotoapparat und SD-Karten. Der Tag muss penibel dokumentiert werden, wenn er Aussagekraft haben soll. Damit fahren die Teams in Autos ohne Polizeiaufschrift zum Grünen Gewölbe. Bloß kein Wirbel. Sonst kommt noch die Presse und stört die sensiblen Nasen.

Zuerst sind die Mantrailing-Hunde an der Reihe. Gerda ist ein Bloodhound. Belgische Rasse mit feinem Geruchssinn, ursprünglich gezüchtet, um blutende Hirsche und Wildschweine im Wald zu verfolgen. Um 9.30 Uhr schneidet der Hundeführer eine luftdichte Klarsichttüte auf und öffnet das Glas. Es enthält den Geruch von Bashir Remmo. Gerda steht stoisch vor der berühmten Mauer am Einstiegsfenster. Ungefähr einen Meter von der Stelle entfernt, an der die Kriminaltechniker damals seine DNA gesichert haben.

Sechs Sekunden lang hält Gerdas Chef das Tuch über die Nase des Bloodhounds. Gerda schüttelt sich, dreht sich um die eigene Achse und läuft los. Die DNA-Stelle ignoriert sie. Sie läuft Richtung Elbe zum Pegelhaus. Der Ausbilder marschiert stramm hinterher. Kurz bevor sie den zweiten Tatort erreicht, dreht die Hündin um und läuft rüber zur Semperoper. Nach 3 Minuten und 47 Sekunden bricht der Hundeführer ab. Gerdas Nase hat die Spur verloren.

Zwanzig Minuten später ist Fahra mit derselben Geruchsprobe an der Reihe. Fahra ist ebenfalls eine Bloodhound-Hündin. Sie läuft als Erstes zur DNA-Stelle. Dann rennt sie los. Der Hundeführer hat Mühe zu folgen. Auch Fahra läuft Richtung Elbe, biegt dann zum Zwinger ab und von dort weiter zur Semperoper. Auf einem Parkplatz hinter der Oper endet die Fährte. Haben die Rammos hier in der Tatnacht den Audi geparkt, bevor sie zum Fenster gingen?

Bei allen vier Geruchsproben laufen die Hunde zuerst nach Norden. Entweder endet die Fährte in der Nähe des Pegelhauses. Oder hinter der Oper. Für die Hundeführer liegt der Fall klar: Alle vier Tatverdächtigen befanden sich in der Nähe des Schlosses und waren an der Tat wahrscheinlich beteiligt.

Einen Tag später sind die Hunde aus Schleswig-Holstein im Grünen Gewölbe dran. Um 9.10 Uhr bekommt Kasha ihre erste Probe. Wieder ist es zuerst Bashir. Die Schäferhündin klappert das Einstiegsfenster im Pretiosensaal ab. Aber sie zeigt nichts an. Das Tier rennt weiter ins Juwelenzimmer, wo früher die Juwelen lagen. Keine Reaktion. Wahrscheinlich war Bashir nicht im Gebäude gewesen.

Um 9.57 Uhr wird Kasha auf Wissam angesetzt. Minutenlang beschnuppert das Tier den gefliesten Fußboden und die Holzverkleidung an den Wänden im Pretiosensaal. Nach fast fünf Minuten setzt sich Kasha hin. Für den Hundeführer hat sie damit Wissams Geruch gefunden. Danach läuft die Hündin durchs Wappenzimmer ins Juwelenzimmer. Hier geht es fix. Zuerst setzt sich Hündin unters Fenster. Kurz danach direkt unter die angegriffene Vitrine.

Um 10.11 Uhr geht Tiger auf die Suche nach Wissam. Auch er ist ein Schäferhund. Auch er setzt sich am Einstiegsfenster und bei den Vitrinen hin. Zwei Hunde, dasselbe Ergebnis. »Wissam war ganz klar im Grünen Gewölbe«, sagen die Hundeführer. Billiger Hokuspokus, wird Wissams Anwalt später behaupten.

Auch Mohameds Geruch findet Kasha am Fenster und an der Vitrine. Tiger setzt sich nur am Fenster hin. Keine Reaktion im Juwelenzimmer. Dennoch ist für die Ermittler klar, wer im Grünen Gewölbe die Vitrinen zerhackte. Der Staatsanwaltschaft schreibt in die Anklageschrift:

»Um 4.57 Uhr kletterten Mohamed und Wissam Remmo durch die Gitteröffnung und das aufgedrückte Fenster in den Pretiosensaal des Historischen Grünen Gewölbes und begaben sich zielgerichtet durch das Wappenzimmer in das Juwelenzimmer zu drei Vitrinen mit den Juwelengarnituren Augusts des Starken.«

Schon zwei Tage nach der Aktion beanstanden die Anwälte von Rabieh Remo die Vorgehensweise. Sie hätten »mit Befremden zur Kenntnis genommen«, dass die Mantrailer-Hunde ohne ihre Anwesenheit geschnuppert haben, schreiben sie. Und sie säen erste Zweifel an der Methode. Könnte es nicht sein, dass die Anwälte den Tatort mit Rabiehs Geruch kontaminiert haben? Schließlich seien sie Ende Januar zuerst im Knast bei ihrem Mandanten gewesen und hätten sich anschließend die Mauer am Einstiegsfenster angeschaut. Vielleicht hätten sie dabei eine Geruchsspur von Görlitz nach Dresden geschleppt.

Die Soko interpretiert den Sachverhalt naturgemäß anders. Wenn die Argumentation der Anwälte richtig wäre, würden sie gleichzeitig der Tatsache zustimmen, dass Hunde prinzipiell in der Lage seien, auch nach längerer Zeit das Bewegungsprofil einer Person zu rekonstruieren.

Die Videoanalyse

Trotzdem wird dieses Ergebnis nur eine Randnotiz in der Argumentation vor Gericht darstellen können, da sind sich die Ermittler sicher. Ähnliches gilt für die Auswertung der Videobilder. Im sächsischen Landeskriminalamt traut sich kein Experte zu, anhand der Aufnahmen aus dem Grünen Gewölbe die Größe der vermummten Täter zu berechnen. Damit aber ließe sich eingrenzen, wer von den Rammos in der Tatnacht auf die Vitrinen eingedroschen hat. Wissam misst beispielsweise 185 Zentimeter, Rabieh fünf Zentimeter weniger.

Auch für einen Spezialisten aus Berlin sind die Bilder zu schlecht, um eine gesicherte Aussage treffen zu können. Nur Professor Labudde aus Mittweida traut sich eine Größenbestimmung zu. Er gibt die mögliche Fehlertoleranz bei der Berechnung mit lediglich 1,1 Zentimeter an. Das ist den Ermittlern wiederum zu genau. Schließlich wurde Labuddes Gutachten beim Goldmünzen-Prozess in Berlin von den Anwälten damals zerpflückt. Nur mit dem Gutachten aus Mittweida bewaffnet steigt jetzt kein Staatsanwalt mehr in den Ring. Deshalb wird ein Institut aus München für eine dritte Analyse beauftragt.

Die Soko möchte außerdem eine wissenschaftliche Expertise aus Bayern, ob der zweite Täter wirklich ein Linkshänder war. Ein Polizist hatte zu der Frage eine eigene Versuchsreihe mit zehn Testpersonen gestartet. Aber Kommissare sind keine Biomechaniker. Von den Tatverdächtigen ist nur Mohamed ein Linkshänder. So steht es in alten Akten der Berliner. Um dieses Indiz zu untermauern, protokollieren die Polizisten sehr genau jede Geste Mohameds, wenn er im Knast besucht wird.

»Herr Remmo formte dabei die linke Hand als Telefon« ... »Er krault ausschließlich mit der linken Hand den Bart.« So schreibt eine Polizeikommissarin beispielsweise über einen Besuch seiner Mutter.

Im Juni erstellen die Auswerter eine Tabelle mit Größe, Gewicht und Schuhgröße der Tatverdächtigen. Die Daten bekommen sie aus Berlin. Dort sind die Rammos von der Polizei oft gewogen und gemessen worden. Ahmed mit 13 Jahren zum ersten Mal, da war er noch gar nicht strafmündig. Rabieh wog bei seiner Premiere 65 Kilogramm (2008). Aktuell hat er fast das Doppelte. Die Daten von Mohamed irritieren die Ermittler. 2020 ist er mal 1,83 Meter groß. Dann wieder 1,87 Meter. Für die Soko Epaulette ist er einer der beiden Täter, die im Grünen Gewölbe waren. Das haben die Hunde aus Schleswig-Holstein bestätigt. Das in München beauftragte Körpergrößen-Gutachten soll das Indiz absichern. Das geht aber nur, wenn die exakte Größe des Mannes feststeht. Die Soko legt im Gefängnis noch einmal die Messlatte an. Mohamed misst nur 1,79 Meter. Mit Schuhen sind es 1,82 Meter.

Ende Juli kommt das Körpergrößen-Gutachten aus München. Obwohl die Bilder mies sind, hat das Institut gerechnet. Die am wenigsten schlechten Aufnahmen vom ersten Täter haben die Experten im Juwelenzimmer gefunden. Aufgenommen von den Kameras K207, K215 und K228. Der zweite Täter ist am deutlichsten im Wappenzimmer zu sehen. Die Gutachter setzen die Bilder in Relation zu den Aufnahmen von acht Polizisten, die dieselben Kameras nach dem Einbruch ebenfalls im Grünen Gewölbe filmten. Von den Beamten ist die exakte Körpergröße bekannt.

Das Ergebnis lautet: Für die Münchener ist Täter A zwischen 1,80 und 1,86 Meter groß. Täter B liegt zwischen 1,74 und 1,82 Meter. Die Expertise entspricht der bisherigen Recherche. Wissam ist 1,85 Meter groß. Mohamed 1,79 Meter. Zur Ehrenrettung von Professor Labudde aus Mittweida sei noch gesagt, dass er die Größen der Täter mit 1,85 Meter und 1,79 Meter berechnet. Das entspricht auf den Punkt der Größe der beiden Verdächtigen.

Das Münchener Gutachten äußert sich dann auch noch zur Händigkeit. Täter A (Wissam) ist Rechtshänder. Täter B (Mohamed) könnte beides sein. Das steht zumindest nicht im Widerspruch zu den Gegebenheiten.

Neues von der Handyüberwachung

Für die Soko reichen all diese Übereinstimmungen und Indizien trotzdem noch nicht. Weitere Beweise für eine Tatbeteiligung erhofft sie sich von den dutzenden Telefonen und Tablets, die sie bei der Riesenrazzia beschlagnahmt hat. Vielleicht finden sich darin auch noch Antworten auf die anderen offenen Fragen: Wo ist der flüchtige Abdul Majed? Wer ist der sechste Mann? Und wo ist die Beute? Ohne die Juwelen ist die Arbeit der Ermittler nicht besonders viel wert. Egal, wie viele Rammos schon hinter Gitter sitzen.

Außerdem wird das soziale Umfeld der Täter weiterhin observiert. Von besonderem Interesse sind dabei die größeren Brüder der verhafteten Remmos. Offenbar versuchen sie nach der Razzia, den Kontakt zu den Verhafteten selbst in den Knast hinein aufrechtzuerhalten. Zum Beispiel am 5. Februar 2021.

Da entdecken um 1.44 Uhr Justizbeamte auf ihren Monitoren vier junge Männer am Zaun der Jugendstrafvollzugsanstalt (JSA) Regis-Breitingen. Das Gefängnis liegt 30 Kilometer südlich von Leipzig. Die Typen stehen am westlichen Zaun beim Flüsschen Pleiße. Einer von ihnen unterhält sich mit dem Gefangenen Mohamed Remmo, aber bevor die Wachmänner eingreifen können, sind die vier Männer schon wieder in der Dunkelheit verschwunden. Später wertet ein Polizist in Dresden die Kamerabilder aus. Er vermutet die Brüder Ahmed und Wayci Remmo unter den Zaungästen. Für eine eindeutige Identifizierung sind die Bilder zu schlecht. Allerdings sind genau an diesem Tag die überwachten Smartphones von Ahmed und Wayci in der Nähe der Anstalt eingeloggt.

Das nächste Mal tauchen die Handys der beiden am 16. Februar in der Funkzelle in Regis-Breitingen auf. Morgens früh gegen fünf Uhr. Ein paar Stunden später finden Justizbeamte eine schwarze Socke der Größe 43 bis 46 auf dem Anstaltsgelände. Die Socke ist umwickelt mit rotem und grünem Klebeband. Das Gewicht lässt darauf schließen, dass sich im Inneren ein Handy befindet. Die Gefängnisleitung geht davon aus, dass es für Mohamed Remmo bestimmt war. Ohne das Paket zu öffnen, wird es direkt zur Soko Epaulette nach Dresden geschickt. Dort finden die Ermittler ein iPhone 6 und Marihuana. Aufprallgeschützt durch Klopapier und Pappe. Und stabilisiert durch das Klebeband.

Handys sind für Gefangene wichtiger als Zahnbürste und Kopfkissen. Nicht nur, um abends Schatzis Stimme zu hören. Auch um die Geschäfte am Laufen zu halten. Die Berliner Clan-Größe Abdallah Abou-Chaker beispielsweise hat aus der Zelle heraus mit gebunkerten Handys seine Prostituierten bedroht und das ganze Gewerbe gesteuert.

Rabieh Remo sitzt aber nicht Berlin. Sondern in Görlitz. Das ist eine andere Welt. In Görlitz sitzen viele Polen. »Mit den Zigeunern« könne er nichts anfangen, sagt er zu seinem Vater während eines Besuchs. Rabieh darf nicht arbeiten. Immerhin Sport. Aber der gehört eigentlich auch nicht zu seinen Hobbys. Er nutzt häufig ein geschmuggeltes Samsung Galaxy S8 und ruft seine Cousine an. Die Cousine ist auch seine Ehefrau. Also vor Allah. Beim Standesamt waren sie nie. Die Telefonate fallen schnell auf. Die Soko Epaulette überwacht das Handy der Ehefrau.

Am 16. Februar geht in Görlitz abrupt die Zellentür auf: »Zellenkontrolle.« Vier Polizisten betreten den Raum. Rabieh liegt mit seinem Samsung im Bett. Er rückt das Gerät freiwillig heraus. Aber nicht den PIN.

Vier Tage zuvor ist seine Zelle schon einmal durchsucht worden. Davon erzählt er seiner Frau in Berlin. Das hat Folgen.

Die Frau quatscht sich mit zwei Schwestern in Rage. Alles aufgezeichnet und ausgewertet in Dresden. Jemand aus der Familie müsse Rabieh verraten haben, lautet der Verdacht der Schwestern. Eine will von ihrem Schwager gehört haben, dass es dessen Schwester gewesen sei. Die wäre sowieso eine Schmutzige.

Eine der Schwestern sagt: »Ich muss ihr die Haare zerren, und dann hat man Ruhe. Die Schlampe hat Angst.« Dann lästern die Frauen noch über den Fußballer Jérôme Boateng. Dessen Ex-Freundin Kasia hat sich drei Tage zuvor das Leben genommen. An Selbstmord glauben die Frauen nicht. Der »Affe« Boateng stecke dahinter. Rassismus ist bei den Clans weit verbreitet. Fast so stark wie Homophobie. Rabiehs Frau über Boateng: »Er arbeitet mit dem Teufel. Ich habe sofort geglaubt, dass sie sich nicht umgebracht hat. Sie hat einen Sohn, was will sie mehr. Ihr hat gar nichts gefehlt.«

»Die Schmutzige«, die die Schwestern meinen, ist die Ehefrau von Abbas O., dem Mann mit den Geheimratsecken aus Rotenburg. Auch sein Telefon wird abgehört. Deshalb sind die Ermittler live dabei, als das Familienduell in die nächste Runde geht. Am 16. Februar ruft die vermeintliche Verräterin ihren Mann an. Völlig aufgelöst. Das Gespräch ist eine wilde Mischung aus Arabisch und Deutsch. Die Frau heult ins Telefon:»Der Maniak (Arsch), der Hurenbruder ... hat mich geschlagen.«

Im Hintergrund hört man einen Polizisten:»Was ist hier passiert? Ausweise bitte.«

Abbas O. brüllt in den Hörer:»Rede mit mir, wer ist der Maniak? Gib mir seine Nummer! Gib mir seine Nummer!«

Stattdessen erzählt die Frau dem Polizisten ein Märchen: Es sei ihre Schwägerin Sarah gewesen, die sie geschlagen hat. Noch immer ist Abbas O. in der Leitung.»Sarah hat dich geschlagen?«, fragt er.

»Nein, er, der Maniak.«

»Hat er dich richtig geschlagen?«

»Ich rufe dich an, wenn diese Schmutzigen weg sind.«

»Bleib dran. Scheiß auf die Polizei!«

Dann reißt die Verbindung ab. Aus weiteren Gesprächen filtern die Zuhörer in Dresden heraus, wer die Frau mit blanken Fäusten verprügelt hat. Es war der eigene Bruder, der gleichzeitig der Ehemann einer der lästernden Schwestern ist. Er hat auch seine Mutter geschlagen. Intrigen, Neid und Hurenbrüder. An einem Ende des Clans entspringt ein Gerücht, und eine Abstammungslinie weiter schlägt ein Mann die Frau, die ihn geboren hat.

Der sechste Mann und die fünfte Verhaftung

Das Audiodrama am Telefon bringt die Zuhörer in Dresden keinen Zentimeter weiter. Schon gar nicht in die Nähe der Juwelen. Aber sie lernen, wie das System funktioniert. Nach außen tritt der Clan geschlossen auf. Eine Einheit, eine Macht. Niemals würde die geschlagene Mutter ihren Sohn vor Gericht belasten. Wenn sechs

Cousins beim Einbrechen erwischt werden, ist allen klar, dass keiner singt. Die Soko Epaulette sollte nicht darauf hoffen, dass einer der Inhaftierten auspackt.

Schon gar nicht über den sechsten Täter. Tatverdächtig für die Soko sind noch Bashirs Brüder Jihad und Ibrahim. Sie hatten in der Tatnacht engen Kontakt zu den Verhafteten. Aber von ihnen gibt es keine DNA-Treffer. Nicht am Dresdner Schloss, nicht im Mercedes.

Topfavorit auf den sechsten Platz ist Ahmed Remmo. Der große Bruder von Abdul Majed und Mohamed. Drahtzieher beim Raub der Goldmünze aus dem Bode-Museum. Kein Szenekenner in Berlin glaubt, dass die junge Generation ohne den älteren Bruder losgezogen ist. Szenekenntnis reicht aber nicht. Beweise, Indizien, Aussagen, so etwas bräuchte die Soko. Das Labor hat Ahmeds DNA im Taxi-Mercedes auf dem An-Aus-Knopf für die Klimaanlage entdeckt: Spur BER001.102.62. Und am Getränkehalter: Spur BER136.1. Zweimal nur Mischspuren. »Eine individuelle Zuordnung kann aufgrund ungünstiger Mischungsverhältnisse nicht erfolgen«, steht im Gutachten. Das reicht eigentlich nicht für einen Haftbefehl.

Jörg Bozenhard findet, dass es trotzdem reichen muss. Der Chefauswerter der Soko Epaulette fasst seine Überlegungen in einem zweiseitigen Bericht zusammen. Kernpunkte sind der Modus Operandi bei der Goldmünze, Ahmeds soziale Kontakte und die DNA-Spur im Mercedes. Fertig ist der Tatverdacht.

Bevor die Soko bei Ahmed richtig loslegt, wird allerdings noch eine andere Lücke geschlossen.

Am 16. Mai 2021 macht Abdul Majeds Schwester den einen entscheidenden Fehler. Sie ist die Jüngste in der Familie. Auf den Ausrutscher haben die Zielfahnder seit November gewartet. Es passiert kurz nach Mitternacht um 0.28 Uhr. Die 18-Jährige telefoniert mit ihrer Mutter übers Festnetz. Plötzlich sagt die junge Frau: »Majed ist oben in der Wohnung.«

Abdul Majed ist seit der Riesenrazzia vor sechs Monaten untergetaucht. Halb Neukölln hat ihn im Libanon oder in der Türkei vermutet. Oder irgendwo bei Verwandten in Deutschland. Sein Vater hat 15 Geschwister, seine Mutter neun. Unmöglich für die Polizei, alle Wohnungen zu überwachen. Jetzt ist klar, wo er sich die ganze Zeit versteckt hat. Bei Mama. Die Schwester hatte schon einmal am Telefon vom »Iman« gesprochen, der traurig sei, weil alle anderen zum Fastenbrechen zur Oma gingen. Die Zielfahnder in der Leitung haben hinter dem »Iman« Abdul Majed vermutet. Sie lagen richtig.

Schon am nächsten Abend stürmen die Maskenmänner das Haus. Es ist die Truppe mit dem legendärsten Ruf in Deutschland. Seit Mogadischu 1977 und der Entführung der »Landshut«. Jetzt bringt sich die Spezialeinheit GSG 9 während der Tagesschau vor einem Altbau am Treptower Park in Position. Die Eltern von Abdul Majed wohnen noch nicht lange hier. Die vorherige Wohnung ist ausgebrannt.

Für die Spezialeinheit ist es eine Routine-Nummer. Mit der Ramme durch die Tür. Im Bericht heißt es: »Die GSG 9 realisierte den Zugriff des Beschuldigten.« In ihrem Schlepptau kommt die Soko Epaulette in die Wohnung. Als die Masken wieder abziehen, beginnt die Schreierei. Die Mutter ist halb ohnmächtig. Zumindest tut sie so. Ein Rettungswagen kommt. Die Mutter droht, sich mit einer Schere zu verletzen. Sie wird eingewiesen. Berliner Polizisten sichern den Transport in die Klinik. Im Wohnzimmer sitzt die 18-jährige Schwester, die den Tsunami ausgelöst hat. Ihre Zwillingsschwester ist auch da. Mit ihrem Baby. Der Vater ist ein hochkrimineller Cousin. Auch Abdul Majeds Verlobte sitzt auf dem roten Ledersofa im Landhausstil. Sie ist seine Cousine (die Mütter sind Schwestern). Auch die Väter sind miteinander verwandt. Aber nicht ganz so eng.

Die Zwillingsschwestern übertrumpfen sich im Anbrüllen der Polizisten. Nur der Vater sitzt stoisch im Sessel und bietet der Polizei Kekse an. »Geistesabwesend und in sich gekehrt«, schreibt eine Beamtin später in ihren Bericht.

Im Wohnzimmer finden die Beamten einen Ordner mit Dokumenten vom Jobcenter. Abdul Majed hat vor einem Jahr Hartz IV beantragt. Sein Vermögen gab er damals mit 19,32 Euro an. Fünf Tage später war er mit 5000 Euro Urlaubsgeld auf dem Weg in die Türkei.

Um 22.50 Uhr ist die Mutter wieder zurück aus der Klinik.

Um 0.13 Uhr entdeckt ein Polizist die Schatulle einer Rolex-Uhr, deren Seriennummer sich im Polizeicomputer befindet. Offenbar geklaut. Später stellt sich der Vorwurf als falsch heraus. Um 2.32 Uhr zieht der Vater schweigend seine Jacke an und verlässt die Wohnung. Er will zum Beten. Um 3.20 Uhr verschwindet auch die Polizei wieder aus der Wohnung.

Jetzt sind fünf Remmos vom Markt genommen. Es fehlt der sechste Mann. Im Visier der Fahnder ist Ahmed, Bruder der beiden festgenommenen Zwillinge Abdul Majed und Mohamed. Beweise müssen her. Acht Tage nach der Festnahme von Abdul Majed erlaubt ein Dresdner Richter, dass die gesamte Altbauwohnung am Treptower Park erneut durchsucht wird. Ausführende Einheit ist diesmal die 35. Einsatzhundertschaft der Berliner Polizei. Eine robuste Truppe, die häufig fürs Clanmilieu angefordert wird. Es besteht der Verdacht, dass Ahmed Remmo ein sogenanntes Krypto-Handy benutzt. Damit chattet vor allem die Unterwelt. Dieses Telefon will die Soko unbedingt haben.

Als die Einheit um 10.20 Uhr den Altbau stürmt, liegt Ahmed noch bei seinen Eltern im Bett. Die Schwestern zetern wie beim ersten Mal. Auch der Vater sitzt wieder genauso abwesend in seinem Sessel. Nur die Mutter muss nicht in die Klinik. Insgesamt dauert der Einsatz in der Wohnung nur zwei Stunden. Das Krypto-Handy finden die Beamten nicht. Als sie einpacken, nehmen sie Ahmed Remmo mit aufs Revier.

Dort muss auch er sich jetzt am Oberkörper nackt machen, damit die Polizei Geruchsproben nehmen kann. Diese »Anordnung der erkennungsdienstlichen Behandlung«, wie es im Behördendeutsch heißt, muss kein Richter absegnen. Geruchsproben darf die Polizei einfach so vornehmen. Ahmed ruft seinen Anwalt an. Die Polizei will seine »Körperteile in Alufolie einwickeln«, übermittelt er. Der Verteidiger erklärt, die Soko brauche einen richterlichen Beschluss dafür. Natürlich verweigert Ahmed jetzt jede Mitarbeit. Die Polizei solle bei so was bitteschön vorher einen Termin machen mit ihm. Am Ende fügt er sich trotzdem. Aber er will der Kamera bei der Probenentnahme nur den Rücken zeigen. Außerdem soll die Polizistin den Raum verlassen. Um 14.49 Uhr sind dann alle Kompressen im Glas. Ahmed besteht darauf, über die Siegel seinen Namen zu schreiben. Er hat Angst, die Soko könnte die Proben manipulieren.

Am 8. Juni bekommt dann die Bloodhound-Hündin Olivia am Dresdner Schloss einmal Ahmed im Glas vor die feine Nase gesetzt. Das Tier findet eine Fährte und läuft auch jetzt Richtung Elbe. Nach 160 Metern verliert Olivia die Spur auf dem Theaterplatz.

Der zweite Hund nimmt ebenfalls eine Fährte auf, läuft aber eine andere Route. Er biegt rechts an der Hofkirche ab und läuft zum Schlossplatz. Die Soko zieht trotzdem den Schluss: Ahmed war am Schloss. Er muss der sechste Mann sein.

Daraufhin unterschreibt ein Richter Mitte August das rote Dokument. Den Haftbefehl gegen Ahmed Remmo. Es lohnt sich, dieses Papier genauer zu lesen. Das Amtsgericht Dresden listet darin auf, was die Soko Epaulette bisher zusammengetragen hat: Kauf der Autos, Vorbereitung, Einbruch, Flucht. Das ganze Drehbuch eben.

Interessant ist die Begründung für einen ausreichenden Tatverdacht.

Erstens: Die Videoaufnahmen vom Residenzschloss und
           von der Kamera vor dem Ballhaus Watzke.
Zweitens: Die kriminaltechnische Untersuchung der Tatorte.
Drittens: Die Verkehrskontrolle vor der Tat in Berlin.
Viertens: Die DNA-Spuren an der Mauer und im Flucht-Taxi.
Fünftens: Der Mantrailer-Einsatz der Hunde.

Die ersten drei Punkte sind kompletter Unsinn. Ahmed ist auf keinem Bild identifizierend zu sehen. Die Kriminaltechnik hat an den Tatorten nichts von ihm gefunden. Bei der Kontrolle in Berlin war er auch nicht dabei. Und Ahmeds DNA im Flucht-Taxi ist eine Mischspur, die nach Aussage der Labore für eine zweifelsfreie Identifizierung nicht reicht. Am Ende bleiben von den Gründen allein die Hunde. Und auch deren Urteil war nicht wirklich eindeutig. Ganz abgesehen davon, dass Hunde als Kronzeugen wissenschaftlich umstritten sind.

Eigentlich hat die Staatsanwaltschaft ein ganz mieses Blatt, pokert aber ungeniert weiter. Und der Richter traut sich nicht, »Stopp« zu sagen. Oder er hat die Akten gar nicht richtig gelesen. Niemand muss Mitleid haben mit Ahmed Remmo. Der Mann hat die Goldmünze in Berlin gestohlen und sie mutmaßlich in einzelne Teile zersägt. Und er war schon als Kind hochkriminell. Aber der Rechtsstaat gilt für jeden. Auch für die, die ihn verachten.

Drei Tage später ist die Altbauwohnung am Treptower Park wieder Schauplatz einer Polizeiaktion. Dieses Mal sind keine Maskenmänner dabei. Auch keine Ramme. Die Soko klingelt schlicht an der Tür. Als Ahmeds Mutter öffnet, betreten die Beamten ohne Radau die Wohnung. Man kennt sich aus. Der Gesuchte liegt im Schlafzimmer. Die Polizei fixiert seine Hände mit Kabelbindern.

Zu Boden geht auch die Mutter. Offenbar wieder ohnmächtig. Der Rettungswagen braucht zehn Minuten. Da ist die Frau schon wieder vital und verweigert eine Behandlung. Ahmed reagiert ruhig und kooperativ. Er kennt die Abläufe.

Schon um 15 Uhr sitzt er in Dresden vor einem Richter. Eine Anwältin ist schnell aus Berlin angereist. Sie kämpft mit ungleichen Waffen, denn sie hat keinen einzigen Blick in seine Akte werfen können. Keine Chance, die heiße Luft aus dem Haftbefehl zu lassen. Sie bemängelt nur den Hunde-Einsatz. Das geht auch ohne Kenntnis der Akte. Nach einer halben Stunde ist die Anhörung wieder vorüber.»Die Mantrailer-Einsätze erbrachten die dem Haftbefehl zugrunde liegenden Feststellungen. Der erhobene Einwand ist daher aus Sicht des Gerichts vorliegend nicht maßgeblich«, erklärt der Richter. Ahmed geht in den Bau. Grund für die Untersuchungshaft ist Fluchtgefahr.

Die Anklage

Für die Staatsanwaltschaft in Dresden drängt jetzt die Zeit: Sie muss die Anklageschrift verfassen. Vier der sechs Tatverdächtigen sitzen schon seit mehr als sechs Monaten hinter Gittern. Wenn die Ermittler nicht bald abliefern, müssen einige Rammos wieder entlassen werden. Die Frist läuft noch bis Ende September. Zum Schluss fehlt der Staatsanwaltschaft noch eine Zahl für die Anklage: die Schadenssumme.

Welchen Wert haben die 4316 gestohlenen Steine? Die Berechnung ist nicht ganz einfach. Die Ermittler helfen sich mit den Versicherungssummen. Als das Museum die Epaulette mit dem Weißen Brillanten einmal für eine Ausstellung verliehen hat, wurde das Schmuckstück mit 40 Millionen Euro versichert. Die Brustschleife der Königin Amalie Auguste hat der Versicherer auf 12 Millionen Euro taxiert. Zwei der 21 gestohlenen Exponate sind allerdings nie verliehen worden. Die Soko einigt sich auf eine Schadenssumme von 116 800 000 Euro.

Damit schließt Staatsanwalt Christian Weber seine Anklageschrift ab.»Eingegangen 2. Sep 2021 Landgericht Dresden«, steht oben links auf dem Aktendeckel.

Auf knapp 60 Seiten hat Weber dort die aufwendigsten Ermittlungen in der Dresdner Kriminalgeschichte zusammengefasst. Eine Essenz der Aussagen, Gutachten, Auswertungen und Observationen. Formal beantragt er damit eine öffentliche Hauptverhandlung. Eine Verteilung ist wahrscheinlicher als ein Freispruch. Sonst hätte die Staatsanwaltschaft weiter ermitteln müssen. Oder das Verfahren gleich ganz einstellen.

Trotzdem folgt nach einer Anklageschrift nicht automatisch eine öffentliche Verhandlung. Das Gericht muss erst prüfen, ob die Staatsanwaltschaft keinen juristischen Nonsens zusammengezimmert hat. Erst dann wird zugelassen.

Die Anklage landet bei der zweiten Strafkammer. Die ist für Heranwachsende zuständig. Abdul Majed und Mohamed waren bei der Tat noch keine 21 Jahre alt. Vorsitzender Richter ist Andreas Ziegel. Hohe Stirn, ruhige Art, flankiert von zwei Richterinnen. In der Dresdner Juristenszene genießt die Kammer den Ruf, fair und abgeklärt zu agieren. Juristen mit Rückgrat, die sich weder vom Volkszorn noch von den Medien treiben lassen. Für Wissam, Ahmed, Bashir, Rabieh, Abdul Majed und Mohamed hätte es schlechter kommen können.

Als Erstes muss sich die Kammer mit dem Haftbefehl gegen Ahmed Remmo beschäftigen. Mittlerweile ist Stefan König sein Verteidiger. Professor Doktor König aus Berlin-Kreuzberg. Der Jurist kritisiert vor allem den Mantrailer-Einsatz. Was Olivia und Gerda maximal beisteuern könnten, sei ein Indiz, argumentiert der Anwalt. Aber niemals einen Beweis. Konkret schreibt er: »Der Spürhund kann nicht im Sinne des Artikels 6 Absatz 3 der Europäischen Menschenrechtskonvention konfrontativ befragt werden. Dies schmälert den Beweiswert der Erkenntnisse des sog. Mantrailing erheblich.«

Außerdem zitiert König eine FBI-Studie, wonach sich Geruchsproben maximal drei Monate halten. Aber nicht über 18 Monate wie bei Ahmed.

Die Kammer folgt dieser Argumentation und hebt für Ahmed den Haftbefehl auf. Sie sieht keinen dringenden Tatverdacht. Die DNA im Flucht-Taxi? Nur ein Indiz. Der Mantrailer-Einsatz? »... als alleiniges Beweismittel regelmäßig ungeeignet, die Anwesenheit einer bestimmten Person am Tatort nachzuweisen«. So schreibt die Kammer.

Nach Hause in die Altbauwohnung am Treptower Park kehrt Ahmed trotzdem nicht mehr zurück. Für den Diebstahl der Goldmünze wechselt er in einen Berliner Knast.

Die Soko Epaulette legt jetzt ihr Hauptaugenmerk wieder auf die beschlagnahmten Smartphones. Die sind verlässlicher als Bluthunde oder V-Männer und ergiebiger als Observationen. Die Polizei kann Nachrichten und Gespräche heutzutage nur noch selten mitverfolgen, weil Kriminelle über verschlüsselte Messenger wie Signal oder Telegram kommunizieren. Ist das Handy aber erst einmal in der Hand des Kommissars, sprudelt die Quelle. Das Knacken des PIN-Codes ist nur selten ein echtes Problem.

Zum Beispiel bei Rabiehs Handy: Darauf ist noch der Streit zwischen ihm und seiner Frau im September 2020 gespeichert. Sie will nicht, dass er in die Türkei reist. Und ihn interessiert es einen Dreck, was seine Frau will. Daraufhin zerstört sie einen Teil seiner Klamotten, außerdem einen Mercedes-Schlüssel und etliche Dokumente. Von der Aktion dreht sie ein Video und schickt es in die Türkei. Später schreibt sie im Chat: »Insallah wirst du da gefasst. Was du da vorhast Ich weis ganz genau du hurensohn.«

»Insallah« bedeutet in diesem Kontext so viel wie »hoffentlich«.

Rabieh antwortet: »Ich mache nur Urlaub, Wallah.«

Auch wenn die Remmos aufpassen, was sie sagen und schreiben: Für die Ermittler wird immer klarer, dass sie nicht die Falschen eingesperrt haben. Brauchbare Indizien entlocken die Auswerter auch dem Smartphone, das Bashirs Bruder Jihad gehört.

Der surfte vor dem Einbruch mit knackigen Suchbegriffen durchs Internet: »Auto folie entfernen kosten«, »Strom am Objekt lahmlegen«, »Hydraulikpresse«, »Metallschneider«. Und: »Wie sicher sind Fenstergitter?«

Nach dem Einbruch sind es dann Begriffe wie: »Dresden Raub« oder »Grünes Gewölbe Dresden«.

Außerdem findet sich auf Bashirs Smartphone noch ein heftiges Snuff-Video: Zwei Menschen werden mit Macheten enthauptet. Dafür leitet die Staatsanwaltschaft ein weiteres Verfahren ein.

Eine Sprachnachricht von Bashir entdecken die Ermittler auch noch. Dieses Mal auf dem Handy eines Cousins. Abgeschickt am 24. November 2019, exakt elf Stunden vor der Tat. Da sagt er:

»... Wallah Cousin, ich muss kurz weg, Wallah, ich muss was Wichtiges, ich hab was Wichtiges zu tun, Wallah, aber ich erzähl dir alles, Wallah, danach, ich weiß du bist sauer und so, vielleicht, Wallah, du hast Recht, aber Wallah ich sag dir danach alles so genau.«

Nach dem Einbruch in Dresden meldet sich Bashir erneut. Er schickt dem Cousin ein Video von den Breaking News aus Dresden. Dazu den kurzen Text: »Guck Dir das an, Wallah.«

Im Knast benutzt Bashir das Telefon eines Mitgefangenen. Weil die Soko bei den meisten Handys der Familie mithört, bekommt die Soko auch davon Wind. In einem Chat träumt er von einer Karriere als Rap-Musiker. Ein paar Zeilen hat er bereits getextet:

»Ich war jung und naiv.

Heute hungrig nach beef.

Einflussreich wie dunkle Magie

Das wird Unsere Partie.

Vom Grünen Gewölbe bis Louvre Pari.«

Ansonsten ist Bashir im Gefängnis eher niedergeschlagen. Besonders wenn ihn die Eltern besuchen, erstarrt die Atmosphäre. Manchmal ein paar Worte über das Wetter. Dazwischen quälende

Pausen. Seine Mutter hält es kaum aus. Oft hat sie Tränen in ihren Augen. Nur wenn ihn seine albanische Freundin besucht, die er parallel zu seiner Verlobten hat, blüht Bashir ein bisschen auf.

Abdul Majed ist weniger beeindruckt von dem Gefängnis. Als seine Brüder Wayci und Bilal in dort besuchen, ist die Stimmung deutlich gelöster. Es sind noch drei Tage bis zur Bundestagswahl. Die Rammos reden über Politik. Abdul Majed findet die SPD in Ordnung. So steht es im Polizeiprotokoll. Wayci entgegnet, dass die Polizei unter Olaf Scholz bei Verhaftungen im Drogenmilieu Brechmittel verabreicht hat. An Armin Laschet und der CDU stört ihn, dass der Kandidat bei einer Veranstaltung für die Flutopfer lachte. Offenbar verfolgen die Rammos das Tagesgeschehen.

Am 26. September gewinnt die SPD die Bundestagswahl. In Berlin verläuft der Tag chaotisch. Endlose Schlangen vor den Wahllokalen. Überall Fehler, nichts funktioniert. Wäre die Stadt ein einzelner Mensch, wäre sie ein Großkotz-Versager, bei dem immer die anderen Schuld haben an der Misere. Kein Wunder, dass sich der Rammo-Clan hier zu Hause fühlt.

Kapitel 16

Der Prozess

Am 28. Januar 2022 ist es endlich so weit. Vor dem Dresdner Landgericht beginnt der Prozess gegen die sechs angeklagten Mitglieder des Rammo-Clans. Verhandelt wird in der temporären Außenstelle des Oberlandesgerichts am nördlichen Stadtrand Dresdens. Es ist ein besonderer Ort für Strafprozesse. Erst seit 2017 wird hier Recht gesprochen. Damals wurde der Raum für den Prozess gegen die rechtsextreme »Gruppe Freital« zu einem Hochsicherheitsgerichtssaal umgebaut. Seitdem werden dort Delikte verhandelt, die eine echte Herausforderung für den Rechtsstaat sind.

Das Gerichtsgebäude ist ein zweistöckiger funktionaler Bau. Er liegt in einer kleinen Seitenstraße. Vor dem Eingang wurden zur Abwehr von Anschlägen massive, graue Betonklötze aufgebaut. Schräg gegenüber liegt die Dresdner Abfallverwertungsgesellschaft. Über dem Gelände kreist jetzt ein Hubschrauber. Die ganze Umgebung ist voller Polizei. Auch an der nahen Kreuzung zur Hauptstraße kontrollieren Beamte. Sogar die legendäre »Araberstreife« des Berliner LKA ist nach Dresden gekommen, um nach bekannten Gesichtern Ausschau zu halten. Bei der Polizei gibt es niemanden, der auf den Straßen Berlins mehr gehasst und geachtet wird. Die Truppe kennt dort jeden Namen und jedes Gesicht.

Um 08:39 Uhr fährt eine erste Wagenkolonne vor. Fünf Bullis mit Sirene und Blaulicht. Im vierten Wagen sitzt Bashir. Er kommt aus der JVA Zwickau. Minuten später wird Mohamed gebracht. Wieder in einer Kolonne. Als Letzter trifft Rabieh aus Görlitz ein. Die anderen Remmos haben es nicht so weit. Die JVA Dresden ist gleich um die Ecke.

Vor der Sicherheitsschleuse im Inneren des Gebäudes stauen sich die Pressevertreter. Wartezeit: ca. 90 Minuten. Die Wachleute kontrollieren alles: »Ich fasse Sie jetzt unter den Armen und zwischen den Beinen an ...« Sie schauen in Schuhe, tasten Socken ab, ziehen selbst Feuerzeuge ein. Ein Scanner durchleuchtet jedes Equipment. Alles Metallische muss vorher in eine Kiste gelegt werden. Gürtel, Uhren, Kleingeld. Ehering, wer hat. Erst danach gelangt man über einen Innenhof in den Pressebereich. Tische, Stühle, Steckdosen, aber kein WLAN. Ein paar Meter weiter ist der Verhandlungssaal. Auch hier steht vor der Tür noch Wachpersonal. Die Justizbeamten achten peinlichst darauf, dass keiner sein Mobiltelefon zückt. Weder für SMS noch für Recherchen im Internet. Alles verboten.

Der Raum selbst hat nichts von der erdrückenden Erhabenheit alter Gerichtssäle. Hier ist alles aus Sichtbeton. Grau und funktional. Nur die festverschraubten Plastiksitzschalen sind beige. Von dort sieht man dem Gericht beim Recht-Sprechen zu. Eine zwei Meter hohe Plexiglasscheibe trennt den Saal von einer Wand rüber zur anderen. Zwei Drittel für die Wahrheitsfindung, ein Drittel für die Zuschauer. Eigentlich ist hier Platz für 200 Menschen. Wegen der Corona-Auflagen sind es heute deutlich weniger. Das Gericht mit dem Vorsitzenden Richter Andreas Ziegel und seinen Beisitzern thront auf einem leicht erhöhten Podest aus Holz. Ebenfalls grau. Große Bildschirme garantieren, dass alle alles sehen: die Zeugen und ihre Aussagen, die Akten, die Bilder und Videos.

Nacheinander werden die Remmos in den Saal geführt, der Erste ist Wissam. Sofort hören die Journalisten auf zu reden. Alle wollen sehen, wie sich die Angeklagten verhalten. Wissam hält sich eine schwarze Mappe vor das Gesicht; bevor er sich hinsetzt, schließen Wärter die Handschellen auf. Abdul Majed zieht die Kapuze über den Kopf und verdeckt den Rest mit einer grünen Gerichtsakte. An seinem Platz versinkt er sofort im Stuhl. Rabieh hält noch ein Schwätzchen mit seinen Anwälten. Für die Journalisten im Zuschauerraum hat er einen kurzen, finsteren Blick. Mohamed strahlt vor sich hin. Ahmed wirkt eher deprimiert. Er und Wissam sitzen ja bereits eine Weile wegen des Goldmünzenraubs.

Wie immer in solchen Prozessen stellt der Richter zuerst die Identität der Angeklagten fest. Bei Rabieh Remo stolpert er über den Nachnamen. Er ist der Einzige, der sich nur mit einem »m«

schreibt. Erklären kann dieser den Sachverhalt auch nicht: »Ich frage mich schon mein ganzes Leben, warum das so ist«, sagt er.

Gleich der erste Verhandlungstag in diesem Prozess lässt erahnen, dass die Jugendkammer vor einer herausfordernden Aufgabe steht. Die Staatsanwaltschaft braucht 20 Minuten, um die Anklage zu verlesen. Detailliert berichtet sie, wie die Täter vorgingen. Der Einbruch, die Flucht, der Brand. Alles kommt dabei zur Sprache: die Kochtöpfe im Pegelhaus, die DNA-Spuren an der Mauer, die Waffe im Audi. Juristisch am schwersten wiegt dabei die »besonders schwere Brandstiftung« in der Tiefgarage, weil die Gefahr bestand, dass das Feuer von dort auf das ganze Haus übergreift und damit andere Menschen gefährdet. Für dieses Vergehen sieht die Gesetzgebung eine Mindeststrafe von fünf und eine Höchststrafe von fünfzehn Jahren vor. Es geht also um viel. Die Remmos folgen den Ausführungen ohne Regung.

Die Verteidigung bemüht sich zu Beginn, massive Zweifel an den Ermittlungsergebnissen zu säen. Den Anfang macht »Frau Dr. Kilian«, Mohameds Anwältin: Ihr Mandant sei nicht ins Grüne Gewölbe geklettert, erklärt sie. Er habe im Juwelenzimmer auch kein Pulver aus einem Feuerlöscher versprüht, um Spuren zu verwischen. Sie spricht von einem »Lehrbuchbeispiel falscher Identifizierung«. Als Beleg dienen ihr die Gutachten, die anhand der Überwachungsvideos die Größe der Täter bestimmen sollten. Der Täter, der laut Anklage Mohamed Remmo sein soll, habe dabei eine Größe von 1,74 bis 1,82 Meter gehabt. Mohamed dagegen sei nach seiner Festnahme im Dezember 2020 vermessen worden. Das Ergebnis: 1,88 Meter, 104 Kilogramm. »Das passt nicht zum Gutachten«, führt sie genüsslich aus. »Und jetzt raten Sie mal, was dann passierte. Im Juli 2021 wurde Mohamed erneut behördlich vermessen. Sie werden staunen: Er schrumpfte.« Zu diesem Zeitpunkt soll seine Körpergröße mit Schuhen nur noch 1,82 Meter betragen haben. Wurde die Größe womöglich dem Gutachten angepasst? Die Verteidigerin hält das erkennbar für sehr wahrscheinlich.

Außerdem könne sie nachweisen, dass Mohamed Remmo zum Tatzeitpunkt 115 Kilogramm schwer gewesen sei. Wie soll er da durch das Loch im Gitter gekrochen sein? Mohamed findet diese Vorstellung ebenfalls lustig.

Bashirs Anwalt Carsten Brunzel legt nach. »Mein Mandant sitzt zu Unrecht im Gefängnis«, behauptet er. Außerdem sei das hier auch eine öffentliche Vorverurteilung, sein Mandant sei unschuldig und habe nichts mit den Taten zu tun. »Die Familie hat über 1000 Mitglieder. Trotzdem bestand keine Scheu, ihn öffentlich zu nennen.« Die BILD-Zeitung habe ihn an den Pranger gestellt. Im Übrigen sei Bashir am Ende freizusprechen.

Noch prinzipieller argumentiert Wissams Anwalt. Er beschwert sich über den Begriff »Clankriminalität«. Es werde behauptet, dass es sich bei den Familien um »abgeschottete Strukturen« handle, die unsere »hiesige Rechtsordnung« ablehnen würden. Nichts davon sei beweisbar. »Fest steht doch nur, dass Wissam zur Familie Remmo gehört.« Unerwähnt lässt er, dass Wissam in seinem Leben bereits mehrfach verurteilt wurde und wegen des Raubs der Goldmünze gerade eine Strafe verbüßt. Und dass ihn auch das Erlanger Gericht des Einbruchs bei der Firma Lukas für schuldig befunden hat. »Und wenn schon«, entgegnet der Anwalt, »am Ende wurde das Verfahren eingestellt. Also hat Wissam als freigesprochen zu gelten.« Auch Wissam werde hier an den Pranger gestellt.

Für den Angeklagten Ahmed meldet sich Lara Wolf zu Wort. Sie ist eine junge Strafverteidigerin aus Berlin mit blondem Pferdeschwanz. Sie wirkt etwas zerbrechlich, aber das täuscht. Sie verweist darauf, dass es gegen ihren Mandanten ebenfalls keine validen Beweise gebe. Einzig eine DNA-Mischspur im Mercedes-Taxi. Deren Qualität sei aber so schlecht, dass ein Gutachter festgestellt habe, dass sich noch nicht einmal eindeutig beweisen lasse, von wie vielen Personen diese DNA stammt. Darüber hinaus sei der Mercedes sechs Monate lang im Familienbesitz gewesen. Eine DNA-Spur würde nichts aussagen über eine Beteiligung an der Tat.

An den Mantrailer-Hunden lässt keiner der Anwälte ein gutes Haar. Während der Ermittlungen dienten sie der Soko als Begründung für richterlich erlaubte Überwachungen. Jetzt wird ihre Aussagekraft schon in den Eingangsplädoyers von den Anwälten zerpflückt. Es scheinen ja »echte Wunderhunde« zu sein, sagt einer von ihnen vor dem Hintergrund, dass die sächsischen Bloodhounds erst fünfzehn Monate nach dem Einbruch zum Einsatz kamen. Ein anderer Anwalt nennt den Beweis »kriminalistische Esoterik und Querdenkerei« und präsentiert eine Studie, die seine Aussage unterstreicht.

Erstellt wurde diese Untersuchung zwischen 2014 und 2016 unter Leitung des Arbeitskreises »Diensthundehaltende Behörden, Unterarbeitsgruppe Personenspürhunde«. Hundestaffeln aus ganz Deutschland nahmen damals an einer normierten Prüfung teil. Die Aufgabe war, einer nur vier Wochen alten Geruchsspur über eine Distanz von 1000 Metern auf festem Untergrund zu folgen. Das Ergebnis: »41,5 Prozent der Hunde fanden zwar eine Spur, kamen aber nicht ans Ziel. 26,8 Prozent schnüffelten in die falsche Richtung. Und 31,7 Prozent liefen gar nicht erst los.« Auch alle vier sächsischen Bloodhounds scheiterten an der Aufgabenstellung.

Die nächsten Verhandlungstage sind nicht besonders aufregend. Zeugen werden gehört, Anträge gestellt, ständig wird der Prozess unterbrochen, weil das Gericht sich beraten muss. Die Angelegenheit schleppt sich hin. Nicht jeder Zeuge erscheint. Gegen manche laufen noch Ermittlungen. Sie könnten sich selbst belasten, und das müssen sie nicht.

Dann infiziert sich Abdul Majed mit Covid 19 und legt damit den ganzen Prozess lahm. Alle Angeklagten wandern erst einmal zurück ins Gefängnis.

Die Soko »Epaulette« ermittelt trotzdem weiter. Noch immer sind die Juwelen verschwunden. Und noch immer ist die Beweislage bei einigen Angeklagten dünn. Einer der weniger erfolgreichen Ansätze ist: bei den Besuchen der Remmos im Gefängnis mitzuhören.

Mohamed beispielsweise wird regelmäßig von seiner Freundin Sarah C. besucht. Die Gespräche sind eher banal: dass sich Mohamed impfen ließ. In den rechten Arm. Als Linkshänder ist es besser so. Später fragt sie nach seinem aktuellen Gewicht.

»82 Kilogramm«, antwortet Mohamed.

»Du sollst Haupttäter gewesen sein«, sagt sie.

»Glaub es nicht!«

»Wann bist du geboren.«

»1999«.

»99? Richtiges Baby!«

Lange und gut scheinen sich die beiden noch nicht zu kennen. Dann amüsieren sie sich über den Aufwand, den der Staat für Mohameds Transport nach Dresden betreibt:

»Was denken die, wer wir sind?«, sagt Mohamed.

Sie antwortet mit einem TV-Kommentar zum Prozessauftakt: »Ihr seid besser geschützt als das, was ihr denen geklaut habt.«

Auch Rabieh bekommt Besuch im Görlitzer Knast, von seinem Vater. Ihm erzählt der 28-Jährige von dem Ärger, den er dort »mit einem Araber« hat. Es geht um Bedrohung. »Hab aber alles selbst geklärt«, sagt er. »Ohne Polizei.«

»Richtig so«, findet der Vater. »Ein Remmo macht keine Anzeigen.«

Bei Wissam schaut die Mutter vorbei. Das Gespräch dreht sich um seine Verlobte. Darüber hat Wissam auch vor Gericht geredet. Die anderen Remmos haben damals allerdings eher ungläubig reagiert. Wissam? Verlobt? Seit wann das denn? Offenbar hat die Mutter die Verbindung erst kürzlich für ihn arrangiert. »Sie liebt dich und warten auf dich«, sagt sie jetzt zu ihm. Wissam will trotzdem nicht, dass die Frau ihn im Gefängnis besucht.

Erfolgversprechender als das Protokollieren der Knastbesuche ist die Auswertung beschlagnahmter Telefone.

Um diese im Gefängnis zu finden, benutzen Justizbeamte in der Regel sogenannte »Mobi-Finder«, mit denen sich Signale von Mobiltelefonen orten lassen. Im Dresdner Knast schlägt das Gerät an der Zelle B 2.217 aus. Dort sitzt Abdul Majed ein. Drei Männer filzen den Haftraum, dann wechseln ein Handy und ein Radio den Besitzer. Das Telefon ist wie immer auf einen Fake-Account zugelassen. Im Bildarchiv entdecken die Ermittler ein Luftbild der JVA Dresden. Darauf hat jemand eine Drohne über dem Gebäude eingezeichnet. Mit einer Socke an einem Seil. Ist das die Ankündigung einer Lieferung in den Knast mittels einer Drohne? Und wenn ja, was sollte geliefert werden? Täglicher Knast-Bedarf? Drogen? Weitere Elektronik? Auf dem Telefon finden die Ermittler außerdem Sprachnachrichten zwischen Ahmed, der wegen der Goldmünze in Berlin einsitzt, und Abdul Majed.

Die Beweiskraft solcher Nachrichten ist begrenzt. Gewiefte und mit allen Abwässern gewaschene Ganoven legen auf diese Weise gerne falsche Spuren. Da wird zum Beispiel über »korrupte Polizisten« geredet. Oder über solche, die sich in den Puffs auf Kosten des Hauses durch die Belegschaft vögeln. Nur, um die Beamten zu diskreditieren. Gerne lamentieren Ganoven auch über die Konkurrenz. Mit Namen und Delikt, alles in dem Wissen, dass ihr Telefon abgehört wird. Schon liegt ein Verdacht in der Luft, erste Gerüchte machen die Runde, Journalisten verbreiten sie weiter, dann kommen Ermittlungen in Gang, zum Schluss werden die Widersacher aus dem Verkehr gezogen.

In diesem Fall aber könnte es sich möglicherweise nicht um eine Finte der Remmos handeln. Zu sicher scheint sich Abdul Majed zu sein, dass die Wachleute das Telefon nicht finden werden. So klingt es jedenfalls in einer Sprachnachricht an Ahmed Remmo:

»Niemand im Haus weiß, dass ich ein Handy hab«, sagt er da, »in Sachsen, die kennen diese Versteck gar nicht«.

Auf der anderen Seite machen einige Nachrichten der beiden

nur Sinn, wenn eine ermittelnde Behörde mitliest oder mithört. Zum Beispiel diese Nachricht – im Original-Zitat: »Das einzige Sinnvolle bei diesem Verfahren ist, wenn jemand wirklich was damit zu tun hat, soll er Geständnis abgeben, und die die damit nichts zu tun haben, entlasten. ... Ich will nicht wissen, wer schuldig an der Sache war oder unschuldig ist. Ich will einfach nur, dass jemand Manns genug ist, zu sagen, hier ich war das.« Als ob er selbst keine Ahnung hätte, wer die Tat wirklich begangen hat.

Eine andere Sprachnachricht von Ahmed Remmo, in der es um ein Strategietreffen aller prozessbeteiligten Anwälte geht, hat denselben Tenor. »Sie [die Anwältin] meinte, bei diesem Gespräch am Samstag kam heraus, dass alle auf Freispruch plädieren sollen. Ja alle möchten Freisprüche. Da meinte ich, ja dann respektiere ich das. Anscheinend sind dann alle unschuldig. Was ich mir ehrlich gesagt nicht denken kann. Ich gucke jetzt 4 Blocks.«

Ende Februar findet ein Ermittler auf einem Telefon noch den Screenshot eines Chatverlaufs zwischen Ahmed Remmo und einer Dilara A., der schon etwas brisanter ist. Die beiden führen eine On-off-Beziehung, vermutet die Polizei. Interessant sind die Off-Phasen, weil sich das Paar dann ungebremst streitet. Einmal schreibt sie: »Ich erzähle alles, sogar das mit den Juwelen.«

Später heißt es: »Hast du doch selber gesagt, dass du das warst mit den Juwelen.«

In der letzten Nachricht sagt Ahmed dann: »Mache alles lieber raus ...«.

Hat sie aber nicht. So landet der Chat erst bei der Polizei. Dann in den Akten. Ein gerichtsfester Beweis für die Tatbeteiligung Ahmeds ist er allerdings nicht.

Im Prozess platzt dann am 29. März 2022 eine erste Bombe: Rabiehs Anwälte Nöding und Kempgens lesen eine Erklärung ihres Mandanten vor. »Zur Tatbeteiligung anderer Personen will und werde ich mich nicht äußern«, heißt es da vorweg. Zur eigenen Rolle schon: Demnach habe ihn einer der Täter – die er aber nicht nennen wird – vier Tage vor der Tat angesprochen. Ob er nicht mitmachen wolle bei einem großen Ding. Fette Beute locke, der Plan würde stehen. Er müsse nur das Auto besorgen und Schmiere stehen. »Es war von großer möglicher Tatbeute die Rede, und so habe ich mich relativ schnell überreden lassen«, lässt Rabieh seine Anwälte vortragen. Ein paar Tage vor dem geplanten Bruch seien sie dann in Dresden am Grünen Gewölbe gewesen und hätten alles hinter der Mauer gecheckt. Zu diesem Zeitpunkt sei das schmiedeeiserne Schutzgitter bereits angesägt und mit Klebeband wieder fixiert gewesen. In der Tatnacht sei Rabieh dann zwar in das Auto nach Dresden gestiegen. Am Steuer des Autos sei Jihad Remmo gesessen. Es ist der einzige Name, den Rabieh Remo an diesem Tag nennt. Als dann die Polizei auftauchte und im Kofferraum das Einbruchswerkzeug fand, habe er nicht mehr an einen Zufall, sondern an eine gezielte Observation geglaubt. Jihad Remmo sei danach allein weitergefahren, alle anderen hätten diskutiert. Für ihn selbst aber sei klar gewesen, dass die Sache damit vorüber gewesen sei. Zu hohes Risiko. Also sei er in Berlin geblieben und zurück zur Wohnung seiner Eltern gelaufen. Dort habe er dann die Nacht verbracht.

Damit wäre Rabieh lediglich an straflosen Vorbereitungshandlungen beteiligt gewesen. Die anderen Angeklagten im Prozesssaal reagieren erstaunt auf die Einlassung und tuscheln mit ihren Verteidigern. Rabieh Remo, der mit dem einen »m«, als Unschuld aus Neukölln. Klingt zu schön, um wahr zu sein. Ist es auch nicht. Das stellt sich später heraus.

Mitte Juni klärt das Gericht erst einmal die Sache mit den »Sächsischen Wunderhunden«. Im Saal laufen die Bilder des Schnüffel-Einsatzes. Haken an der Beweisführung: Zwischen Einbruch und Bloodhound-Riecherei liegen 480 Tage. Eine Kommissarin sagt, dass an der Diensthundeschule, aus der die vier Mantrailer-Hunde stammen, »eingeschätzt wurde, dass sie noch sehr lange Zeit danach Gerüche wahrnehmen können«. Eine Meinung, die sie ziemlich exklusiv vertritt. Das Landgericht befragt Kai-Uwe Goss vom Helmholtz-Zentrum für Umweltforschung. Der Mann ist Umweltchemiker und wird als Sachverständiger angehört. »Menschlicher Geruch verfliegt relativ schnell, wenn die Quelle weg ist«, sagt er. Der Grund ist: Bakterien, die auf Hautschuppen liegen, produzierten außerhalb des menschlichen Körpers schon nach kürzester Zeit nicht mehr den für einen Menschen typischen Geruch.

Wie kommt das Schnüffel-Ergebnis dann aber zustande? Rechtsanwalt Carsten Brunzel hat eine Idee: »Hat der Hund Sie schon mal belogen?«, fragt er einen Polizisten.

»Nein, so läuft das nicht«, antwortet der. »Ich bin derjenige, der den Hund verstehen muss.«

»Aha, keine weiteren Fragen, Euer Ehren«, entgegnet der Anwalt.

In der Berliner Halbwelt machen derweil Gerüchte die Runde, dass die Remmos noch im Besitz der Juwelen seien. Und angeblich würde der Clan verhandeln wollen. Rückgabe gegen Freiheit. Als ob sich ein Rechtsstaat auf solch einen Deal einlassen könnte. Aber bei den Remmos weiß man nie. Zwischen Eigenwahrnehmung und Fremdwahrnehmung klafft eine Lücke. So breit wie Ostanatolien. Belege für das Gerücht gibt es anfangs nicht.

Dabei haben sie einen realen Hintergrund. Am 24. August, es ist ein Mittwoch, greift Staatsanwalt Christian Weber zum Telefon und wählt die Nummer Kai Kempgens', des Anwalts von Rabieh Remo: Ob angesichts der Beweislage nicht vielleicht eine »grundsätzliche Gesprächsbereitschaft« bestehe, fragt er. Sein Ziel ist es, den Schmuck zurückholen. Noch ist niemand in diese Initiative eingeweiht. Anwalt Kempgens verspricht, die Sache zu prüfen.

Am 6. September, am Rande der Hauptverhandlung, sagt Kempgens jedoch ab. Derzeit habe man »kein Interesse an einem Gespräch«, erklärt er. Vielleicht melde man sich später noch einmal.

Es dauert dann fast drei Monate, bis am 1. Dezember 2022 das Telefon der Staatsanwaltschaft in Dresden klingelt. Er sei jetzt gesprächsbereit, sagt Anwalt Kempgens da. Die Staatsanwaltschaft bittet ihn daraufhin, nach Dresden zu kommen. Das werde er allerdings nicht allein tun, antwortet Kempgens, er werde in Begleitung Oliver Freitags sein, des Anwalts von Abdul Majed. Für Staatsanwalt Weber ist das in Ordnung, allerdings betont er zum Schluss des Telefonats, dass es noch keinen Deal und keine Zusicherungen gibt. Man müsse erst einmal reden.

Kempgens und Freitag sind zu diesem Zeitpunkt bereits unterwegs. Um elf Uhr erreichen sie die Anklagebehörde. Außer dem Staatsanwalt Christian Weber sitzt Oberstaatsanwalt Matthias Allmang mit am Tisch. Sonst weiß niemand von diesem Treffen. Auch die Soko Epaulette und die Staatlichen Kunstsammlungen Dresden nicht. Noch hat die Staatsanwaltschaft Angst, dass der Deal platzen könnte, bevor er überhaupt auf dem Tisch liegt.

Gleich am Anfang erklärt Kempgens, dass die beiden Anwälte für alle Angeklagten sprächen und dass es unterschiedliche Interessenslagen gebe. Der Grund sei, dass bei einigen der Angeklagten eine Verurteilung zu Unrecht erfolgen würde. Außerdem würden die Angeklagten nicht mehr über die Schmuckstücke verfügen. Sie könnten aber daraufhin wirken, dass eine Rückgabe erfolge. Und im Übrigen seien alle Ausführungen hier erst einmal rein hypothetisch.

Dann redet Rechtsanwalt Freitag. Er ist ein imposanter Mann mit Glatze, breiten Schultern und warmer Stimme. So einer, der es sich erlauben kann leise zu reden, weil er weiß, dass ihm sowieso alle zuhören. Sein Bruder Rayk ist einer der schlagkräftigsten Hells Angels Deutschlands. Freitag erklärt, dass bei Abdul Majed der Leidensdruck sehr hoch sei und er deshalb an einer Vereinbarung großes Interesse habe. Allerdings könne sein Mandant leider keinen Einfluss nehmen auf die Rückführung des Diebesguts. Außerdem sei er an der eigentlichen Tat gar nicht beteiligt gewesen.

Dem mag Oberstaatsanwalt Allmang nicht wirklich folgen. Für ihn lässt sich die Tatbeteiligung aller Angeklagten mit Ausnahme von Ahmed Remmo gerichtsfest beweisen. Die »Rückführung der Juwelen« habe allerdings »erhebliche Auswirkungen auf das Strafmaß. Auch wenn es natürlich keine rechtsbeugende, zu niedrige Strafe geben darf.«

In diesem Fall sei das Strafmaß wegen der besonders schweren Brandstiftung durch den Paragraf 306 b Strafgesetzbuch festgelegt. Dort heißt es unter Absatz 2: »Auf Freiheitsstrafe nicht unter fünf Jahren ist zu erkennen, wenn der Täter einen anderen Menschen durch die Tat in die Gefahr des Todes bringt oder in der Absicht handelt, eine andere Straftat zu ermöglichen oder zu verdecken.« Beides trifft hier zu. Nach oben ist das Strafmaß erst bei 15 Jahre Gefängnis gedeckelt.

Konkret stellt Allmang den »unteren Rand des Strafrahmens« in Aussicht, macht aber klar, dass es »mit einer Rückführung noch nicht getan« sei. Es müsse auch weitergehende Aussagen geben. Ein Geständnis sei ohnehin die gesetzliche Voraussetzung für einen »Deal«. Das sei im Paragrafen 257c der Strafprozessordnung so geregelt.

Auf diese Weise geht es an diesem Vormittag hin und her. Beide Parteien respektieren sich, gehen höflich miteinander um. Die Anwälte verstehen, dass sie in Vorleistung gehen müssen. Kempgens will sich bis Montag melden und mitteilen, ob eine Rückführung des Diebesguts möglich ist. Dann reisen die Anwälte zurück nach Berlin. Am Montag signalisieren die Verteidiger die Zustimmung ihrer Mandanten. Eine Übergabe von 18 der 21 gestohlenen Stücke sei möglich, sagen sie. Einzelne Angeklagte könnten mit einem Geständnis eine Tatbeteiligung einräumen. Vorausgesetzt, das Strafmaß würde die Grenze von fünf Jahren und sechs Monaten nicht überschreiten.

Das ist der Zeitpunkt, da die Staatsanwaltschaft den Vorsitzenden Richter Andreas Ziegel über die Absprachen informiert. Und der informiert dann die Kammer über den Verlauf der Gespräche und die Details der Übereinkunft. Die Kammer stellt nun ihrerseits Forderungen für einen Deal: Die Geständnisse müssten umfassend sein. Sie müssen überprüfbar sein. Und die Angeklagten müssen offen sein für Rückfragen des Gerichts. In diesem Fall könnte der Strafrahmen zwischen fünfeinhalb und sechs Jahren liegen.

Dem stimmt die Verteidigung zu, solange ihre Mandanten keine Drittpersonen belasten müssen. Insgesamt geht es zu wie auf einem Gebrauchtwagenmarkt.

Am Abend des 16. Dezember 2022 schickt Anwalt Kempgens dann die Nachricht nach Dresden, dass die Schmuckstücke noch heute zugänglich gemacht werden können. Jörg Bozenhard, »Das Gehirn«, der Leiter des Einsatzabschnittes »Auswertung« in der Soko Epaulette, eilt sofort zu seiner Dienststelle. Kaum einer wäre besser geeignet, nach Berlin zu fahren und die Juwelen zurückzuführen, als er. Keiner in der Soko hat einen besseren Überblick über den Stand der Untersuchungen. Die Tatortgruppe des Landeskriminalamts ist ebenfalls da. Zusammen mit dem Leiter der Sonderkommission Olaf Richter. Auch die zuständigen Staatsanwälte sind gekommen. Nach einer kurzen Besprechung machen sich die Männer um 21 Uhr in drei Fahrzeugen über die Autobahn auf den Weg nach Berlin. Im Dresdner Führungsstab bleiben acht Polizisten, die von dort den Einsatz koordinieren.

Die Kolonne nimmt unterdessen die exakt selbe Route, auf der die Juwelen vor drei Jahren weggebracht worden sind. Kurz nach 23 Uhr rollt die Dresdner Abordnung über die Stadtautobahn durch Neukölln, dem Hoheitsgebiet der Remmos, zehn Minuten später biegt sie vom Ku'damm ab in die Meinekestraße. Lauter wunderschöne Gründerzeithäuser, mit Beletage, hohen Decken und Teppich im Treppenhaus. Mehr Westberlin geht nicht. Wer in der Meinekestraße wohnt, hat es geschafft. Wer hier seine Kanzlei hat, auch. Einen Anwalt in der »Meineke« zu haben, hat in der Szene so viel Status wie eine Rolex am Arm. Hier gehen die großen Fische ein und aus: Clanbosse, Waffenhändler, Drogenhändler, Mörder, Wettbetrüger, Bankräuber, Tresorknacker, Diebe. Die Kanzlei von Kempgens befindet sich in der Hausnummer 13. Oliver Freitag residiert nebenan in der 12.

Kurz vor Mitternacht. Unsichtbar im Umfeld der Kanzlei sind Spezialkräfte der Polizeidirektion Dresden eingetroffen. Sie sichern die ganze Sache ab. Das SEK Sachsen ist auch in der Nähe. Es könnte ja was schieflaufen. Die Remmos sind unberechenbar.

Um 23.45 Uhr betreten Richter, Bozenhard und Kollegen die Kanzlei von Rechtsanwalt Kempgens. Bozenhard und die Kriminaltechniker werden in einen Besprechungsraum geführt. Richter, die Staatsanwälte und die beiden Verteidiger begeben sich in einen anderen Raum. Es wird wenig gesprochen, es gibt auch nichts zu trinken. Die Stimmung ist unterkühlt.

Alle anderen bleiben draußen. Der Flur füllt sich mit weiteren Polizeikräften. Auf einem großen braunen Konferenztisch wartet der Schatz. 31 Schmuckstücke, ganz oder in Teilen, fein säuberlich aufgereiht. Bozenhard fällt sofort auf, dass der Degen zerbrochen ist und dass drei Stücke fehlen. Es sind die wertvollsten Exponate des Schatzes. Zusammen bemisst sich deren Versicherungswert auf 53 Millionen Euro. Von den Pretiosen geht ein geringfügiger Alkoholgeruch aus. Könnte ein Reinigungsmittel sein, befürchten die Kriminaltechniker. Bozenhard katalogisiert jedes Teil, die Kriminaltechniker machen Fotos von der Gesamtansicht, dann legen sie die Pretiosen spuren- und stoßsicher in einen Pappkarton. Nach rund zwei Stunden ist alles vorbei. Die gesicherte Beute fährt in einem ganz normalen Pkw zurück nach Dresden. Zum LKA. Dort packen die Beamten die Schmuckstücke in einen Tresor.

Am nächsten Tag informieren die Staatsanwälte sowohl das Gericht als auch die Staatlichen Kunstsammlungen Dresden. Die schicken ihre verdienteste Restauratorin, um die Stücke zu begutachten und eine Bestandsaufnahme zu machen. Sie heißt Eve Begov, ist 55 Jahre alt, gelernte Goldschmiedin, seit 28 Jahren arbeitet sie für das Grüne Gewölbe. Am 18. Dezember gegen 14 Uhr sieht sie die Exponate zum ersten Mal wieder. Sie liegen in Tüten verpackt auf dem Tisch bei der Polizei. Klar ist schon auf den ersten Blick: Die wertvollsten Stücke sind nicht dabei. Es fehlen das Brillant-Collier der Königin Auguste, die Große Brustschleife und vor allem die Epaulette der Brillantgarnitur mit dem berühmten »Sächsischen Weißen«, einem Brillanten von fast 50 Karat. Auch die Degenklinge ist verloren gegangen. Die übrigen Pretiosen befinden sich in einem erbärmlichen Zustand.

Begov untersucht jeden einzelnen Stein in jedem einzelnen Schmuckstück. Einige Exponate leiden unter der Feuchtigkeit, die zwischen Stein und Fassung gekrochen ist. Einige Brillanten wurden chemisch gereinigt und haben sich dabei verfärbt. Wahrscheinlich ging es darum, mögliche DNA-Spuren zu vernichten. Andere Stücke haben Rost. Und wieder andere sind voller Kratzer. Der Degengriff ist grotesk verbogen, es gibt Bruchstellen und Stauchungen, da waren rohe Kräfte am Werk.

Aber auch die meisten anderen Stücke weisen mechanische Schäden auf. Grund dafür waren die Angelsehnen, mit denen die Schmuckstücke in den Vitrinen befestigt waren. Beim Rausreißen gab dann nicht die Nylonschnur nach. Sondern das dreihundert Jahre alte Schmuckstück. Vieles ist in der Nacht des Raubs kaputtgegangen. Zum Beispiel der Bruststern des polnischen Weißer-Adler-Ordens aus der Brillantgarnitur. Oder die Epaulette der Diamantgarnitur. Das hatte allerdings auch einen Vorteil: Die meisten abgerissenen Teile verblieben in der Vitrine. Oder lagen nach der Tat auf dem Fußboden im Grünen Gewölbe. Auch die Epaulette aus der Diamantrosengarnitur ist immer noch vollständig. Man muss sie nur wieder zusammenbauen.

Wegen der fehlenden Stücke fragt Rechtsanwalt Kempgens

noch einmal beim Clan nach. Die Antwort ist für alle Beteiligten unerfreulich. Eine Rückführung der fehlenden Stücke sei aus »tatsächlichen Gründen« nicht mehr möglich. Im Übrigen sei der Zustand der Schmuckstücke so wie beschrieben. Vielleicht liegen die Reste des Degens im »Neuköllner Schifffahrtskanal«. Die mögliche Strecke hat eine Länge von ungefähr 150 Meter.

Bozenhard informiert die Berliner Kollegen und die sperren den Bereich sofort ab. Nicht dass da jemand noch vor ihnen sucht. Am 25. Dezember versammeln sich dort exakt zwanzig Taucher. Die meisten sind aus Berlin, aber auch Dresdner Polizeitaucher sind mit dabei. Einen Tag später wird die Truppe um zwei Männer aufgestockt. Medial begleitet von einer Schar Journalisten. Im vielversprechendsten Hauptabschnitt suchen die Sachsen. Das Bild eines Tauchers mit dem Degen in der Hand wollen sie sich nicht nehmen lassen. Es würde um die Welt gehen, gar keine Frage.

Das Problem bei der Suche ist allerdings, dass im Kanal so viel Schrott herumliegt, dass die Arbeit mit einem Metalldetektor keinen Sinn ergibt. Außerdem tendiert die Sicht unter Wasser hart gegen null. Die einzige Möglichkeit dort etwas zu finden, besteht darin, es zu ertasten.

An den beiden Tagen bergen die Taucher vier Tresore und Geldkassetten, dazu Fahrräder, Verkehrsschilder, Einkaufswagen, den üblichen Müll. Eine Degenklinge ist nicht dabei. Die Zaungäste am Ufer wundert das nicht. »Magnetfischen ist in Berlin ein Sport«, sagt einer von ihnen zu Bozenhard. »Das machen die Leute hier öfter.«

Außerdem schaufelt das Wasser- und Schifffahrtsamt regelmäßig alles heraus, was sich dort im Schlamm abgesetzt hat. Eine Nachfrage bei der Behörde ergibt: Am 8. und 9. November wurde an dieser Stelle zuletzt gebaggert. Gehoben wurden dabei wieder Fahrräder und Tresore. In der Vergangenheit waren auch schon mal Klingen und Degen dabei. Das aber liegt länger zurück als der Einbruch im Grünen Gewölbe.

Am nächsten Tag beginnen im LKA Sachsen die molekulargenetischen und daktyloskopischen Untersuchungen der Objekte. Fingerabdrücke finden die Kriminaltechniker nicht. Dafür zwei DNA-Mischspuren. Männlich. Die Ermittler können sie niemandem zuordnen. Auch nicht den Remmos. Wahrscheinlich wurden die Spuren beim Reinigen übertragen. Von wem auch immer. Die DNA befindet sich nicht im Register der Polizei.

Für die Staatsanwaltschaft ist der desolate Zustand der Schmuckstücke ein Grund, den Deal noch einmal infrage zu stellen.

»Eigentlich wollen wir an der Lösung festhalten«, sagt sie zu Anwalt Kempgens, »aber eine Anpassung des Strafrahmens ist unumgänglich.«

Rechtsanwalt Kempgens antwortet, dass auch die angeklagten Remmos nicht wussten, in welchem Zustand die Stücke sind. »Sie konnten sich nur auf die Angaben Dritter verlassen. Mehr als auf die Rückführung einzuwirken, stand nicht in ihrer Macht. Die Voraussetzungen für den Strafrahmen sind deshalb noch immer gegeben«, behauptet er.

Der Staatsanwalt antwortet: »Bei den erwachsenen Straftätern schlagen wir fünfeinhalb bis sechseinviertel Jahre vor. Für die beiden zum Tatzeitpunkt Heranwachsenden sollen es vier bis viereinhalb Jahre sein. Außerdem bekommen sie Haftverschonung, bis das Urteil rechtskräftig ist.«

Anwalt Kempgens: »Aber es bleibt dabei, dass keine Dritten belastet werden.« Dann wäre sein Mandant Rabieh einverstanden damit. Mit den anderen Beteiligten müsse er aber erst noch Rücksprache halten.

Das alles verliest der Richter – wie es das Gesetz verlangt – in der anschließenden Hauptverhandlung. Danach wird die Zeugin Eve Begov befragt:

»Wie hoch ist der Restaurierungsaufwand?«, will Richter Ziegel wissen. Die Restautorin windet sich. Das könne man nicht so genau beziffern, antwortet sie. Sie habe es mal geschätzt, aber es sind nur vorläufige, unverbindliche Zahlen. Der Richter besteht trotzdem auf einer Summe.

»125 800 Euro«, antwortet Begov. »Die Epaulette und die Hutagraffe sind zu 50 Prozent zerstört.«

»Aber beide Teile sind doch komplett. Nichts fehlt«, wirft einer der Verteidiger ein.

»Wenn Sie eine zerbrochene Porzellanvase wieder zusammenkleben, ist sie auch wieder komplett«, entgegnet Begov, »aber sie bleibt eine zerbrochene Vase.«

Dann liest eine Beisitzende Richterin noch den Gesamtschaden vor: 22–25 Millionen Euro lautet die Schätzung. Wieder treffen sich Gericht und Anwälte im Hinterzimmer zum sogenannten »Verständigungsgespräch«.

Nach einer Stunde macht Richter Ziegel ein Angebot:

Der Strafrahmen für Wissam, Bashir und Rabieh bewegt sich zwischen fünf Jahren und neun Monaten und sechs Jahren und neun Monaten. Mohamed und Abdul Majed könnten als Heranwachsende nach Jugendstrafrecht verurteilt werden. Hier lautet das Angebot: vier Jahre bis vier Jahre und neun Monate. Bei Abdul Majed würde es noch was obendrauf geben. Wegen eines aktuellen Urteils in einem anderen Fall.

Dafür hat das Gericht aber auch dezidierte Vorstellungen, was die Geständnisse betrifft: Alle sollen lückenlos Auskunft geben über den Tatentschluss, die Planung, den Ablauf und über die Zeit nach der Tat. Inklusive konkreter Zuordnung der Tatbeteiligung. Dann könnten die Haftbefehle sogar außer Vollzug gesetzt werden. Das bietet der Richter noch als besonderen Bonus an.

Außer Oliver Freitag und dessen Mandant Abdul Majed stimmen alle der Vereinbarung zu. Nicht gefragt werden Ahmed und seine Verteidiger, weil bei ihm die Beweislage so bescheiden ist, dass mittlerweile alle Beteiligten mit einem Freispruch rechnen.

Im Gerichtssaal klappt dann Ahmed erst einmal vor seinem

Tisch zusammen. Hektik bricht aus. Im Zuschauerbereich stürmen Wayci und Jihad zur Glaswand und brüllen irgendwas auf Arabisch, die Sicherheitsleute im Saal springen auf, Wissam versucht, seinem Cousin auf dem Boden zu helfen, wird aber zurück auf seinen Stuhl gedrückt. Der Richter beendet die Verhandlung für diesen Tag. Ersthelfer lagern Ahmeds Beine auf einen Stuhl und rufen einen Krankenwagen, der Arzt gibt aber Entwarnung. Am Abend sind alle Angeklagten wieder in ihren Zellen.

Die nächsten Prozesstage versprechen dann endlich Aufklärung beim spektakulärsten Einbruch in der Geschichte der Bundesrepublik. Staatsanwaltschaft, Gericht, Polizei und nicht zuletzt die Journalisten wollen wissen: Wie genau haben sie es gemacht? Dass die Remmos dabei wirklich die Wahrheit und nichts als die Wahrheit erzählen, glaubt allerdings kaum einer hier.

Die Geständnisse

Den Anfang am nächsten Verhandlungstag macht Rabieh. Der mittlerweile 29-Jährige hat ja bereits vor ein paar Monaten so getan, als würde er auspacken wollen. Das meiste war damals gelogen, trotzdem war seine Aussage ein erster Riss in der Mauer des Schweigens. Heute, am 17. Januar 2023, beginnt er seine Schilderungen mit den Worten: »Ich will nun erzählen, wie es wirklich war.« Er liest vom Blatt ab, mehr schlecht als recht, manchmal stockt er und holt dann tief Luft. Am Anfang sei ihm eines ganz wichtig, sagt er: »Abdul Majed hat bei der Sache nicht mitgemacht.«

Was Rabieh dann erzählt, kann man glauben. Muss man aber auch nicht. Spannend ist es in jedem Fall: »Ich war in der Tatnacht nicht nur in Dresden, sondern selbst in den Räumen des Grünen Gewölbes«, sagt er. Ein Raunen geht durch den Saal. Mit der Tatplanung habe er allerdings nichts zu tun gehabt. Der Coup sei schon ausbaldowert gewesen, als er zum ersten Mal von der Idee hörte. »Das war so zwei bis drei Monate früher. Da hat mich dann jemand angesprochen.« Angeblich berichtete der Freund eines Freundes, der auf Klassenfahrt in Dresden war, vom »Dresdner Grünen«, dem kostbarsten Diamanten im Juwelenschatz Augusts des Starken. 41 Karat schwer. Leider war er aber im 1. Stock ausgestellt, deshalb widmete man sich lieber den Juwelen im Erdgeschoss, die leichter erreichbar waren. Vor der eigentlichen Tatnacht sei er mit anderen zweimal zur Vorbereitung am Dresdner Residenzschloss gewesen. Dort habe man schnell gemerkt, dass der sogenannte Fassadenscanner das Fenster, durch das sie ins Grüne Gewölbe klettern wollten, nicht erfasste und keinen Alarm auslöste. Sie hätten die Gitterstäbe vor dem Fenster einfach durchtrennen können. »Ich wunderte mich sehr«, liest Rabieh vor, »dass man sich so frei und unbemerkt bewegen konnte und das angesägte Fenstergitter nicht bemerkt wurde. Der Plan mit dem Pegelhaus ist dann gewesen, dass wir die Stromversorgung des Residenzschlosses kappen wollten. Es ging nicht um die Straßenlaternen.«

In der Tatnacht seien sie dann zu sechst von Berlin nach Dresden gefahren: Wissam, Bashir, Mohamed und er selbst. Und zwei andere Männer, die nicht auf der Anklagebank sitzen und deren Namen er hier nicht nennen wird. Er selbst sei dann mit einem der unbekannten Dritten durchs Fenster ins Grüne Gewölbe gestiegen. Die Wahl sei auf ihn gefallen, weil er kräftig ist und zuschlagen kann. »Drinnen bin ich dann erstmal zu weit gerannt, weil ich nicht genau wusste, wo die Juwelen sind.« Nachdem die letzten Beutestücke ans Fenster gebracht waren, habe sein unbekannter Mittäter die Feuerlöscher versprüht, um Spuren zu vernichten. Der Fluchtweg habe dann über die eigentlich gesperrte Augustusbrücke geführt. Zu sechst in dem Audi bis zu der Tiefgarage. Eigentlich sollte das Auto dann vor der Einfahrt in Brand gesetzt werden, doch dann sei plötzlich das Rolltor der Garage aufgegangen. »Dass in dem Audi eine Pistole ist, wusste ich nicht«, sagt Rabieh noch. »Mit dem Verkauf der Beute hatte ich nichts mehr zu tun.«

Nach Rabieh ist Wissam an der Reihe mit dem Geständnis. Die Erklärung wird von seinem Anwalt verlesen. Auch er will nichts zu den unbekannten Tatbeteiligten sagen. Auch er behauptet, dass Abdul Majed bei der Tat nicht dabei war. Der sei einfach nur ein Träumer, ein Tollpatsch, einer »der sich Subutex [eine Substitutionsdroge] reinpfeift und gerne drauf ist.«

Danach erzählt er von seiner eigenen Biografie. Beginnend mit der Zeit nach dem Raub der Goldmünze. »Die gesellschaftliche Anerkennung war neu für mich«, heißt es da in dem Text des Anwalts. »Ich wurde als Meisterdieb bewundert, habe viel gefeiert und bin ständig zum Koksen eingeladen worden. Es war die Hochphase meines Lebens. Die damalige Zeit kommt mir heute völlig irreal vor. Es war völlig normal, nach dem Aufstehen eine Line zu ziehen. Die Nase war eigentlich ständig entzündet.« Zum Runterkommen habe dann auch er Subutex geschluckt.

Woher das Geld für die Drogen kam, will er allerdings nicht verraten. Anfangs sei er noch als Kurierfahrer durch Berlin gefahren, irgendwann sei er dann morgens nicht mehr aufgestanden und zur Arbeit gegangen. In dieser Phase habe er sich groß und unantastbar gefühlt, selbst als er wegen der Goldmünze vor Gericht stand, habe er in seinem vernebelten Gehirn noch über das nächste große Ding nachgedacht.

Solche strategischen Geständnisse eines unkontrollierbaren Drogenkonsums sind in Berlin und dort vor allem im Clanmilieu eine gerne praktizierte Vorgehensweise. Mit Glück entscheiden die Richter dann schon mal auf eine bedingte Zurechnungsfähigkeit. In jedem Fall aber ist eine gerichtlich festgestellte Drogensucht für den Verurteilten wichtig, um schnell aus dem normalen, ergo harten Vollzug zu kommen. Als Drogensüchtiger hat man die Chance auf eine Therapie. Und Therapie heißt Maßregelvollzug, heißt viele Gespräche über das eigene Innere und ansonsten Knast light, und wenn man sich dann noch geläutert gibt, steigen die Chancen auf ein vorzeitiges Ende der Haft rapide. Wegen guter Führung.

Trotz seines selbst attestierten Größenwahns will Wissam die Idee mit dem Grünen Gewölbe nicht selbst gehabt haben. »Das war jemand anderes. Wir beschäftigten uns nur damit, ob das machbar ist und wie hoch das Risiko wäre«, heißt es im Text des Anwalts. »Ich wollte auf jeden Fall dabei sein, ich musste meinen Kokskonsum finanzieren, der Lohn für die Goldmünze war schon aufgebraucht.« Mehrmals sei er deshalb nach Dresden gefahren und habe die Möglichkeiten am Residenzschloss gecheckt. Von außen und innen: Welche Schlösser es an den Türen gab, wie dick die Scheiben an den Vitrinen waren, durch welches Fenster man am besten ins Grüne Gewölbe kam. Sie hätten sogar gefilmt und Fotos geschossen. Bei einem seiner Besuche sei er mit einem Wachmann im Pretiosensaal ins Gespräch gekommen. »Sind alle Steine echt?«, habe er gefragt. »Ja. Das sind die teuersten«, habe der Wachmann geantwortet. Mit Blick auf die Vitrinen.

Draußen sei ihnen dann aufgefallen, dass das Fenster ganz links im toten Winkel der Kameras lag. Nach seiner Erzählung sprangen die Remmos dann an dem Fenster hoch und rüttelten an den Eisengittern. Danach versteckten sie sich in unmittelbarer Nähe, um zu schauen, ob irgendetwas geschieht. Geht eine Alarmanlage los? Kommt die Polizei? Erscheinen Wachleute? Aber nichts passierte. Offenbar gab es genau an dem Fenster keine Sicherheitsvorkehrungen. Zum Schluss zogen sie sich nochmals an dem Gitter hoch und schauten von außen in das Grüne Gewölbe. Auch nachts standen alle Türen weit offen. Besser ging's nicht, also begannen sie mit ihren Vorbereitungen.

Wissam borgte sich bei jemandem Einbrecher-Profiwerkzeug aus. Über seine Lukas-Geräte, die er in Erlangen gestohlen hatte, verfügte er nicht mehr. Aus Angst vor Entdeckung hatte er sie Wochen zuvor in der Spree versenkt. Weil der Metallschneider vor dem Residenzschloss ziemlichen Krach machte, spielten sie laute Musik ab beim Schneiden. Keiner bekam etwas mit. Danach klebten sie das Gitter mit Malerkrepp wieder an seinen alten Platz. Damit man die Schnittstellen nicht sah, malten sie das beige Band mit einem Stift schwarz an. Trotzdem stimmte das Ergebnis nicht mit der Farbe des Gitters überein. Wer hinguckte, sah, dass da etwas nicht stimmte. Aber es guckte keiner. »Ich wunderte mich, dass man sich so frei und unbemerkt bewegen konnte und das angesägte Fenster nicht bemerkt wurde«, trägt Wissams Anwalt vor. Danach seien sie wieder zurück nach Berlin gefahren.

Die Töpfe für den Brand im Pegelhaus hätten sie dann bei Woolworth gekauft, die Äxte für die Vitrinen habe Abdul Majed bei Obi geklaut. Am Tag des Einbruchs, so lässt es Wissam vorlesen, ist er so mit Koks zugedröhnt, dass er nicht selbst fahren kann. Immerhin schafft er es noch, im Pegelhaus die Töpfe voller Benzin anzuzünden. Angeblich hatten sie diese schon vier Tage zuvor befüllt. Während des Einbruchs steht er an der Mauer des Grünen Gewölbes Schmiere. Als alles vorbei ist, kippt er Felgenreiniger über die Mauer. Um Spuren zu vernichten. Bekanntermaßen hat dieser Kniff nicht sonderlich gut funktioniert.

Zum Schluss, das gehört bei den Geschichten der Remmos immer dazu, wird Reue gezeigt. Durch die Medienberichterstattung und durch zwei Jahre Untersuchungshaft sei ihm der hohe ideelle Wert der Juwelen bewusst geworden und dass er eine Drogentherapie brauche. Außerdem wolle er seine Verlobte heiraten und eine Familie gründen. Und nach der Haft möchte er dann eines Tages als Pfleger arbeiten. Besonders die letzte Aussage sorgt im Zuschauerraum für kollektives Gelächter.

Dann ist der dritte Remmo-Spross an der Reihe. Mohamed nimmt – wie die beiden Vorredner – erst einmal seinen Zwillingsbruder Abdul Majed in Schutz: Der war »nicht dabei, der ist ein Träumer, auf ihn kann man sich nicht verlassen.« Auch wenn die Planung von den unbekannten Dritten stammte, beansprucht Mohamed doch das Copyright für den Diebstahl für sich. Schließlich seien es seine Bekannten gewesen, die von der Klassenfahrt und dem »Grünen Diamanten« berichtet hätten. »Das war der

Auslöser«, sagt Mohamed Remmo. »Ich wollte unbedingt mitmachen, ein echtes Abenteuer suchen und mir etwas beweisen, weil ich sonst in meinem Leben noch nicht so viel auf die Reihe bekommen hab.« In der Tatnacht will er ebenfalls das Benzin im Pegelhaus in Brand gesetzt haben. Dann sei er draußen auf der Straße geblieben und habe nach der Tat die Beute in den Audi geladen. »Als ich gemerkt habe, wie wichtig die Diamanten sind, habe ich im Nachhinein Angst bekommen«, sagt Mohamed noch.

Nach ihm kommt sein Cousin Bashir zu Wort. Er habe sich spontan beteiligt und musste auch nur Sachen über die Mauer heben, erzählt er. Viel mehr sagt er nicht. Eigentlich besteht sein Gedächtnis nur aus einer einzigen riesigen Erinnerungslücke. In welchem Auto er nach Dresden gefahren sei? Vergessen. An wen die Beute gegangen ist? »Mein Erinnerungsvermögen ist da getrübt.« Nur an eins kann er sich noch genau erinnern: Erst am Morgen danach habe er die Schwere der Tat begriffen und würde seitdem alles bereuen. Seine Aussage hat nicht länger als drei Minuten gedauert.

Von sechs Angeklagten gestehen also vier eine Tatbeteiligung. Einer, Ahmed, behauptet, in der Nacht beim Arzt gewesen zu sein. Und Abdul Majed wird von seinen Cousins entlastet.

Trotzdem habe er das Kreppband und die Äxte besorgt. Leider mit zu kurzen Stielen und zu schmalen Keilen. Mitgefahren sei er nicht, sondern stattdessen zu Hause geblieben. Trotzdem würde auch er bereuen. Natürlich.

Die Verhandlungstage nach den »Geständnissen« folgen alle demselben Muster: Der Vorsitzende Richter Andreas Ziegel diktiert den Verteidigern einen Fragenkatalog in die Feder. Dann wird die Verhandlung unterbrochen und allen Angeklagten werden Handschellen angelegt. Justizbeamte führen sie aus dem Hochsicherheitsgerichtssaal in einen Raum, in dem sich Verteidiger und Mandant geschützt unterhalten können. Irgendwann kehren alle zurück, die Antworten werden verlesen, der Neuigkeitswert bleibt jedes Mal überschaubar. Details sind den Angeklagten regelmäßig entfallen. Wer den sichergestellten Audi auf dem Polizeigelände abgefackelt hat? Leider ist eine Antwort, weil »drittbelastend«, nicht möglich. Wer die Beute mitgenommen hat? Keine Ahnung. Warum die Klinge im Kanal versenkt wurde? Keine Ahnung. Wo die Beute gelagert wurde? Keine Ahnung. »Im Übrigen hat unser Mandant mit Zahlen und Jahreszahlen ein bisschen Schwierigkeiten«, ist ein Standardsatz der Verteidigung. Wer saß in welchem Auto? Leider keine Erinnerung. Woher das Werkzeug zum Durchschneiden der Gitter kam? Keine Angaben, weil drittbelastend.

Am 43. Verhandlungstag brauchen ein Angeklagter und seine Verteidiger vierzig Minuten, um neun von zehn Fragen nicht zu beantworten. Immer mit dem Hinweis, dass eine Antwort potenziell selbst- oder drittbelastend sei.

Da reißt den Anklägern endgültig die Geduld. Staatsanwalt Allmang ergreift das Wort: »Wir hatten mit Blick auf die Glaubwürdigkeit der Geständnisse bereits Zweifel«, poltert er. Der magere Ertrag der Vernehmungen hat das nicht verändert. So sei eine direkte und konfrontative Befragung der Angeklagten nicht möglich. Immer wenn es ans Eingemachte geht, kommen die beiden unbekannten Mittäter ins Spiel. »Es ist ein überaus praktischer Zufall, dass ausgerechnet die Planer der Tat nicht dabei sind. Es grenzt an ein Wunder.«

Zusammengenommen hält die Staatsanwaltschaft deshalb den Deal für nicht erfüllt. Die Einlassungen der Angeklagten seien nicht glaubwürdig und die Aussagen abgestimmt. Oftmals sogar einfach falsch. Dann zählt er Beispiele auf. Es geht um die Pistole im Handschuhfach des Audis, das Benzin in den Töpfen im Pegelhaus, die angeblichen Schaltpläne, die dort ausgelegen hätten, und so weiter und so fort. Auch das Märchen von Abdul Majed, dem Clan-Trottel vom Dienst, glaubt die Anklage nicht. Zumal er in Berlin aktuell frisch anklagt ist. Da geht es um einen bewaffneten Banküberfall auf eine Filiale der Volksbank im August 2020.

Allmang stellt neue Beweisanträge, will Zeugen laden, den Fall noch einmal aufrollen. Bei den Anwälten sorgt das für erhöhte Betriebstemperatur. Es steht viel auf dem Spiel. Platzt der Deal mit dem Gericht, sind die Remmos die Beute los und gehen für sehr lange Zeit ins Gefängnis. Auch eine Haftaussetzung nach dem Urteilsspruch ist dann vom Tisch.

Am nächsten Verhandlungstag hat sich alles etwas beruhigt. Die Staatsanwälte plädieren, fügen Aussagen und die Puzzleteile der Ermittlungen zusammen. Bis auf Ahmed sollen alle Remmos in Haft. Je nach Anteil an der Tat zwischen sechs Jahren und acht Monaten und vier Jahren und sechs Monaten.

Bei Ahmed ist die Beweislage dagegen so dünn, dass selbst die Staatsanwaltschaft für einen Freispruch plädiert. Das einzige Indiz gegen ihn war die Spur der Mantrailer-Hunde. Und die hatte dann der bestellte Gutachter eingestampft. Außerdem hatte Ahmed noch ein Alibi präsentiert. Demnach war er in der Tatnacht mit Ohrenschmerzen in einer Berliner Klinik gewesen.

Auf dem Mobiltelefon seiner Freundin fanden die Ermittler ein Foto, auf »dem ein behaarter Unterarm mit einem papierenden Armreif zu sehen ist. Beschriftet mit Ahmed Remmo Vivantes«. In dem Protokoll des Krankenhauses findet sich ebenfalls eine Notiz, dass ein Ahmed Remmo zwischen 0.40 Uhr und 2.46 Uhr dort zur Behandlung war. Anamnesebogen, Merkblätter oder Patientenbelehrungen wurden allerdings nicht ausgefüllt, und im Krankenhaus-Archivsystem Pegasus existieren ebenfalls keine Unterlagen zu ihm.

Ob das Alibi schlüssig ist, hat am Ende niemanden mehr interessiert, weil die Beweise gegen ihn sowieso nicht ausgereicht hätten für einen Schuldspruch. Im Gegensatz zu allen anderen auf der Anklagebank.

Nach den Plädoyers der Staatsanwälte hat dann die Verteidigung das Wort. Den Anfang machen wieder Rabiehs Anwälte Kempgens und Nöding, die den Deal eingefädelt hatten und ohne die es wahrscheinlich keine Rückgabe der Beute gegeben hätte. »Wir sind ein ganz massives Berufsrisiko eingegangen«, sagt Kempgens zu Beginn seiner Erwiderung. So sei Rabieh Remo von Anfang an skeptisch gewesen und habe immer wieder gefragt, ob der Staatsanwaltschaft wirklich zu trauen sei. Die Verteidiger hätten jedoch gegenüber der Familie Remmo für den Deal geworben und seien de facto als »Fürsprecher der Staatsanwaltschaft« aufgetreten. Jetzt fühle er sich getäuscht, weil die Staatsanwälte mehr forderten, als vereinbart war. »Nach Rückgabe der Tatbeute stellte sich heraus, dass wir uns in gewisser Weise verschätzt haben«, erklärt er noch. »Wir haben dafür unsere Hand ins Feuer gelegt und unsere berufliche Reputation riskiert.«

In den Ausführungen der anderen Verteidiger geht es in der Regel nur um das Strafmaß. Alle plädieren für ein paar Monate weniger, als es die Staatsanwaltschaft gefordert hat.

Am weitesten auseinander gehen die Vorstellungen bei Abdul Majed aka »der Tollpatsch«. Nach Überzeugung der Ankläger war er direkt und aktiv am Raub beteiligt. Und er war der Einzige, neben Ahmed, der nicht gestanden hat. Unter Einbeziehung einer früheren Verurteilung soll dies für ihn eine Jugendstrafe von sechs Jahren bedeuten. Abdul Majeds Anwalt Oliver Freitag räumt dagegen lediglich Beihilfe ein. Dafür sei eine Jugendstrafe von maximal dreieinhalb Jahren ausreichend. Schließlich habe Abdul Majed Remmo zur Tataufklärung beigetragen und die Rückgabe der Juwelen ermöglicht.

Das Urteil

Der Tag der Urteilsverkündung, der 16. Mai 2023, ähnelt dann sehr dem Prozessauftakt: Wieder sind Hubschrauber am Himmel, überall Bereitschaftspolizei und Zivilpolizisten in ihren zivilen Autos, dazu ein gutes Dutzend Kcamerateams. Als Journalisten und Zuschauer bereits im Gebäude auf den Prozessanfang warten, fahren draußen auch noch ein Dutzend Mitglieder des Rammo-Clans vor. Wayci steigt aus einem schwarzen Transporter, andere sind in einem Mittelklassewagen gekommen, Bilal humpelt – auf junge Männer des Clans gestützt – in das Gebäude, aber an der Schleuse ist für ihn Schluss, weil er seinen Ausweis vergessen hat.

Als die Angeklagten in den Verhandlungssaal geführt werden, tragen sie Handschellen. Manche halten sich noch etwas vor das Gesicht, anderen ist es mittlerweile egal. Mohamed wirft Küsschen zu seinen Cousins im Zuschauerraum. Rabieh hat sich hinter der aktuellen Ausgabe der *Sächsischen Zeitung* versteckt. Der doppelseitige Aufmacher dort ist ein Vorabbericht zum Prozess. Viele lachen. Auch Rabieh und seine Anwälte finden es lustig.

Dann verkündet Richter Ziegel das Urteil: Wissam muss für sechs Jahre und drei Monate ins Gefängnis, bei Rabieh ist es ein Monat weniger. Bashir greift fünf Jahre und zehn Monate ab, Mohamed kommt mit vier Jahren und vier Monaten davon. Sein Zwillingsbruder Abdul Majed, der ja nicht gestanden hat, muss für fünf Jahre ins Gefängnis. Der Richter lobt die Ermittlungsbehörden und hebt auf die Rückgabe der Beute ab. Er lässt den Prozess Revue passieren, beschäftigt sich ausgiebig mit der Verständigung, zitiert einen Artikel des ehemaligen Bundesrichters Fischer auf *spiegel.de* Rabieh nickt, als es um seine Geständnisse geht. Danach ist Wissam das Thema und seine angebliche Drogensucht. Abdul Majeds Flucht kommt zur Sprache und Ahmeds Alibi. Querbeet durch den Prozess und die Beweiserhebung.

Richter Ziegel, das merkt man, will ein versöhnliches Ende. »Ich möchte mich bei allen Verfahrensbeteiligten bedanken, dass alles in sehr sachlicher und konstruktiver Atmosphäre stattgefunden hat«, sagt er. »Ich möchte die Angeklagten mit einschließen. Sie haben viel Zeit in Haft verbracht, sind in einem Alter, trotz ihrer Familienanbindung, wo sie selbst entscheiden können, ob sie nicht rechtschaffen werden wollen. Dann kann man vielleicht keine dicken Autos mehr fahren. Aber es kann ja auch eine Familienkutsche sein. Das gilt übrigens auch für die anderen Familienmitglieder unter den Zuschauern hier im Saal.«

Am Ende der Ausführungen warten alle darauf, wer freikommt und wer drinbleiben muss. Richter Ziegel holt tief Luft. Die Haftbefehle von Rabieh, Bashir und Mohamed bleiben bestehen, werden aber außer Vollzug gesetzt. Mit anderen Worten: Sie kommen heute raus. Jetzt sofort. Jeden Dienstag müssen sie sich bei der Polizei melden. Wissam dagegen, der noch seine Strafe vom Goldmünzenraub absitzen muss, wandert zurück ins Gefängnis. Dasselbe gilt auch für Ahmed, obwohl dieser Prozess für ihn mit einem Freispruch endet.

Jetzt fehlt noch Abdul Majed.

»Bei ihm haben wir uns viele Gedanken gemacht«, führt der Richter aus. »Der Haftbefehl gegen ihn ist aufrechtzuerhalten. Es besteht Fluchtgefahr. Abdul Majed vermochte es schon einmal, sich sechs Monate lang seiner Festnahme zu entziehen.«

Der 24-Jährige ist der Verlierer dieses Prozesses. Seine Taktik, eine direkte Tatbeteiligung zu bestreiten, hat nicht funktioniert. Das Gericht sieht seine Anwesenheit in der Tatnacht in Dresden als hinreichend bewiesen an. Die anderen Familienmitglieder versuchen ihn jetzt zu trösten. Zwillingsbruder Mohamed drückt ihn an sich, streicht ihm über den Kopf und redet ihm zu. Auch sein älterer Bruder Ahmed nimmt ihn in den Arm. Cousin Bashir küsst seine Wangen. Dann legen Justizbeamte Abdul Majed Remmo die Handfesseln an und führen ihn aus dem Gerichtssaal wieder in die Untersuchungshaft. Zurück bleiben zwei konsternierte Verteidiger.

Für die anderen haftverschonten Remmos geht es eine halbe Stunde später in die Freiheit. Weil am Tor des Gerichtsgebäudes viele Kamerateams warten, kutschieren die Verteidiger ihre Mandanten ein paar hundert Meter weiter weg. Unter großem Jubel werden sie von den wartenden Familienmitgliedern begrüßt. Nur beobachtet von der Polizei und SPIEGEL TV. Natürlich versucht selbst jetzt der eine oder andere Rammo-Sprössling zu verhindern, dass jemand filmt. Doch die gute Laune bei Rabieh, Mohamed und Bashir überwiegt. Sie beschwichtigen ihre Brüder und Cousins. Man will schließlich los. Nach Hause. Nach Berlin.

Zehn Tage später gehen alle Verurteilten in Revision. Nach Zustellung des Urteils hat die Verteidigung einen Monat Zeit, ihre Revision zu begründen. Für die von der Haft verschonten Rammos bedeutet das: Bis zur Entscheidung des Bundesgerichtshofes bleiben sie frei.

Am gleichen Tag treffen sich hochrangige Polizisten in einem Tagungszentrum zu einem ganz besonderen Empfang. Im gepanzerten Dienstwagen fährt der Innenminister vor, auch der Polizeipräsident und die Chefin des Landeskriminalamtes sind gekommen. Genauso wie einige Fahnder aus Berlin. Sogar zwei Vertreter der Staatlichen Kunstsammlungen Dresden sind da. Erstmals seit Beginn der Ermittlungen präsentiert sich die fast vollständige Soko Epaulette einer ausgesuchten Öffentlichkeit. Für »herausragende und über viele Monate engagierte Leistung bei der Aufklärung des Juwelendiebstahls aus dem Grünen Gewölbe« ehrt der Bund deutscher Kriminalbeamter die Soko mit dem Paul-Koettig-Preis.

In seiner Dankesrede lässt Olaf Richter die Soko-Zeit noch einmal Revue passieren. »Insgesamt wurden 3200 Spuren gesichert«, erzählt er. »Dazu kamen über 1700 Hinweise, die die Soko bearbeitet hat. Verdachtsrichtung 2 – die Remmos – dieser Tipp kam aus Berlin. Uns sagte die Familie bis dahin nichts. Das hat sich dann schlagartig geändert.«

Die Ermittler führten auch eine »Verdachtsrichtung 1 – die Insider«. »Da blieb nichts hängen.«

Dann hebt Richter auf zwei Glücksfälle ab. Zum einen die Daten aus Kesy, dem Kennzeichenerfassungssystem in Brandenburg. Und zum anderen der Hinweis auf den Mercedes, der mit offener Scheibe auf dem Schmollerplatz in Berlin-Treptow parkte und dann zum Verwahrplatz der Polizei geschleppt worden ist. Richter dankt dem LKA, dass es den Spezialisten gelang, die exakte Laufleistung des Wagens an den Tattagen aus dem Motorsystem auszulesen. »Es waren ja fast exakt die Kilometer vom Grünen Gewölbe bis zu den Remmos vor die Haustür.«

Dann geht's weiter mit Zahlen: Rund 6000 Telefonanschlüsse überprüften die Ermittler. Nur bei fünf Prozent stimmten Nutzer und Anmelder überein. Bei Durchsuchungen und Haftraumkontrollen wurden 231 Mobiltelefone sichergestellt. 412 Telekommunikationsanschlüsse klemmte die Polizei, hörte insgesamt 59 700 Telefongespräche in acht Sprachen ab. »Da hatten wir Glück, dass die Generation, die bei den Remmos jetzt die Arbeitsebene ist, größtenteils Deutsch spricht«, sagt Richter und grinst. »Es ist zwar ein schwer verständliches Deutsch, aber es ist, wenn man sich reingehört hat, ohne Dolmetscher machbar.«

Zum Schluss der Rede kündigt Richter noch an, dass die Sonderkommission Epaulette weitermachen wird innerhalb des Polizeipräsidiums Dresden. Es fehlt ja noch der sechste Mann. Und auch die Drahtzieher sind noch nicht ermittelt. Richter grinst: »Auch wenn wir da so Ideen haben ...«. Außerdem fehlen große Teile der Beute. Und die Frage, ob ein Insider den Remmos geholfen hat, ist ebenfalls noch nicht final ad acta gelegt.

Im Saal brandet Beifall auf. An Stehtischen gibt es Sekt, Saft und Schnittchen. Die Soko-Ermittler erzählen Geschichten. Natürlich vertraulich. Nur für den Dienstgebrauch.

Epilog

Natürlich ist die Geschichte um den Jahrhundertcoup nicht zu Ende. Es fehlt mehr als die Hälfte der Beute. Die Rammos, so hören wir aus dem Milieu, haben keinen Zugriff mehr auf die Juwelen. Das kann, muss aber nicht stimmen. Falsche Fährten legen gehört bei Gangstern immer dazu. Sollten die Klunker wirklich weg sein, kann das vieles bedeuten: Vielleicht sind sie, so wie gestohlen, längst verkauft. Zum Beispiel an einen Liebhaber, der sich die Juwelen in einen Safe packt und nur ab und an rausholt, um sich an ihrer Schönheit und Einzigartigkeit zu ergötzen. Eine unserer Arbeitsthesen schloss den Bruch als Auftragsarbeit immer mit ein. Vielleicht musste aber auch erst noch ein Diamantenschleifer ran und die Stücke umarbeiten. Der Wertverlust wäre enorm und stünde in keinem Verhältnis zu den Kosten, die allein die Honorare der Anwälte ausmachen.

Die Geschichte um den Jahrhundertcoup ist auch deshalb nicht zu Ende, weil ja mindestens ein Tatbeteiligter fehlt. Nur fünf sind verurteilt. Einer, der auch vor Ort gewesen sein muss, ist bisher nicht gefunden. Auch die Drahtzieher des Coups laufen noch frei herum, planen bestimmt schon das nächste Ding. Der Clan ist groß. Wer im Mercedes GL durch die Stadt düst, aber keiner sozialversicherungspflichtigen Arbeit nachgeht, braucht Geld. Nur Bares ist Wahres.

Sachsens ranghöchster Polizist ist mittlerweile Jörg Kubiessa. Für ihn ist die Soko Epaulette eine Erfolgsgeschichte: Täter ermit-

telt, Beute zurückgeholt, Täter verurteilt. So fasst der Landespolizeipräsident die zweiundvierzig Monate vom Einbruch bis zum
Urteil in einem Interview mit SPIEGEL TV zusammen. Ohne Frage
hat die Soko Epaulette ein Lehrstück für kommende Ermittlerge-
nerationen hingelegt. Für die Beamten ist das Grüne Gewölbe der
Fall ihres Lebens. Und dennoch ist die Endabrechnung nicht so
lupenrein wie ein Diamant: Vielen Ermittlern in der Soko stößt das
Abkommen zwischen Gericht, Staatsanwaltschaft und Rammo-
Clan sauer auf. Verbrecher verhandeln über ihre Rechtsanwälte
auf Augenhöhe mit dem Rechtsstaat. Drei Verurteilte verlassen
trotz Schuldspruch das Gefängnis und werden von ihren Brüdern
und Cousins johlend empfangen. Von Reue und Demut keine
Spur. Obwohl die wertvollsten Schmuckstücke weiter verschollen
sind. Fühlt sich so ein Sieg des Rechts über die Clankriminalität
an? Eher nicht. Viele Polizisten hätten es lieber gesehen, wenn die
Klunker in Berlin und die Täter doppelt so lange im Knast geblieben wären. Kompromisse sind Politik und nix für Gerechtigkeits-
getriebene.

Auf der anderen Seite dürfte den nächsten sächsischen Gene-
rationen ziemlich egal sein, ob die Diebe und Brandstifter ein paar
Jahre mehr oder weniger bekommen haben. Hauptsache, ein Teil
der Beute ist wieder da.

Die kriminellen Zweige des Rammo-Clans werden die vorüber-
gehende Auszeit der Verurteilten locker kompensieren. Die Großfamilie verfügt über ausreichend Nachwuchs, der große Autos fahren und wenig (Legales) dafür tun will.

Die demografische Schieflage ist ein Problem der Gesamtge-
sellschaft, nicht der Rammos. Der stetig wachsende Clan ist und
bleibt ein Nährboden für krumme Dinge aller Art: Drogen, Schutzgeld, Einbrüche. Im Unterschied zu anderen Ganoven muss keiner
fürchten, dass ein Mittäter bei der Polizei auspackt. Den Autoren
dieses Buches ist in zwanzig Jahren Recherche kein Fall bekannt
geworden, in dem ein Mitglied einer arabischen Großfamilie einen

Bruder, Cousin oder Onkel verpfiffen hat. Die Einbrecher und Räuber fürchten weniger eine deutsche Gefängniszelle. Das Schlimmste für sie wäre der Ausschluss aus dem familiären Netzwerk. Deshalb bleibt die Zunge stumm, wenn die Polizei zur Vernehmung bittet. Die eiserne Loyalität bildet den Nukleus der Macht.

Der Rechtsstaat hat wenige Instrumente in der Hand, um diese Parallelgesellschaft aufzubrechen. In einer freien Gesellschaft kann, darf und soll der Gesetzgeber nicht vorschreiben, wie viele Kinder der Bürger großziehen möchte. Geburtenkontrolle ist keine Lösung für Neukölln. Dass junge Männer ihre Cousinen heiraten und diese Ehen häufig abgesprochen sind, ist für eine weltoffene Gesellschaft ein schwieriger Anachronismus. Verboten ist die Praxis aber nicht.

Der Staat wird es mit eigenen Mitteln nicht schaffen, die Lebensweise der arabischen Familien zu ändern. Ihre Macht wird erst bröckeln, wenn zu viele Mitglieder nicht mehr mitziehen. Wenn ausreichend Frauen und Männer ihr individuelles Glück über das Kollektivinteresse stellen, kriegt das System ein Problem. Ob und wann der Sinneswandel eintritt, ist die spannendste Frage in der komplexen Problematik. Seit ihrer Ankunft in Deutschland vor vierzig Jahren hat sich die Parallelgesellschaft verbissen und erfolgreich gegen jede Einflussnahme von außen gewehrt.

Der Staat muss aber nicht tatenlos zuschauen und darauf hoffen, dass die Clans im Inneren erodieren. Die Politik kann und muss den Druck auf die Großfamilien erhöhen, indem sie die Justiz und die Polizei mit den nötigen Ressourcen ausstattet. Momentan passiert das Gegenteil. In allen Behörden geht die Boomer-Generation der 60er-Jahre in Pension. Personalmangel in jeder Abteilung. Der Politik ist das alles seit Jahren bekannt, abgestellt hat es niemand. Nur ein Beispiel: Die effektivste Truppe der Berliner Polizei im Bereich Clankriminalität, das LKA 644, ist chronisch unterbesetzt. Auf dem Papier eine solide Einheit, auf der Straße massiv ausgedünnt.

Viele Bürger resignieren innerlich, wenn Nachwuchsgangster aus den Clans von Hartz IV leben und S-Klasse fahren. Der Staat verliert massiv an Ansehen und verkommt zur Lachnummer, weil er es nicht schafft, diese gängige Praxis auf deutschen Straßen zu unterbinden. Der Rammo-Clan hat in den vergangenen Jahren etliche Immobilien mit dreckigem Geld gekauft und viele Wohnungen an die eigene Verwandtschaft vermietet. Bezahlt vom Jobcenter. Die totale Ausbeutung der Sozialsysteme lässt nicht nur Querdenker und Verschwörungstheoretiker verzweifeln.

Wenn der Staat verlorenes Vertrauen zurückgewinnen will, muss er an die schmutzigen Vermögen der kriminellen Familienzweige ran. Etwas Hoffnung macht eine aktuelle Arbeitsgruppe im Bundesfinanzministerium. Die Expertenrunde befasst sich mit dem britischen Modell »Suspicious Wealth Order«. Im Kern geht es darum, verdächtiges Geld schneller einzukassieren. Ohne dass die Polizei Hinweise auf konkrete Straftaten hat. Die Einführung des angelsächsischen Prinzips könnte endlich dazu führen, dass Deutschland nicht mehr das Paradies der Geldwäscher wäre. »Suspicious Wealth Order« wäre ein stabiles Werkzeug im Kampf gegen die Clankriminalität. Die Novellierung der Geldwäschebekämpfung könnte in den Familien die Einsicht reifen lassen, dass Klauen und Rauben Auslaufmodelle seien. Aber die Welt dreht sich nicht im Konjunktiv. Bis zu einer Anwendung in der Praxis vergehen noch Jahre. Falls die Ampel-Koalition sich überhaupt dazu durchringen kann.

Das Thema Clankriminalität wird leider viel zu häufig als populistisches Vehikel missbraucht. Ende Juni 2023 eskaliert im Ruhrgebiet ein Konflikt zwischen angestammten Clans und syrischen Kriegsflüchtlingen. Hilflos muss die Essener Polizei zuschauen, wie ein Mob aus jungen Männern das Gewaltmonopol an sich zieht. Bundesjustizminister Marco Buschmann (FDP) fordert daraufhin in einem Interview mit der BILD am Sonntag einen Kampf gegen die Clankriminalität »auf unkonventionelle Weise«. Der

Staat solle bei den Kriminellen die »Statussymbole wie Luxus-Karossen, teuren Schmuck und Uhren« einziehen. Der Einwurf des Ministers ist auf zwei Ebenen bemerkenswert. Erstens versuchen Finanzermittler und Steuerfahnder seit Jahren, den Gangstern ihre Boliden abzunehmen. Meistens scheitert der Staat, weil es lächerlich einfach ist, Autos auf Strohleute anzumelden oder bei dubiosen Vermietern zu leasen. Buschmann hat offenbar keinen Schimmer, welche Probleme an der Basis den Clans in die Hände spielen. Zweitens fehlte dem Justizminister bisher jeglicher Elan im Kampf gegen die Organisierte Kriminalität. Aber damit ist er nicht der erste Minister. Und wird auch nicht der letzte sein.

Ein echter Experte aus einem anderen Ministerium springt nach Buschmanns Interview vor Wut im Dreieck: »Das ist eine schamlose Lüge. Buschmann ist ein falscher Fünfziger.« In Berliner Sicherheitskreisen klebt an dem FDP-Politiker der wenig schmeichelhafte Ruf, ein »Täterschutzbeauftragter« zu sein, auf den die Lobby der Rechtsanwälte viel Einfluss ausübt.

Um die Clankriminalität wirksam einzudämmen, braucht es Frauen und Männer an der Spitze der Politik, die dieses Phänomen als das erkennen, was es im Endeffekt ist: soziale Ungerechtigkeit. Die kriminellen Teile der Großfamilien binden enorme Ressourcen. Bei der Polizei, in der Justiz, in den Jobcentern, aber auch in den Schulen oder ganz banal im Freibad. Ressourcen, die allen zustehen, aber nur einmal vergeben werden können.

Gerade die Schwächsten in der Gesellschaft haben der Wucht der Großfamilien wenig entgegenzusetzen. Lieber Schutzgeld zahlen als ein demoliertes Geschäft. Lieber den Parkplatz hergeben als Beulen im Auto.

»Wir werden den Kampf gegen die Großfamilien nicht gewinnen. Wir werden ihn aber auch nicht verlieren«, sagt ein Berliner Ermittler, der die Clans wie kaum ein Zweiter kennt. Ein entschlossener Staat kann die Großfamilien nerven, stören und sie zu Fehlern zwingen. Er wird das Problem aber niemals zu hundert Prozent lösen. Die Clans bleiben und ihre Kriminalität wird zunehmen. Für diese Prognose muss man kein Prophet sein. Es reicht ein Blick in die Geburtenstatistiken der Großfamilien.

Beim Grünen Gewölbe hat ein robuster Staat enorm viel investiert. Die Soko Epaulette hat die Täter durch Beweise und Indizien so lange in die Ecke gedrängt, bis die Täter einen Teil der Beute abgeliefert haben. Aber eben nur einen Teil. Die wertvollsten Stücke fehlen. Wahrscheinlich für immer. Der Rechtsstaat hat nicht gewonnen. Verloren hat er aber auch nicht.

3 Wappenzimmer

2 Pretiosensaal

1 Einstiegsfenster